跨境语言研究丛书 | 戴庆厦 主编

U0602584

老挝普内语研究

戴庆厦 陈 娥 彭 茹
〔老挝〕桐柏（SIVILAY THONGBAY） 著
〔老挝〕苏哲（SIVILAY SHARK）

科学出版社

北京

内 容 简 介

跨境语言研究是推动"一带一路"建设的重要组成部分。老挝普内语因其在藏缅语中的特殊地位以及它经历了特殊的语言接触，对研究语言的演化及语言接触是一个有价值的个案。本书对老挝普内语从语音、词汇、语法三方面进行系统的研究，不仅对"一带一路"建设有价值，而且对发展我国的语言学也有重要作用。

本书适合语言学、民族学、社会学等研究者以及有关职能部门的领导和工作人员阅读参考。

图书在版编目(CIP)数据

老挝普内语研究/戴庆厦等著. —北京：科学出版社，2018.3
(跨境语言研究丛书/戴庆厦主编)
ISBN 978-7-03-056752-9

Ⅰ. ①老⋯ Ⅱ. ①戴⋯ Ⅲ. ①老挝语–研究 Ⅳ. ①H411

中国版本图书馆 CIP 数据核字(2018)第 047717 号

责任编辑：王洪秀 / 责任校对：郑金红
责任印制：张欣秀 / 封面设计：铭轩堂

科 学 出 版 社 出版
北京东黄城根北街 16 号
邮政编码：100717
http://www.sciencep.com

北京教图印刷有限公司 印刷

科学出版社发行　各地新华书店经销
*

2018 年 3 月第 一 版　　开本：720×1000　B5
2018 年 3 月第一次印刷　　印张：15
字数：254 000

定价：98.00 元
(如有印装质量问题，我社负责调换)

云南省哲学社会科学重大招标项目（编号：ZDZB201505）
"云南跨境语言研究"成果之一
云南师范大学汉藏语研究院文库

作者及发音人员合照

从左到右：陈娥、[老挝] 桐柏、彭茹、戴庆厦、[老挝] 苏哲、[老挝] 王恩德（发音人）

前　　言

　　本书是云南省哲学社会科学重大招标项目"云南跨境语言研究"子课题的结项成果。

　　这一项目的建立有其成因。中华人民共和国成立后，我国主要致力于国内的语言研究，对国外跨境语言只有零星的描写和研究。国外研究中国的跨境语言更是寥寥无几，大多不是从跨境的角度来研究的，而是对中国单一语言进行描写研究的。20 世纪 90 年代，随着语言关系研究的兴起，我国民族语言学界跨境语言研究开始有了动静。中央民族大学中国少数民族语文专业的教师出版了我国第一部多语种的跨境语言研究专著——《跨境语言研究》（1993 年）。

　　学者把跨境语言作为语言学的一个分支系统来研究是从 2006 年开始的。2006 年，中央民族大学"985 工程"创新基地启动，跨境语言研究被列入重点建设内容。从 2009 年到现在，该项目共完成了泰国阿卡语、泰国拉祜语等 5 个跨境语言个案研究。2011 年，国家语委"十二五"科研规划将"跨境语言研究"列入重点项目，中央民族大学申报的"中国跨境语言现状调查研究"被批准立项。该项目完成包括泰国的优勉语、拉祜语，老挝琅南塔省克木语，蒙古国阿尔杭爱省及乌兰巴托市的语言，哈萨克斯坦维吾尔语等 10 个跨境语言研究个案。这些成果大多已由中国社会科学出版社出版。

　　2015 年 12 月底，我们又组织了以上项目的成员参加了北京语言大学"周边语言研究系列丛书：老挝语言状况"项目，前往老挝各地开展老挝语言情况的第一线田野调查。调查中，我们了解到老挝的北部有个人口较少的民族——普内族。当地人都说这是一个独立的民族，也有自己的语言，但不知道是一种什么语言，有的说与阿卡语接近，有的说与中国的普米语接近，因为族称都有"普"字。国内外文献上都没有普内语研究的记载。这引起我们记录研究普内语的浓厚兴趣。为此，当云南师范大学汉藏语研究院获得云南社科重大项目"云南跨境语言研究"后，我们就把"老挝普内语研究"作为其中的一个子课题。

　　2016 年 9 月，课题组开始了第一阶段的工作。我们邀请了两位老挝普内人专程到昆明记录普内语。在半个月的时间里，我们记录了三千多个词汇，初步整理了音系，并了解了普内语的基本特点。经过初步的整理研究，能够确定它是一种与彝缅语比较接近但受壮侗语群影响较大的语言。这两位发音合作人，一位是 SOMDY KEOMANYSENG（宋迪·乔玛尼湘）女士，1962 年 11 月 12 号出生在老挝丰沙里省（siŋ⁵³sa³³li⁵³）普内县（bun³¹nə⁵³）布迈村（bɔ³³mai⁵⁵）；另一位是 THONGMALY（佟玛丽）女士，1966 年出生在老挝丰沙里省普内县 xɔi⁵⁵kha³¹村。这两位发音人都是土生土长的普内人，熟练使用普内语。半个月的记录，坚定了我们研究普内语的信心。

2017 年 2 月 28 日—3 月 14 日，我们课题组专程到老挝琅南塔继续做普内语调查研究。这次的调查任务主要有：记录语法，核对音系和词汇，到普内族村寨调查普内族的社会人文、语言使用情况。半个月连续记录语料、核对语料，虽然很辛苦，但我们发现了不少普内语的特点，感到收获满满。这次去老挝调查，我们又增加了一位普内发音人，他叫 INTAN SAYPHAVA （王恩德），男，1992 年 12 月出生在老挝丰沙里省丰沙里市 18 号公里村。因为从小跟母亲说普内话，加上所居住的寨子和周围的寨子多是普内人，所以王恩德的普内语很熟练。在家庭内部，使用普内语和老挝语两种语言，以普内语为多。后期的普内语记录，他发挥了较大的作用。

在老挝调查完毕后，我们回到昆明，用大约 20 天的时间，改好了初稿。我们自知，这本书对语言现象的描写尚欠细致，但目前只能做到这个程度，先出版供大家参考。至于更深入的研究，留待以后再做。

普内语是一种语言学界还不太了解的语言。对其进行研究价值有二：一是以前尚未对它进行系统的挖掘；二是它的语言接触有许多特点，能为接触语言学提供新的语言事实。

缩略语说明

（方）——方位词

（关系）——关系助词

（语）——语气助词

（话）——话题助词

（宾）——宾语助词

（随）——随同助词

（叠）——重叠

（前）——前缀

（后）——后缀

（助）——动词助词

目　　　录

第一章 绪 论

老挝是我国唇齿相依的邻邦，两国都是正在迅速兴起的第三世界国家。研究老挝的社会、文化及语言状况，是我国"一带一路"周边国家研究的重要组成部分，对于加强与老挝的交流、合作必不可少。本章主要介绍老挝的社会、文化及语言的状况，普内族的社会、文化及语言的状况，还简要地介绍本书的调查研究状况。

第一节 老挝概况

老挝是位于亚洲中南半岛北部的一个全内陆国家。北面与中国接壤，边界线长达 710 千米；东面与越南相邻；西南面与泰国毗邻；西北面与缅甸相接；南面与柬埔寨相连。下面介绍老挝的人口状况、行政区划的现状及历史变迁。

一、老挝的人口

人口少，分布不均是老挝的一个基本国情。据 2015 年人口普查数字，老挝共有 6,911,326 人。人口分布的特点是：中部和南部，尤其湄公河沿岸是人口最密集的区域；北部山区和高原，如川圹高原、琅勃拉邦等地人口密度较低。

近半个世纪，老挝的人口发展得很快，1970 年全国只有 300 万人口，但到 2015 年已增长至约 700 万人口。

二、老挝当代的行政区划

老挝的行政区划分省、县、村三级，共 17 个省，一个首都（市），134 个县。18 个省市是：阿速破省（114,300 人），波乔省（149,700 人），波里砍赛省（214,900 人），占巴色省（575,600 人），华潘省（322,200 人），甘蒙省（358,800 人），琅南塔省（150,100），琅勃拉邦省（408,800 人），乌多姆赛省（275,300 人），丰沙里省（199,900 人），沙拉湾省（336,600 人），沙湾拿吉省（721,500 人），万象市（692,900 人），万象省（373,700 人），沙耶武里省（382,200 人），赛宋波省（81,800 人），色功省（83,600 人），川圹省（262,200 人）。

三、老挝的历史

1353 年，法昂在真腊的帮助下，统一了老挝全境，建立了以老族为主体的封建国家——澜沧王国，定都琅勃拉邦。

1776 年以后，暹罗控制老挝，越南控制川圹地区。老挝封建社会步入衰落时期。

19 世纪 60 年代，法国开始向老挝渗透，以武力迫使暹罗签订《法暹曼谷条约》，同时将老挝并入法属印度支那联邦。

1975 年，巴特寮夺取了全国政权，老挝人民革命党成为执政党。

四、老挝的地理、气候

老挝是中南半岛唯一的内陆国家，陆上与五个国家接壤。全国分为三大区：上寮（北部）、中寮（中部）和下寮（南部）。

依山傍水是老挝地形最显著的特点。地势北高南低，东高西低。境内 80% 为山地和高原。

湄公河是老挝境内最大的河流，是中国澜沧江的下游，发源于中国青海省。湄公河从老挝琅南塔省勐星县入境，由北向南穿流全境达 1865 千米，最后从最南端的占巴色省出境。此外，老挝境内的主要河流还有南塔河、南森河、南乌江等。

老挝属于亚热带季风气候。全年分为旱季和雨季，五月到十月为雨季，平均气温 25~30℃；十一月到次年四月为旱季，平均气温 15℃。

第二节　老挝的民族

民族成分多，是老挝的另一个重要国情。

1975 年 12 月 2 日老挝人民民主共和国成立，政府就立即开展了人口普查和民族识别工作。1968 年，老挝人民革命党将老挝人口划分为 68 个民族，并将这些民族归入三大族系：老龙族系（10 个民族）、老听族系（43 个民族）、老松族系（15 个民族）。2000 年 8 月，老挝中央建国战线召开了老挝民族群称研究的专门会议，会议认为老挝民族的数量共有 49 个，分属老泰族群、苗瑶族群、汉藏族群和孟高棉族群 4 个族群。

2005 年，老挝中央政府出版《老挝人民民主共和国的民族族群》一书，首次以文献形式公布了老挝的人口数目和民族名称。

在 49 个民族中，人口最多的是老族，共有 300 多万；其次是克木族，有 60 多万；再次是苗族，有 40 多万。人口最少的是巴拿族，仅有 380 人。

下面我们列出四大族群 49 个民族的名称（按人口多少排列）：

（1）老泰族群：包括老族（Lao）、傣族（Tai）、媛族（Ngoun）、央族（Yang）、普泰族（Phuthai）、泰泐族（Tailue）、些克族（Thaisaek）、泰诺族（Thainoua）8 个民族。

（2）汉藏族群：包括巴拿（Pana）、阿卡（Aka）、拉祜（Lahu）、西拉（Sila）、倮倮（Lolo）、普内（Phunoi）、贺（Ho）7 个民族。

（3）苗瑶族群：包括苗族（Hmong）、瑶族（Yao）2 个民族。

（4）孟高棉族群：包括阿拉克（Arack）、克木（Khmu）、巴莱（Pray）、兴门（Xiangmon）、尔都（Oudu）、拉篾（Lamet）、叁刀（Samdao）、卡当（Katang）、玛龚（Makong）、德里（Tri）、达奥（Taoy）、日鲁（Yru）、达伶（Trieng）、布劳（Brao）、卡都（Kadu）、奥衣（Oy）、卡伶（Krieng）、色当（Sedang）、雅珲（Nhahuun）、拉维（Lavy）、巴科（Pakoh）、高棉（Khmer）、都姆（Toum）、克里（Kri）、温（Ngon）、毕（Bid）、朋（Phong）、艾（Nheng）、芒（Moy）、蔷（Cheng）、隋（Suio）、天（Thaen）32 个民族。

第三节　普内族概况及语言使用情况

一、普内族概况

普内族（Phunoi）是老挝人口较少的一个民族。人口只有 37,447 人，主要分布在与中国接壤的丰沙里省各县。此外，在琅南塔省的勐新县，波乔省的会晒县，乌多姆赛省的纳磨、芒赛县和腊县，琅勃拉邦省的琅勃拉邦县、南巴县、潘晒县等地也有分布。

普内族在老挝境内定居已有几百年的历史。根据老挝相关历史文献记载及民间传说，普内族自 17 世纪从缅甸迁入老挝琅南塔省温普卡地区，18~19 世纪，由于中缅战争，普内族又从琅南塔省温普卡地区迁徙到丰沙里省等地区。[①]

普内族各地有不同的自称。如：phu³¹nɔi³⁵"普内"，pu³¹nɔi³⁵"补内"，thai³¹phoŋ³⁵sa⁵³li³¹"泰丰沙里"，siŋ³³si³³li⁵³"新西丽"，pi³³su³¹"毕苏"等。各地的

---

① 老挝爱国阵线民族司：《老挝 49 个民族》，万象市社会科学研究出版社，2015 年.

普内族生活习惯大同小异，早期受傣渤族影响多些，近代主要受老族的影响。

普内族周围生活着傣渤族、老族、克木族、阿卡族以及汉族等。他们在经济上、文化上互相影响，民族之间相互通婚。

普内族人经济来源主要靠种植旱稻、玉米、木薯、黄瓜等。近代一些普内族人搬到了坝区，也种植水田。此外，他们还饲养家畜家禽、种植棉花、织布，也做些小买卖。

普内族的房屋分为住宅区和储存区。住宅区主要用于居住和做饭，储存区则用来储备粮食，放置农具杂物。房屋是比较低矮的干栏房。

女装为蓝黑色的裙子和 V 领上衣。男装为宽裤脚的长裤，配蓝色上衣和头巾。

大多信仰佛教，也有当和尚的。但其中的老班支系信传统的"神"，不信佛教。主要节日是泼水节。

普内族的文化教育水平与主体民族老族接近。中央、省的行政机构都有一些普内人当领导。

二、普内族语言使用情况

普内语是普内族的语言，与汉藏语系藏缅语族彝缅语支接近，保留了彝缅语的主要特点，但受壮侗语群的影响较大，出现了一些新特点。整个民族除城镇少量青少年已转用其他语言外，普遍都通晓自己的母语，兼用国语——老挝语，有少数人还分别兼用傣仂语、克木语等语言。

下面是琅南塔省南塔县龙村普内族的语言使用情况。调查组抽样对 40 户 177 人进行了语言能力调查。调查项目包括：家庭关系、姓名、年龄、文化程度、第一语言及水平、第二语言及水平等。具体情况如表 1-1：

表 1-1　老挝南塔县普内族语言使用现状调查总结表

户数	家庭关系	姓名	年龄	文化程度	第一语言及水平	第二语言及水平
1	家长	Siaŋ^{31}khaŋ^{31}di^{31}	44	小学	普内语熟练	老挝语熟练
	老婆	khaŋ^{33}	42	文盲	普内语熟练	老挝语熟练
	女儿	bo^{53}kham^{31}	15	高中	普内语熟练	老挝语熟练
	儿子	tʃan^{31}vi^{31}sai^{31}	10	小学	普内语熟练	老挝语熟练
2	家长	siaŋ^{31}som^{53}van^{53}	44	文盲	普内语熟练	老挝语熟练
	老婆	sen^{31}	43	文盲	普内语熟练	老挝语熟练
	女儿	su^{731}sa^{31}van^{53}	16	初中	普内语熟练	老挝语熟练
	儿子	su^{731}da^{31}	13	初中	普内语熟练	老挝语熟练
	儿子	phon^{31}sa^{31}van^{53}	5	文盲	普内语熟练	老挝语熟练

户数	家庭关系	姓名	年龄	文化程度	第一语言及水平	第二语言及水平
3	家长	sian^{31}kham^{31}tʃan^{31}	42	文盲	普内语熟练	老挝语一般
	老婆	lin^{31}phon^{31}	43	初中	普内语熟练	老挝语一般
	女儿	su^{731}sa^{31}van^{53}	15	初中	普内语熟练	老挝语熟练
	女儿	phon^{31}	14	初中	普内语熟练	老挝语熟练
	儿子	van^{31}thon^{31}	12	小学	普内语熟练	老挝语熟练
4	家长	sian^{31}kham^{31}phan^{31}	49	文盲	普内语熟练	老挝语熟练
	老婆	la^{53}	42	文盲	普内语熟练	老挝语熟练
	女儿	kham^{31}pheŋ^{31}	17	高中	普内语熟练	老挝语熟练
	儿子	ɴu^{731}kon^{31}	7	小学	普内语熟练	老挝语熟练
5	家长	tʃan^{31}	41	文盲	普内语熟练	老挝语熟练
	老婆	sau^{31}	32	文盲	普内语熟练	老挝语熟练
	儿子	kham^{31}pheŋ^{31}	14	初中	普内语熟练	老挝语熟练
	女儿	nom^{31}	9	小学	普内语熟练	老挝语熟练
	女儿	si^{31}	6	小学	普内语熟练	老挝语熟练
	女儿	phon^{31}	5	小学	普内语熟练	老挝语熟练
6	家长	siaŋ^{31}phon^{31}	31	文盲	普内语熟练	老挝语熟练
	老婆	si^{31}	38	文盲	普内语熟练	老挝语熟练
	儿子	kham^{31}phet^{55}	13	初中	普内语熟练	老挝语熟练
7	家长	bau^{31}xu^{31}	24	文盲	普内语熟练	老挝语熟练
	老婆	ko^{31}the^{31}	29	文盲	普内语熟练	老挝语熟练
	女儿	ko^{31}	8	文盲	普内语熟练	老挝语熟练
	儿子	kham^{31}pheŋ^{31}	16	初中	普内语熟练	老挝语熟练
8	家长	tʃa^{31}tho^{31}	45	文盲	普内语熟练	老挝语熟练
	老婆	ko^{31}tho^{31}	48	文盲	普内语熟练	老挝语熟练
	女儿	tʃan^{33}li^{31}	17	高中	普内语熟练	老挝语熟练
	女儿	on^{55}si^{31}	15	初中	普内语熟练	老挝语熟练
	儿子	som^{53}phon^{31}	13	初中	普内语熟练	老挝语熟练
9	家长	kham^{31}phau^{31}	44	文盲	普内语熟练	老挝语熟练
	老婆	nut^{55}	36	文盲	普内语熟练	老挝语熟练
	女儿	phon^{31}	15	初中	普内语熟练	老挝语熟练
	儿子	bun^{53}thon^{31}	13	初中	普内语熟练	老挝语熟练
	儿子	som^{53}phu^{31}	11	小学	普内语熟练	老挝语熟练
10	家长	mot^{31}	49	文盲	普内语熟练	老挝语熟练
	老婆	sau^{53}	48	文盲	普内语熟练	老挝语熟练
	儿子	a^{33}phe^{31}	13	小学	普内语熟练	老挝语熟练
	儿子	thon^{31}tʃan^{31}	10	小学	普内语熟练	老挝语熟练

户数	家庭关系	姓名	年龄	文化程度	第一语言及水平	第二语言及水平
11	家长	thi⁵⁵phan³¹	30	文盲	普内语熟练	老挝语熟练
	老婆	pau³¹	28	初中	普内语熟练	老挝语熟练
	儿子	a³³phet³¹	4	文盲	普内语熟练	老挝语熟练
12	家长	siaŋ³¹thoŋ³¹	43	文盲	普内语熟练	老挝语熟练
	老婆	si³¹	40	文盲	普内语熟练	老挝语熟练
	女儿	on⁵⁵tʃan³¹	17	小学	普内语熟练	老挝语熟练
13	家长	siaŋ³¹di³¹	43	文盲	普内语熟练	老挝语一般
	老婆	naŋ³¹	40	文盲	普内语熟练	老挝语一般
	女儿	on⁵⁵si³¹	14	初中	普内语熟练	老挝语熟练
	儿子	a³³nu³¹	8	小学	普内语熟练	老挝语熟练
14	家长	san³¹	50	文盲	普内语熟练	老挝语一般
	女儿	su⁷³¹	18	文盲	普内语熟练	老挝语熟练
	儿子	thit³¹	27	文盲	普内语熟练	老挝语熟练
15	家长	som⁵³mai⁵³	45	文盲	普内语熟练	老挝语熟练
	老婆	sau³¹	47	文盲	普内语熟练	老挝语熟练
	儿子	son³¹	19	文盲	普内语熟练	老挝语熟练
	女儿	kham³¹pheŋ³¹	15	高中	普内语熟练	老挝语熟练
16	家长	siaŋ³¹su⁷⁵⁵	52	文盲	普内语熟练	老挝语熟练
	老婆	la⁵³	52	文盲	普内语熟练	老挝语熟练
	儿子	pau³¹	12	初中	普内语熟练	老挝语熟练
17	家长	pau³¹	43	文盲	普内语熟练	老挝语熟练
	老婆	khɔt³¹	38	小学	普内语熟练	老挝语熟练
	女儿	bo⁵³sa⁵³van⁵³	17	高中	普内语熟练	老挝语熟练
	女儿	put⁵⁵	14	初中	普内语熟练	老挝语熟练
	儿子	a⁵⁵phe³¹	12	初中	普内语熟练	老挝语熟练
	儿子	phon³¹sai³¹	15	高中	普内语熟练	老挝语熟练
18	家长	siaŋ³³phui³⁵	41	文盲	普内语熟练	老挝语熟练
	老婆	kham³¹	40	文盲	普内语熟练	老挝语熟练
	女儿	bo⁵³phan³¹	13	初中	普内语熟练	老挝语熟练
	儿子	sa⁷⁵⁵	14	初中	普内语熟练	老挝语熟练
19	家长	xum⁵³pheŋ³¹	50	文盲	普内语熟练	老挝语一般
	老婆	sa⁷⁵⁵	47	文盲	普内语熟练	老挝语一般
	女儿	van³¹	22	文盲	普内语熟练	老挝语熟练
	儿子	som⁵³si⁵³	13	文盲	普内语熟练	老挝语熟练
20	家长	siaŋ³¹phon³¹	35	文盲	普内语熟练	老挝语熟练
	老婆	su⁷⁵⁵	39	文盲	普内语熟练	老挝语熟练
	女儿	van³¹kham³¹	13	文盲	普内语熟练	老挝语熟练
	女儿	tʃan⁵³xɔm³¹	9	文盲	普内语熟练	老挝语熟练
21	家长	nɔm⁵³	48	文盲	普内语熟练	老挝语熟练
	女儿	su⁷³¹	16	初中	普内语熟练	老挝语熟练
	儿子	kham³¹sai³¹	11	初中	普内语熟练	老挝语熟练

户数	家庭关系	姓名	年龄	文化程度	第一语言及水平	第二语言及水平
22	家长	phut³¹pheŋ⁵³	48	文盲	普内语熟练	老挝语熟练
	老婆	si³¹	52	文盲	普内语熟练	老挝语一般
	女儿	tʃan⁵³sa³¹mai⁵³	28	高中	普内语熟练	老挝语熟练
	儿子	phet³¹	24	高中	普内语熟练	老挝语熟练
	女儿	lin³¹	20	文盲	普内语熟练	老挝语熟练
	女儿	bo⁵³tʃan⁵³	19	高中	普内语熟练	老挝语熟练
23	家长	me³¹	45	文盲	普内语熟练	老挝语熟练
	女儿	sau⁵³kham³¹	41	文盲	普内语熟练	老挝语熟练
	儿子	tɐi³¹	17	文盲	普内语熟练	老挝语熟练
	儿子	su²⁵⁵pha³¹	10	小学	普内语熟练	老挝语熟练
	女儿	seŋ³¹	14	初中	普内语熟练	老挝语熟练
24	家长	khan³¹	53	文盲	普内语熟练	老挝语熟练
	老婆	di³¹	52	文盲	普内语熟练	老挝语熟练
	女儿	tʃan³¹sa²⁵⁵mon⁵³	17	高中	普内语熟练	老挝语熟练
25	家长	bun³³mi³¹tʃan³³tha³¹kha³¹	31	初中	普内语熟练	老挝语熟练
	老婆	su²³¹	27	初中	普内语熟练	老挝语熟练
	儿子	u⁵⁵thon³¹	9	小学	普内语熟练	老挝语熟练
26	家长	siaŋ³¹thi³¹	42	文盲	普内语熟练	老挝语熟练
	老婆	nut³¹	43	文盲	普内语熟练	老挝语熟练
	女儿	tʃan³¹su²⁵⁵	20	高中	普内语熟练	老挝语熟练
	儿子	som⁵³tʃan³¹	17	初中	普内语熟练	老挝语熟练
27	家长	siaŋ³¹phan³¹	48	文盲	普内语熟练	老挝语熟练
	女儿	phut³¹	20	小学	普内语熟练	老挝语熟练
	女儿	mau³¹	16	初中	普内语熟练	老挝语熟练
	儿子	phet³¹	12	文盲	普内语熟练	老挝语熟练
28	家长	xau³¹	51	文盲	普内语熟练	老挝语熟练
	老婆	nɯt³¹	52	文盲	普内语熟练	老挝语熟练
	儿子	xat⁵⁵	26	初中	普内语熟练	老挝语熟练
	儿子	in⁵³seŋ⁵³	17	初中	普内语熟练	老挝语熟练
29	家长	pau⁵³	47	文盲	普内语熟练	老挝语熟练
	老婆	ka³¹	48	文盲	普内语熟练	老挝语熟练
	儿子	a³³sau⁵³	24	初中	普内语熟练	老挝语熟练
	女儿	kham³¹si⁵³	16	初中	普内语熟练	老挝语熟练
	儿子	kham³¹su²⁵⁵	14	初中	普内语熟练	老挝语熟练
	女儿	on⁵⁵si⁵³	13	初中	普内语熟练	老挝语熟练

户数	家庭关系	姓名	年龄	文化程度	第一语言及水平	第二语言及水平
30	家长	sian³¹si⁵⁵phan³¹	45	文盲	普内语熟练	老挝语一般
	老婆	su²⁵⁵	45	文盲	普内语熟练	老挝语一般
	儿子	kham³¹tʃan³¹	22	高中	普内语熟练	老挝语熟练
	儿子	sau⁵³	19	初中	普内语熟练	老挝语熟练
	女儿	on⁵³si³¹	15	初中	普内语熟练	老挝语熟练
	儿子	veŋ³¹sai³¹	10	初中	普内语熟练	老挝语熟练
31	家长	tʃan³¹	52	文盲	普内语熟练	老挝语熟练
	女儿	phim³¹pha³¹	17	高中	普内语熟练	老挝语熟练
	女儿	phet³¹tha³¹vɔn³¹	16	高中	普内语熟练	老挝语熟练
32	家长	thit³¹sa³³di⁵³	47	文盲	普内语熟练	老挝语熟练
	老婆	sau⁵³	41	文盲	普内语熟练	老挝语熟练
	儿子	van³¹thoŋ³¹	13	初中	普内语熟练	老挝语熟练
	儿子	sa²³¹	12	小学	普内语熟练	老挝语熟练
	儿子	thoŋ³¹set³¹	10	小学	普内语熟练	老挝语熟练
33	家长	thit³¹som⁵³lit³¹	55	小学	普内语熟练	老挝语熟练
	老婆	mau³¹	48	文盲	普内语熟练	老挝语熟练
	儿子	phon³¹	18	高中	普内语熟练	老挝语熟练
	女儿	phit³¹	13	初中	普内语熟练	老挝语熟练
34	家长	phui⁵³	40	小学	普内语熟练	老挝语熟练
	老婆	naŋ³¹	39	文盲	普内语熟练	老挝语略懂
	女儿	man⁵³	15	初中	普内语熟练	老挝语熟练
	女儿	phon³¹	6	小学	普内语熟练	老挝语熟练
	儿子	ŋən³¹	7	小学	普内语熟练	老挝语熟练
35	家长	thit⁵⁵tʃam³¹pa³¹	62	文盲	普内语熟练	老挝语略懂
	儿子	xat⁵⁵	25	初中	普内语熟练	老挝语熟练
36	家长	sian³¹kham³¹sai³¹	32	初中	普内语熟练	老挝语熟练
	老婆	thi³¹	32	初中	普内语熟练	老挝语熟练
	儿子	kham³¹siŋ³¹	6	小学	普内语熟练	老挝语一般
	儿子	bun³³pheŋ³¹	3	文盲	普内语熟练	老挝语略懂
37	家长	mau³¹	31	小学	普内语熟练	老挝语熟练
	老婆	tʃan³¹pheŋ³¹	31	小学	普内语熟练	老挝语熟练
	女儿	si⁵³	6	小学	普内语熟练	老挝语一般
	女儿	thut⁵⁵	4	文盲	普内语熟练	老挝语一般
	爷爷	sian³¹kham³¹di³¹	78	小学	普内语熟练	老挝语熟练
	奶奶	pau³¹	67	文盲	普内语熟练	老挝语一般

户数	家庭关系	姓名	年龄	文化程度	第一语言及水平	第二语言及水平
38	家长	sian³¹phet³¹	39	小学	普内语熟练	老挝语熟练
	老婆	tʃan³¹pheŋ³¹	35	文盲	普内语熟练	老挝语一般
	儿子	tʃan³¹pau³¹	7	文盲	普内语熟练	老挝语一般
	儿子	xau⁵³	4	文盲	普内语熟练	老挝语略懂
39	家长	sian³¹sin⁵³	38	文盲	普内语熟练	老挝语一般
	老婆	san⁵³	38	文盲	普内语熟练	老挝语一般
	女儿	tʃan⁵³kham³¹	14	小学	普内语熟练	老挝语熟练
	儿子	sa²⁵⁵vat⁵⁵	13	小学	普内语熟练	老挝语熟练
	女儿	tʃan⁵³su²⁵⁵	8	小学	普内语熟练	老挝语熟练
40	家长	sian³¹bun³¹tʃon³¹	43	初中	普内语熟练	老挝语熟练
	老婆	tʃan³¹	41	文盲	普内语熟练	老挝语一般
	女儿	tʃam³¹pa³¹	19	初中	普内语熟练	老挝语熟练
	女儿	su²⁵⁵	18	小学	普内语熟练	老挝语熟练
	女儿	lin³¹	17	初中	普内语熟练	老挝语熟练
	女儿	sa²⁵⁵	15	初中	普内语熟练	老挝语熟练
	女儿	phon³¹	14	初中	普内语熟练	老挝语熟练
	女儿	kham³¹	13	初中	普内语熟练	老挝语熟练
	女儿	nɔi³¹	10	小学	普内语熟练	老挝语熟练
	女儿	la⁵³	5	小学	普内语熟练	老挝语熟练
	爷爷	sian³¹su²⁵⁵kha²⁵⁵	70	文盲	普内语熟练	老挝语略懂
	奶奶	khun³¹	80	文盲	普内语熟练	老挝语略懂

从表 1-1 可以看到南塔普内族的语言生活有以下几个特点：

（1）南塔的普内语很有活力。在 177 人中，普内语熟练的有 177 人，比例为 100%。

（2）他们除了稳定使用自己的母语外，大多还熟练使用老挝语，以老挝语作为他们的第二语言。少部分是一般或略懂水平，是因为这部分人较少与老村人接触。在 177 人中，老挝语熟练的有 152 人，占总人数的 85.9%。

（3）文化水平与语言水平的关系，母语和老挝语的情况不同。母语不因文化水平出现差异，而老挝语的水平受到文化水平高低的影响，文化水平高，老挝语水平也高，反之亦然（表 1-2）。

（4）从年龄阶段来看，普内语的水平不因年龄而有差异，而老挝语则不同，11~30 岁的年龄段老挝语的熟练程度 100%，年龄在 10 岁以下、40 岁以上的，老挝语熟练水平不高（表 1-3）。

表 1-2　南塔普内族普内语、老挝语水平与文化水平的关系

文化程度	总数	普内语			老挝语		
		熟练	一般	略懂	熟练	一般	略懂
文盲	81	81	0	0	59（72.8%）	16（19.6%）	6
小学	34	34	0	0	32（94.1%）	2（6%）	0
初中	47	47	0	0	46（97.9%）	1（2.1%）	0
高中	15	15	0	0	15（100%）	0	0
大学	0	0	0	0	0	0	0

表 1-3　普内族语言使用现状与年龄阶段的关系

年龄阶段	总数	普内语			老挝语		
		熟练	一般	略懂	熟练	一般	略懂
0~10	26	26（100%）	0	0	20（77%）	4（15.3%）	2（77%）
11~20	64	64（100%）	0	0	64（100%）	0	0
21~30	13	13（100%）	0	0	13（100%）	0	0
31~40	20	20（100%）	0	0	16（80%）	4（20%）	0
41~50	39	39（100%）	0	0	30（77%）	9（23%）	0
50 以上	15	15（100%）	0	0	9（60%）	2（13.3%）	4（26.7%）

第二章　老挝普内语音系

老挝普内语音系前人尚未做过，是一项崭新的调查研究工作。由于普内语受别的语言影响较大，音系的整理有一定的难度。调查组经过艰辛的调查、记录，在反复核对、比较的基础上形成这一音系。

第一节　调查点和发音人情况

本音系描写的音点是老挝丰沙里省的普内语。它属于汉藏语系藏缅语族，与彝缅语比较接近。普内语由于长期处在老挝壮侗语群的包围之中，出现了许多不同于藏缅语的新特点，所以可以认为它是藏缅语族中一种有特点的语言。对普内语的调查研究，至今国内外未见有什么成果，我们这次调查应是对一种新语言的调查。

发音人有三位。第一位是 SOMDY KEOMANYSENG（宋迪·乔玛尼湘）女士。1962 年 11 月 12 号出生在老挝丰沙里省（siŋ⁵³sa³³li⁵³）普内县（bun³¹nə⁵³）布迈村（bɔ³³mai⁵⁵），1979 年考上了老挝师范大学（即现在的老挝国立大学），学的是老挝语文专业，现任琅南塔省中学校长。她熟练掌握普内语和老挝语，略懂越南语、傣渨语，第一语言是普内语。她小时候生活的普内县布迈村全部是普内族，村寨内部普遍使用普内语。她的父母都是普内族，熟练掌握普内语，现已去世。丈夫也是普内族，58 岁，熟练掌握普内语、老挝语。她的四个孩子都会普内语，但水平不如上辈。她的家庭内部使用双语——普内语、老挝语，两种语言的使用频率相当。

第二位是 THONGMALY（佟玛丽）女士。1966 年出生在老挝丰沙里省普内县的 xɔi⁵⁵kha³¹村。该村有 56 户人家，村子东面、南面是傣族寨子，西面、北面是普内族寨子。她母亲是普内族，说普内语；父亲是来自中国思茅的汉族，说汉语，但也会说普内语。家里主要说普内语，也说老挝语。她从小说普内语，16 岁离开家乡后，学会了老挝语。丈夫是老族，相互间说老挝语，孩子只会老挝语，已不会普内语。1988 年，她到琅南塔后，母亲与她生活在一起，日常生活都说普内语。

第三位是 INTAN SAYPHAVA（王恩德）先生。1992 年 12 月出生在老挝丰沙里省丰沙里市 18 号公里村。该村有 100 户 400 多人，都是普内族。村子北边是 13 号公里村，西南边是基左村，都居住着普内族。东边是森林区，无人居住。西边是 sa⁵³ma³¹khji³¹sai³¹（团结村），生活着阿卡族。他家里共六口人。父亲是苗族，会说苗语、老挝语、普内语；母亲是普内族，会普内语和老挝语；三个妹妹都掌握普内语和老挝语两种语言；王恩德的第一语言是普内语，第二语言是老挝语，第三语言是泰语，第四语言是英语，因为从小跟母亲说普内话，加上所居住的寨子和周围的寨子多是普内族，所以王恩德的普内语很熟练。在家庭内部，使用普内语和老挝语两种语言，以普内语为多。他父亲虽然是苗族，但在家庭内部不说苗语，和子女们都说普内语。他毕业于南塔师范学院数学专业，毕业后留校工作至今。

这三位发音合作人所说的普内语基本相同。由于他们都不会汉语，但会老挝语，所以调查的整个过程都要依靠老挝语、汉语翻译。担任翻译的主要是课题组成员桐柏（云南师范大学地理语言学博士生）、苏哲（云南师范大学语言学硕士生）。这两位翻译都懂老挝语、汉语两种语言。

第二节 声 母

普内语的声母有以下几个特点：

（1）单辅音声母在塞音上分清浊，塞擦音只有清音没有浊音，擦音除 f、v 清浊对立外，其余只有清音没有浊音。

（2）鼻音和边音有清化与非清化的对立，但清化音存在消失的趋势。

（3）在双唇音、舌根音上，有颚化与非颚化的对立。

（4）有复辅音声母，但保留的词较少。

普内语的声母共有 42 个，其中单辅音声母有 33 个，复辅音声母有 9 个。

一、单辅音声母

有双唇、双唇颚化、唇齿、舌尖中、舌叶、舌根、舌根颚化等 7 套，此外还有舌尖前擦音 s、舌面中擦音 j（表 2-1）。

表 2-1　单辅音声母系统

发音方法 ＼ 发音部位			双唇	唇齿	舌尖前	舌尖中	舌叶	舌面前	舌根
塞音	清	不送气	p pj			t			k kj
		送气	ph phj			th			kh khj
	浊		b bj			d			g
塞擦音	不送气						tʃ		
	送气						tʃh		
鼻音	清		m̥ m̥j			n̥			ŋ̊j
	浊		m mj			n			ŋ ŋj
边音	清					l̥			
	浊					l			
擦音	清			f	s				x xj
	浊			v					
半元音								j	

单辅音声母举例（表 2-2）：

表 2-2　单辅音声母举例

p	pji³³ 年	pɯŋ⁵⁵ （一）些（人）
ph	phji⁵⁵ 辣	phɯŋ⁵⁵ 依靠
b	bji³¹ 火	bu³³ 要
m	mu⁵⁵ 父亲	mu³¹ 马
m̥	m̥ɯ⁵⁵ 菌子	m̥u³³ 长
pj	pju³³ 楞	pja³³ 丢
phj	phju⁵⁵ 银	phja³³ 拆
bj	bja³¹ 丢	bjau³¹ 很慢
mj	mjaŋ³¹ 事情	mji³³ 猫
m̥j	m̥jaŋ³⁵ 黄牛	m̥jen³¹ 好
f	fa³³ 飞	a³¹fuʔ³¹ 外祖父
v	va³³ 陷阱	vau³³ 风筝
t	tu⁵⁵ 像（他）	tu³¹ 挖
th	thu⁵⁵ 厚	thu³³ 抬上去
d	du³¹ 能吃的十	da³³ 黑
n	nam⁵⁵ 布	na⁵⁵ 你
n̥	n̥am³¹ 芝麻	n̥a⁵⁵ 这样
l	la⁵⁵ 茶	lu⁵⁵ 男的
l̥	l̥a³³ 掺和	l̥u⁵⁵ 热
s	sa³¹ 盐	sau³¹ 二十（借老）
tʃ	tʃa³³ 路	tʃau³³ 小窑炉（酿酒用）
tʃh	tʃha³³ 背篓	tʃhau³³ 甜
j	jo³³ 儿媳	ja⁵³ 肯定
k	ko³³ 谷子	a³³ku³¹ （植物）老
kh	kho³³ 没有	khu³¹ 网
g	gu³³ 我们	ga³³ 我

续表

ŋ	dai³¹ŋən³¹ 播音员	meŋ³¹ŋɔt⁵⁵ 蝎子（借老）
x	xo³³ 老鼠	xaŋ³¹ 饭
kj	kjeu³³ 卷（起来）（借老）	kju³¹ 割（草）（借老）
khj	khja⁵⁵tʃĩ⁵⁵ 竹子	khji⁵⁵ 骑（借老）
ŋj	ŋjɔ³³ 他（亲见）	ŋjɔ⁵⁵ 麻
ɲj	a³³ɲjɔ³¹ 他（非亲见）	ɲjam³¹ 抓
xj	xjɔ³³ 腌（菜）	xja⁵⁵ 山地

二、复辅音声母

第一辅音有双唇音、舌尖音、舌根音，第二辅音只有-1辅音（表2-3）。

表2-3 复辅音声母

发音方法＼发音部位			双唇	唇齿	舌尖中	舌根
塞音	清	不送气	pl		tl	kl
		送气	phl		thl	khl
	浊		bl			
擦音				fl		xl

复辅音声母举例（表2-4）：

表2-4 复辅音声母举例

pl	a³³pla⁵⁵ 薄	plu⁵⁵ 乌龟（小的）
phl	phla³³si³¹ 石榴	phlu³⁵si³¹ 葫芦
bl	bla⁵⁵si³¹ 茶壶	khat⁵⁵na⁵⁵blen⁵⁵ 可怕
fl	fluɯ⁵³si³¹ 陀螺	flaŋ⁵³bɔ³¹ 一种草（可以吃）
tl	tlo⁵⁵ 一种菜	tʃam³³tlo⁷⁵⁵ 凉台
thl	thlo³¹ 等于	thlen³⁵ 一样
kl	kloŋ⁵⁵bo⁵⁵ 筑坝	m̥u³¹kla⁷³¹ 木耳
khl	khlo⁵³ 讨厌	khla⁵⁵ 灰土
xl	xlo⁵³ 冰雹	xlo³¹pha³¹ 笋叶

声母说明：鼻音 m 可以自成音节。如：m³¹ "不"。

第三节 韵 母

普内语的韵母有以下几个特点：

（1）有单元音韵母、复合元音韵母、带辅音韵尾的韵母三类。

（2）韵尾有-m、-n、-ŋ、-p、-t、-ʔ六个。

（3）有口元音与鼻化元音的对立。

普内语的韵母共有 75 个，其中单元音韵母 15 个，复合元音韵母 12 个，带辅音韵尾的韵母 48 个。

一、单元音韵母

单元音韵母分为口元音韵母和鼻化元音韵母两类。口元音韵母有 9 个，鼻化元音韵母有 6 个。

口元音韵母：i、e、ɛ、a、ɔ、o、u、ɯ、ə。

鼻化元音韵母：ĩ、ɛ̃、ɔ̃、õ、ũ、ɯ̃。

单元音韵母举例（表 2-5）：

表 2-5 单元音韵母举例

i	si³¹ 水果	tʃhi³¹ 药
e	e⁵⁵ 走	de⁵⁵də⁷³¹ 那边
ɛ	ɛ⁵⁵ 疑问词	ŋɛ̞³¹ 绳
a	na⁵⁵ 你	la⁵⁵ 茶叶
ɔ	khɔ⁵³ 姑姑	lɔ³¹ 骡子
o	kho³¹ 碗	lo³⁵ 铲子
u	khu³¹ 渔网	lu⁵⁵ 小孩的爱称
ɯ	khɯ³¹ 狗	sɯ⁵⁵ 死
ə	khə³¹ 挖（耳朵）	sə⁵³ 哪里
ĩ	tʃĩ⁵⁵ 树	a³³pjĩ³³ 满的
ɛ̃	a³³xɛ̃³¹ 响	a⁵⁵ŋɛ̃⁵⁵ 红
ɔ̃	sɔ̃⁵⁵ 人	xjɔ̃⁵⁵ 鱼钩
õ	tʃõ⁵⁵ 伞	tə̃³³põ⁵⁵ 砧板
ũ	ju³¹xũ⁵⁵ 飞机	ɲi³³kũ⁵⁵ 白天
ɯ̃	xɯ̃³¹tʃe⁷⁵⁵ 跌倒	thɯ̃³¹pɯt⁵⁵ 大家

二、复合元音韵母

只有二合元音韵母，共 12 个。au、ai、ui、ua、uã、ue、uɛ、iu、ɔi、eu、əi、əu。

复合元音韵母举例（表 2-6）：

表 2-6　复合元音韵母举例

au	lau⁵³ 来	kau³⁵ 九
ai	ɭai³¹ 跟着	khai³¹ 高脚钵（用于盛香烛）
ui	pui³³ 肥料	khui³³ 笛子
ua	pua⁵³ 蝙蝠	khua³⁵ 右边（吆喝牛）（借老）
uã	bǔ⁵⁵khuã⁵⁵ 锅	kuã³¹lɔŋ³¹ba³³ 松弛
ue	gue⁵⁵ 低头	
uɛ	kue³¹ 弯	khue³³ 刮
iu	liu⁵³ 来	niu⁵⁵ 肾结石
ɔi	pɔi³¹ 烂	ji³¹lɔi³⁵ 胎盘
eu	teu⁵⁵ 裤子	teu³¹ 快
əi	ləi³³ 锯子	səi⁵³ 驱赶（鸡）
əu	khjəu³³ 和	khjəu⁵⁵ 着急

三、带辅音韵尾韵母

普内语可做韵尾的辅音有 -m、-n、-ŋ、-p、-t、-ʔ 6 个，带鼻音韵尾的 25 个，带塞音韵尾的 23 个。除了单元音带辅音韵尾的韵母外，还有少量复合元音带辅音韵尾的韵母。

单元音带辅音韵尾的韵母有（表 2-7）：

表 2-7　单元音带辅音韵尾的韵母

带鼻音 韵尾	im	em	ɛm	am	ɔm	om	um	ɯm	əm
	in	en	ɛn	an		on	un	ɯn	ən
	iŋ	eŋ	ɛŋ	aŋ		oŋ		ɯŋ	
带塞音 韵尾	ip	ep		ap	ɔp		up	ɯp	əp
	it	et		at		ot	ut	ɯt	ət
	iʔ	eʔ	ɛʔ	aʔ		oʔ	uʔ	ɯʔ	əʔ

复合元音带辅音韵尾的韵母有 uan、uɛŋ、uat 3 个。

单元音带辅音韵尾的韵母举例（表 2-8）：

表 2-8　单元音带辅音韵尾的韵母举例

im	phjim⁵³ 打（字）（借老）	da³³sɯ⁵⁵phjim³¹ 报纸（借老）
em	a³³khem³¹ 咸（借老）	them⁵⁵ 添加
ɛm	mjit⁵⁵sem³¹ 剪刀（借老）	kă⁵⁵lem⁵³ 冰淇淋（借老）
am	sam³³ 三	sam⁵⁵ 铁
ɔm	a³³xɔm⁵⁵ 苋菜	kap³¹plɔm³⁵ 蜘蛛
om	lom³¹ 说	thom⁵⁵ 水灾

续表

um	thum³¹ 鼓	sum³³ 湿
ɯm	fan³¹fɯm³¹ 鳃（借老）	tɯm⁵⁵ 加（借老）
əm	kə⁷⁵⁵kəm⁵⁵si³¹ 板栗	
in	nu³¹lin³³ 最后	lã⁵⁵tin⁵⁵ 小溪
en	len³³ 山歌	ven³³ 镜子（借老）
an	lan³¹ 耳环	khan³¹ 唾沫
on	a³³lon⁵⁵ 秃	a³³bon⁵⁵ 短
un	ɹun⁵⁵ 累	pun⁵⁵ 石灰
ɯn	ḁtuɯn⁵⁵ 浅	kɯn³¹the³⁵ 山
ən	tən³³ 灯	sən³³ 头虱
iŋ	ḁpiŋ³³ 烤的	tʃhiŋ³¹ 铍
eŋ	pheŋ³¹ 歌	teŋ³³na⁵⁵tʃe⁷⁵⁵ 打扮
ɛŋ	peŋ³⁵ 粉	mu⁵⁵ta³¹sɛŋ³³ 乡长
oŋ	loŋ⁵⁵ 船	toŋ⁵⁵ 铜
ɯŋ	xɯŋ³¹ 滑倒	tan³³kɯŋ⁵⁵ 平地
ip	sip⁵⁵ 十（借老）	lip⁵⁵ 电梯（借老）
ep	nep³¹ 插	khep⁵⁵man³¹ 炸猪皮
ap	ŋap³¹ 鼻涕	kap³¹ 鸭子
ɔp	kɔp⁵⁵ 刨	pɔp⁵⁵ 书
up	kup⁵⁵ 光	tʃhup⁵⁵ 抓
ɯp	a⁵⁵khɯp³¹ 拃（借老）	sɯp³¹ 打听
əp	kəp⁵⁵tep³¹ 拖鞋	a³³thəp⁵⁵ 梯（田）
it	phjit⁵⁵ 吵架	khjit⁵⁵ 划（线）
et	phet³¹ 断开	kjet⁵⁵ 煤气
at	pat⁵⁵ 擦（借傣）	khat⁵⁵ 怕
ot	ɹot⁵⁵ 烫	kot⁵⁵ 检查
ut	m̥ut⁵⁵ 吹	kut⁵⁵ 春节
ɯt	pɯt⁵⁵ 癞蛤蟆	kɯt³¹ 摇动
ət	a⁵⁵pət⁵⁵ 疯	kət³¹ 出生
iʔ	tʃi⁷⁵⁵ 点燃	m̥ji⁷⁵⁵ 扔
eʔ	tʃe⁷⁵⁵ 触摸	te⁷⁵⁵ 轻佻
ɛʔ	me⁷⁵⁵ 想（吃）	sa³¹le⁷⁵⁵ 沙子
aʔ	m̥a⁷⁵⁵ 腌	la⁷⁵⁵ 打猎
oʔ	to⁷⁵⁵ 桌子（借老）	bo⁷³¹ 告诉
uʔ	tu⁷⁵⁵ 大和尚	lu⁷⁵⁵ 塌陷
ɯʔ	tɯ⁷⁵⁵ 堵住（过不去）	sɯ⁷³¹ 血
əʔ	tə⁷⁵⁵ 剪	nɔ⁷⁵⁵ə⁷⁵⁵ 农村

复合元音带辅音韵尾的韵母举例（表2-9）：

表2-9 复合元音带辅音韵尾的韵母举例

uan	xja^{55}khuan^{31} 烟丝	khuan^{33}bo^{755} 斧头
uɛŋ	khuɛŋ^{31} 省（借老）	
uat	kuat^{31} 扫	

韵母说明：

（1）元音和韵尾的结合不太整齐，缺格现象较多。

（2）ə的舌位接近ɤ。例如：a^{33}tʃə^{55} "姓"、pha^{55}sə^{55} "席子"。

第四节 声 调

普内语是个有声调的语言，而且声调还比较发达。共有五个独立的声调：高平55、中平33、低降31、高降53、高升35。变调现象较多。

各调值、例词如表2-10所列：

表2-10 普内语声调系统及例词

高平 55	中平 33	低降 31	高降 53	高升 35
la^{55} 茶	l̥a^{33} 掺水	la^{31} 是吗	la^{53} 来	lɔ^{35} 人名
xja^{55} 山地	xja^{33} 鸡	xja^{31} 犀牛	xja^{53} 鸟	mjaŋ^{35} 黄牛
sam^{55} 铁	sam^{33} 三	sam^{31} 大盆	sam^{53} 三（用于口令）	sam^{35} 人名

舒声调在五个调上都出现，促声调主要出现在高平、低降两个调上。例如：

pɔp^{55} 书	kap^{31} 鸭子
sut^{55} 蚊帐	dat^{31} 鬼
to^{755} 桌子	sɯ^{231} 血

也有个别促声韵借词出现在高升调上，如：pet^{35} "八"。

第五节 音节结构类型

普内语音节结构共有以下8种类型：

（1）辅音：m^{31} "不"；

（2）元音：ə³¹ "嗯（肯定语气）"；

（3）辅音＋元音：bji³¹ "火"；

（4）辅音＋元音＋元音：pui³³ "肥料"；

（5）辅音＋元音＋辅音：pɔp⁵⁵ "书"；

（6）辅音＋辅音＋元音：thlo³¹ "等于"；

（7）辅音＋辅音＋元音＋辅音：thlen³⁵ "一样"；

（8）辅音＋元音＋元音＋辅音：khuɛŋ³¹ "省（借老）"。

第六节　弱 化 音 节

普内语有弱化音节。弱化音节出现在部分双音节词的前一音节上面。弱化音节的特点是：音节读音轻而短，为半个音节，它与后面的音节合为"一个半音节"。例如：

khǎ⁵⁵ne⁵⁵ 和、与	khǎ⁵⁵tʃə⁵⁵lǎ⁵⁵tʃə⁵⁵ 衣服鞋子类
bǎ³¹ka³¹si³¹ 腮	bǎ³¹ka³¹a³³plai³¹ 麻子
tʃũ³¹kɯŋ³¹ 肉	sǎ³¹phje³¹ 牙齿
bǔ³¹kɯ³⁵ 胆	jǎ³¹kha³¹ 小伙子

第七节　连 音 音 变

一、增音

零声母的音节在连音中会增加新的音素。下例括号内的是增加的音素。

phɔn³¹(n)a³³blɛ⁵³ 开了吗　　　　　ba³⁵(ɣ)a³⁵ 还是

si⁵⁵(ɣ)am³¹si³¹ 腊肉　　　　　　e⁵⁵(ja)u³⁵ 去吧

ŋɛ²⁵⁵lom³¹(ɣ)u³¹ 这样说　　　　　tʃa³¹(ɣ)eu⁵³ 去吃

二、合音

零声母的音节在连音中会与前一音节发生合音。如：表祈使的语气词 u³³ 常与前面的动词发生合音。例如：

tʃa³¹＋u³³　　　合音为　　　　　　tʃau³⁵

吃　吧　　　　　　　　　吃吧

$e^{55}+u^{33}$　　合音为　　　eu^{53}

去　吧　　　　　　　　　去吧

$t\!\int\!i^{31}+u^{33}$　　合音为　　　$t\!\int\!iu^{31}$

做　吧　　　　　　　　　做吧

三、变调

连音中，声调会发生变化。普内语变调现象比较多，举例如下：

高平调＋高平调（带塞音韵尾），前一音节的实际调值读为44调。例如：

$ni^{55}t\!\int\!e^{\text{ʔ}55}[ni^{55}t\!\int\!e^{\text{ʔ}44}]$　坐　　　$sai^{55}t\!\int\!e^{\text{ʔ}55}[sai^{55}t\!\int\!e^{\text{ʔ}44}]$　赔偿

又如：带塞音韵尾的低降调若前一音节也是高平调，其实际调值为32调。例如：

$\tilde{i}^{55}pot^{31}[\tilde{i}^{55}pot^{32}]$　泥巴　　$a^{55}t\!\int\!ap^{31}[a^{55}t\!\int\!ap^{32}]$　凹

第三章 词 汇

第一节 词 的 构 成

普内语属于分析性较强的语言，所以它的词汇都具有分析性的特点。从结构上分，普内语词的结构可分为单纯词和复合词两大类，其中以复合词居多。

一、单纯词

普内语单纯词较少。从音节数量来看，单纯词大多是单音节词，双音节词较少。

（一）单音节词

单音节词分布于各个词类中，多数都是最基本的词汇。

bji³¹ 火	lɔ̃⁵⁵ 水	jo³¹ 水牛
ga³³ 我	nã³³ 你	nuɯŋ³³ 一
sip⁵⁵ 十	tʃa³⁵ 条	mɔ̃³⁵ 个
lum³¹ 根	si³¹ 粒	pji³¹ 递
khoʔ⁵⁵ 倒[掉]	kha³¹ 卡住	tʃhiu⁵³ 派
l̥oʔ⁵⁵ 烫	tʃɔ̃³¹ 蠢	tʃɔ̃³¹ 笨
jo³³ 然后	ə⁵³ 还是	ja⁵³ 肯定
thɔ̃³³ 不过	ui⁵³ 啦	la⁵³ 吧

（二）双音节词

jo³¹m̥jaŋ³⁵ 牛	tʃɔ̃³¹tham³¹ 云	tʃa³³ba⁵³ 路
kɯn³¹tʃən⁵⁵ 山洼	ĩ⁵⁵pot³¹ 泥巴	khǎ⁵⁵la⁵⁵ 尘土
khǎ⁵⁵la⁵⁵ 灶灰	toŋ³¹tʃam⁵⁵ 桥	taŋ³¹kham³¹ 棺材

二、合成词

依据构成合成词的语素的性质，合成词可分为复合式合成词和附加式合成词。复合式合成词较多，附加式合成词较少。

复合式合成词可分为并列式、修饰式、多层结构等类别。

1. 并列式

词素的构成主要有两种：名词性词素并列、形容词性词素并列。其中，名词性词素并列的合成词最多。

"名名"式：jo³¹m̥jaŋ³⁵ 牛　xã³¹pɛŋ³⁵ 面粉　lă³¹ŋju⁵⁵a³³ku³¹tʃa⁵⁵ 手筋

　　　　水牛黄牛　　饭 饭　　　手指　手筋

"形形"式：tʃɯ²³¹kɯŋ³¹ 肉

　　　　肥　瘦

名词性并列式的词素孰先孰后比较灵活，大多数的词素的顺序可以互换，不像一些亲属语言那样严格受语音规则的制约，只有一种顺序。

并列式的词素顺序有下面几种情况，一种是虽然能互换，但其中有一个常用。下面的例子中居于前面的是相对常用的。

ba⁷⁵⁵mu⁵⁵　　　　mu⁵⁵ba⁷⁵⁵　　　　　父母

母亲父亲　　　　父亲母亲

jo³¹m̥jaŋ³⁵　　　　m̥jaŋ³⁵jo³¹　　　　　牛

水牛黄牛　　　　黄牛水牛

la³¹pu³¹ la³¹khɯ⁵⁵　la³¹khɯ⁵⁵ la³¹pu³¹　手脚

手　　脚　　　　脚　　手

jă³¹pha³¹jă³¹ba²³¹　jă³¹ba²³¹ jă³¹pha³¹　岳父母

岳父　岳母　　　岳母　岳父

但多数的并列复合词，两种词序使用频率相当。

xu³¹ja³¹nu³¹ja³¹　　nu³¹ja³¹xu³¹ja³¹　　兄弟

哥哥 弟弟　　　弟弟 哥哥

mu³¹la³¹ mu³¹ba³¹　mu³¹ba³¹mu³¹la³¹　马

公 马 母 马　　母 马 公 马

va³¹toŋ³¹va³¹ba³³　va³¹ba³³ va³¹toŋ³¹　猪

公 猪 母 猪　　母 猪 公 猪

xja³³pha³¹xja³³ba³³　xja³³ba³³xja³³pha³¹　公母鸡

公 鸡 母 鸡　　母 鸡 公 鸡

khɯ³¹to²³¹ khɯ³¹ba³³　　　　　khɯ³¹ba³³khɯ³¹to²³¹　　　　　狗

公　狗　母　狗　　　　　母　狗　公　狗

ŋju³¹tɛ⁵⁵ja³¹ ŋju³¹tɛ⁵⁵ba³³　　　ŋju³¹tɛ⁵⁵ba³³ ŋju³¹tɛ⁵⁵ja³¹　　　鱼

小鱼　　　大鱼　　　　　大鱼　　　小鱼

ɯ⁵³ kǎ³¹phja³¹ɯ⁵³ kǎ³¹bja⁵³　　ɯ⁵³ kǎ³¹bja⁵³ ɯ⁵³ kǎ³¹phja³¹　　伯父母

伯父　　　伯母　　　　　伯母　　　伯父

da⁵⁵sɯ⁵⁵xen³¹ba²³¹dai³¹khu³¹　　dai³¹khu³¹ da⁵⁵sɯ⁵⁵xen³¹ba²³¹　　师生

学生　　　　　老师　　　　老师　　　　学生

ba²⁵⁵khjəu⁵⁵a³³ji³¹bji³¹　　　a³³ji³¹bji³¹ khjəu⁵⁵ba²⁵⁵　　　母女

母亲和　女儿　　　　　女儿　　和　母亲

还有少数词的顺序比较固定。如"家禽"类动物排列只有一种语序：

khɯ³¹va³¹ xja³³kap⁵⁵　　　　家禽

狗　猪　鸡　鹅

2. 修饰式

词素的构成主要有以下几种：

1）名词修饰语 + 名词中心语

pja³¹phu³⁵ 蜂房　　　　　　　　va³¹sa³¹ 猪肉

蜂　房　　　　　　　　　　　猪　肉

tʃĩ⁵⁵tʃhe³³ 树根　　　　　　　m̥jaŋ³⁵ʔĩ³¹ 黄牛粪

树　根　　　　　　　　　　　黄牛　粪

xja³³u³³ 鸡蛋　　　　　　　　xja³³sa³¹ 鸡肉

鸡　蛋　　　　　　　　　　　鸡　肉

tʃan⁵⁵a³³ja³¹ 猫头鹰　　　　　soŋ³¹phji³⁵kɔ̃³¹ 野芹菜

鹰　儿子　　　　　　　　　　森林　芹　菜

ni³¹koŋ⁵⁵m̥jaŋ⁵⁵ 午饭

午　　食物

2）中心语 + 名词修饰语

m̥u⁵⁵lu⁵⁵tu²³¹phju⁵⁵ 鸡㙡菌　　　ŋam⁵⁵bu⁵⁵ 棉布

菌子　鸡㙡　　　　　　　　　布　棉

3）名词中心语+形容词修饰语

mjaŋ³⁵ja³¹ 黄牛犊　　　　　　　　mu³¹la³¹ 公马

　黄牛　小　　　　　　　　　　　马　公

khoŋ³¹kau³⁵ 老村寨　　　　　　　kɔ³¹ba³³a³³pa³³ 白菜

　村　旧　　　　　　　　　　　蔬菜　白

xã³¹phɛ³¹a⁵⁵tʃhau⁵⁵ 汤圆　　　　　a³³tʃa³¹a³³tʃiʔ⁵⁵ 冷饭

　饭　圆　甜　　　　　　　　　食物　冷

lɔ̆³¹pat⁵⁵ a⁵⁵mu̯⁵⁵ 豆角　　　　　kɔ³¹ba³³tʃhen³⁵ 酸菜

　豆　长　　　　　　　　　　　蔬菜　酸

4）名词中心语+动词修饰语

xã³¹thuŋ³¹ 春饭　　　　　　　　xa⁵⁵pjin⁵⁵tlɔ⁵⁵ 蝴蝶

　饭　春　　　　　　　　　　　蚊子　飞

xja³³ a³³toŋ³¹ 阉鸡　　　　　　　va³¹tɔn³³ 阉猪

　鸡　阉　　　　　　　　　　　猪　阉

3. 多层结构

　aŋ⁵⁵bɔ̆³³kap³¹phɔ³¹xja³⁵ 脸盆

　盆　脸　庞　洗

第二节　外　来　词

　　从来源上看，普内语的词分固有词和外来词两类。外来词以老挝语借词居多，其次为傣语借词，还有部分汉语借词、英语借词。从借用方式来看，主要有全词借入和借词加本语词两类。

一、全借入类型

（一）全词借自老挝语的

1. 植物类

　　a³³xɔm⁵⁵ 葱　　　　　pha²³¹bɔi³³leŋ³¹ 菠菜　　　　　pan⁵⁵ 山麻杆

　　si³¹khai³¹ 香茅草　　　mai³⁵sa²³¹ 柚木　　　　　ton³⁵pam³¹ 棕树

2. 地名类

ven³¹tʃan³³ 万象　　nam⁵⁵tha³¹ 南塔　　mɯ̥³¹sī³³ 勐欣

van³¹ven³¹ 万荣　　mɯ̥³¹loŋ³¹ 勐龙　　xɔi³⁵sai³¹ 会塞

3. 动物类

la³³ 驴　　　　　　ut⁵⁵ 骆驼　　　　　sat⁵⁵ 鹿

sa³¹la³¹ 豹子　　　xan³³ 鹅　　　　　　nɔʔ⁵⁵kaŋ³¹kɛ³¹ 鸽子

4. 食品

bja³³ 啤酒　　　　nam³⁵tan³³ 糖　　　phjiʔ⁵⁵thai³¹ 胡椒

nam³⁵sɔt⁵⁵ 酱　　　pɛŋ³⁵nua³³ 味精　　khau⁵⁵pun³⁵ 米线

5. 文化

bjiʔ⁵⁵ 笔　　　　　paʔ⁵⁵ka³³ 钢笔　　sɔ⁵³dam³³ 铅笔

sɔ³³khau⁵³ 粉笔　　da⁵⁵sɯ⁵⁵pha³¹ 信　　kham³¹thoi³¹ 谜语

luʔ⁵⁵khjit⁵⁵ 算盘　　kjɛ³³ 喇叭　　　　pje³³no³³ 钢琴

pji⁵⁵ 笛子　　　　khui⁵⁵ 直箫　　　　pji³³sɔ⁵⁵na³³ 唢呐

6. 用具

fai³¹dɔʔ⁵⁵ 鞭炮　　vau³³ 风筝　　　　vɛn³³ 镜子

saʔ³¹bu³³ 香皂　　　phɛ³¹ 木筏　　　　phɛ³¹phan³¹khɔ³³ 围巾

（二）全词借自傣语的

phaʔ⁵⁵ 和尚　　　　jen⁵⁵ 鳝鱼　　　　kham³¹ 金

pɔp⁵⁵ 书　　　　　la³³ 茶　　　　　　sut⁵⁵ 蚊帐

tuŋ⁵⁵ 铜　　　　　mjit⁵⁵sɛm³³ 剪刀　　khau⁵⁵sɔi³¹ 卷粉

ven³³ta³³ 眼镜　　　mɔ⁵⁵na³³xɔʔ⁵⁵ 地狱　　ta⁵⁵tʃɔ⁵⁵ 大秤

（三）全词借自汉语的

lɔ³¹ 骡子　　　　　phai³⁵ 牌　　　　　tən³³ 灯

xɔ⁵⁵tʃu³¹ 豪猪　　　li³¹mɔ³³ 犁　　　　ka³¹tʃam³⁵ 盖章

u⁵⁵va³¹ 乌鸦　　　　sī⁵⁵tʃa³³ 亲家　　　sa³³la³³pau⁵⁵ 馒头

二、固有词语素加借词语素

（一）老挝语+普内语

la³¹a⁵⁵toŋ³¹ 公驴   la³¹a³³ba³³ 母驴   ma²³³kĩ⁵⁵tʃham⁵⁵ 橘子园
驴   公   驴   母   橘子   园
（老）（本）   （老）（本）   （老） （本）

khuan³³boʔ²⁵⁵ 斧头   xo⁵⁵ba²³¹ 汉族   ban³¹si³¹kam³¹ba²³¹ 会计
斧   砍   汉   族   记   人
（老）（本）   （老）（本）   （老）   （本）

thai³¹mɯ⁵⁵ 泰国   tʃin³¹mɯ⁵⁵ 中国   da⁵⁵su⁵⁵xen³¹ba²³¹ 学生
泰国   地方   中国 地方   文字   读   人
（老）（本）   （老）（本）   （老）（老）（本）

ka²⁵⁵tʃe³¹san³¹ 钥匙   ma²⁵⁵pɔm³¹tʃĩ⁵⁵ 苹果树   ma²³¹phau⁵⁵tʃĩ³³ 椰子树
钥匙   个   苹果   树   椰子   树
（老）（本）   （老）（本）   （老）（本）

（二）普内语+老挝语

mu⁵⁵ta³¹sɛŋ³³ 乡长   khja⁵⁵toʔ²⁵⁵ 竹桌   sɔ̃⁵⁵a³³tu³¹a³³lon⁵⁵ 秃子
长   乡   竹   桌子   人   头   光
（本）（老）   （本）（老）   （本）（本）（老）

（三）普内语+老挝语+普内语

sam⁵⁵ja³¹mat⁵⁵sə³³ 铁线   phju⁵⁵ti³¹ba²³¹ 银匠
铁   小   绕   词缀   银   打 人
（本）（老）（本）   （本）（老）（本）

lum⁵⁵bu⁵⁵lom³¹na³³tʃe²⁵⁵ 诅咒   nu³¹ni³³pji³³sə²⁵⁵ 前年
问题   念 （助词）   前   年   词缀
（本）   （老）（本）   （本）（老）（本）

（四）普内语+傣语/普内语+傣语+普内语

xja³³a³³tɔn³³ 阉鸡   ma²³¹tɔm⁵⁵si³¹ 扣子

鸡　　　阉　　　　　　　　　　扣子　圆形物体
（本）（傣）　　　　　　　　　　（傣）　　（本）

mjaŋ³¹suəi³³na³³ŋji²⁵⁵ 帮工　　　khɔŋ³³si⁵⁵li²⁵⁵tʃi⁵⁵ 榕树
事情　帮助　互相　　　　　　　榕　菩提树　树
（本）　（傣）（本）　　　　　　（本）（傣）（本）

（五）傣语＋普内语/傣语＋普内语＋普内语/傣语＋傣语＋普内语

la⁵⁵khɔ³¹ 茶杯　　　　　　　　pɔp⁵⁵kan³³sə³¹ 笔记本
茶　杯　　　　　　　　　　　　书　写　物品
（傣）（本）　　　　　　　　　（傣）（本）（本）

ma²⁵⁵pɔm³¹ tʃi⁵⁵ 苹果树　　　　ma²³¹tʃɔm³⁵si³¹ 柠檬
水果 苹果 树　　　　　　　　　水果 柠檬 词缀
（傣）（傣）（本）　　　　　　　（傣）（傣）（本）

（六）傣语＋老挝语＋普内语

tʃaŋ⁵⁵kɔ⁵⁵ba²³¹ 泥瓦匠　　　　pɔp⁵⁵kan³³sə³¹ 笔记本书
匠　茸　人　　　　　　　　　　书　写　地方
（傣）（老）（本）　　　　　　　（傣）（老）　（本）

（七）其他

sã⁵⁵o²⁵⁵to²⁵⁵khap⁵⁵ba³¹ 司机　　　（tən³³）sat³¹ tʃe²⁵⁵ 熄（灯）
人车　　开　人　　　　　　　　　灯　关
（本）（法）（老）（本）　　　　　（汉）（本）

ma²⁵⁵ŋjaŋ³³məi⁵³si³¹ 杨梅　　　　tʃaŋ⁵⁵kɔ⁵⁵ba²³¹ 泥瓦匠
水果 杨梅　　圆形物体　　　　　匠　　茸　人
（老）（汉）　　（本）　　　　　（傣）（老）（本）

27

第四章 名 词

　　普内语的名词是表示人、物、事、时、地、情感、概念等事物的词。名词有表示数的多少、大小、性状等手段。普内语名词不能重叠。名词在句中主要充当句子的主语、谓语、宾语、定语。

第一节　名词的类别

　　名词从意义上可分为以下几类：

一、一般名词

sɔ̃⁵⁵ 人	mu⁵⁵ 爸爸	a³³mji⁵⁵ 名字
lu²³¹sit⁵⁵ 徒弟	xɔ̃⁵⁵tam³¹ 老鼠	jo³¹m̥jaŋ³⁵ 牛
mu³¹tha²³¹ 天	u³¹kɯ⁵⁵si³¹ 星星	tʃĩ⁵⁵ 树
mi³¹vat⁵⁵ 花	kə²⁵⁵kəm⁵⁵si³¹ 板栗	phaʔ⁵⁵tʃau³⁵ 佛
pɔp⁵⁵ 书	m̥ut⁵⁵sə³¹ 笛子	da⁵⁵sɯ⁵⁵xjen³¹ja³⁵ 学校

二、专有名词

xo⁵⁵m̥ɯ⁵⁵ 中国	veŋ³¹tʃan³³ 万象	loŋ³¹pha²⁵⁵baŋ³³ 琅勃拉邦
ban⁵⁵nam⁵⁵thoŋ³³ 南通村	lau³¹mu̥⁵⁵ 老挝	a³¹me³¹li²⁵⁵ka³³m̥ɯ⁵⁵ 美国

三、抽象名词

ŋjam³¹ 机会	tă³¹khɔ̃⁵⁵la⁵⁵ 精神	bun⁵⁵ 运气
ven³¹bun⁵⁵ 福气	the³¹va²⁵⁵da³¹ 神	tau³¹ɛ⁵⁵tʃə³⁵ 希望

四、时间名词

ŋjam⁵⁵ɲi³³ 今天	m̥ji⁵⁵ni³³ 昨天	də³¹sə³³khɯt³¹ tɔ̃³³ 明晚
da³¹sə²⁵⁵ 早晨	khɯt³¹thã³³ 下午	ni³³koŋ⁵⁵ 白天

五、方位名词

tha³¹ pja³¹ 上边　　　bɔ̃³³ka³¹pja³¹ 前边　　　ĩ³³klo²³³ 底下

la³¹kam³⁵ pja³¹ 左边　　la³¹m̥jen³¹ pja³¹ 右边　　ɛ⁵⁵pja²³¹la⁵⁵pja²³¹ 对面

第二节　名词的前缀、后缀

普内语的名词多由实词素组成，前缀、后缀较少。

一、名词的前缀

普内语名词前缀最常见的是-a，主要出现在人物称谓、器官、动物、植物等词上。例如：

（1）人物称谓

a³³phɛ⁵⁵ 弟弟　　　　　a³³vɔ̃⁵⁵ 叔父　　　　a⁵⁵soŋ³¹ 姐夫

a³¹tʃhu³³ 嫂子　　　　　a³³ja³¹kǎ³¹phja³¹ 儿子

（2）器官

a³³m̥ap⁵⁵ 肺　　　　　　a⁵⁵sĩ³¹ 肝　　　　　a³³phjen⁵⁵ 脾

a³³u⁵⁵ 肠子　　　　　　a³³do³¹ 脑髓

（3）植物、动物

a³³xɔm⁵⁵ 葱　　　　　　a⁵⁵ga³¹ 茎　　　　　a⁵⁵pɔ⁵³si³¹ 香瓜

a³³xɔm⁵⁵kɔ̃³¹ 苋菜　　　a³¹goi³⁵mɯ³¹ 芋头　　a⁵⁵tu⁵³si³¹ 芭蕉花

a³³u³¹ 蛹　　　　　　　a³¹m̥jaŋ³⁵ 黄牛　　　a³¹tʃhɯɯ³¹ 山羊

a³¹mji³³ 猫　　　　　　a³¹pha³¹ 青蛙　　　　a³³ pɯɯt⁵⁵ 癞蛤蟆

（4）用品

a⁵⁵po⁵⁵ 背带　　　　　a⁵⁵tĩ⁵⁵ 床　　　　　a⁵⁵kɯŋ³³ 东西

a⁵⁵kap⁵⁵ 盒子　　　　　a³³tʃhap³¹ 楔子　　　a³³mu³¹ toŋ³¹khu³³ 马鞍

a⁵⁵kho³¹ 碗　　　　　　a³³kap⁵⁵ 盖子　　　a⁵⁵lu³¹ bɯ³¹khap³³ 皮鞋

二、名词的后缀

名词后缀常见的只有一个表示圆形意义的-si³¹。它是由实词 si³¹ "水果" 半虚化而成，主要用在表示圆形的水果、蔬菜以及带有圆形状的其他名词之后。例如：

kan³¹lu³¹si³¹ 桃子   ma²³¹man³⁵si³¹ 李子   ma²⁵⁵tʃoŋ³¹si³¹ 梨子

tiŋ⁵⁵blum³¹si³¹ 西瓜   ma²⁵⁵kjĩ³⁵si³¹ 橘子   sə̆³¹khɔ³¹ si³¹ 黄瓜

lam³¹ŋjai³¹si³¹ 龙眼   tĩ⁵⁵blu³¹si³¹ 西瓜   ma²³¹tɔm⁵⁵si³¹ 扣子

mu³¹ni⁵⁵si³¹ 太阳   fluɯ⁵³si³¹ 陀螺   khai³¹lã³³si³¹ 肾

mɛ³³da³³si³¹ 痣   xo⁵⁵lo⁵³si³¹ 冰雹

si³¹还具有实词的功能，可以以实词素的身份参与复合词的构成。如 bi³³（眼）si³¹（粒）"眼珠"，kɔ³³（米）si³¹（粒）"米粒"。

还有一个后缀-sə³¹。-sə³¹加在动词或动词短语的后面表示某种物品、事物。例如：

a⁵⁵na³¹khuat⁵⁵sə³¹ 挖耳勺   sam⁵⁵ja³¹mat⁵⁵sə³¹ 铁线
耳　　挖   铁　线　绕

khoŋ³³kap⁵⁵ŋjam³¹sə³¹ 提篮   ka³¹tʃap³¹kum⁵⁵sə³¹ 胸针
篮　子　提   别　　卡

pheŋ³¹mɯ⁵⁵sə³¹ 歌   bɔ²³¹na⁵⁵son⁵⁵na⁵⁵sə³¹ 诗
歌　唱   告诉　教

ka³¹tʃam³⁵sə³¹ 图章   fa³¹sa³¹sə³¹ 挎包
盖   背　背包

lom³¹sə³¹ 语言   la³¹pu³¹soŋ³¹sə³¹ 手套
说话   手　戴

ka³¹sə³¹　tum³³sə³¹ 衣服   jup³¹ŋjam³¹ə³³tum³³sə³¹ 衣襟
穿（裤子）穿（衣服）   睡觉时间　穿

ṇam⁵⁵a⁵⁵tʃo³¹suɯ²³¹sə³¹ 腰带（瑶族）
腰　系

第三节　名词的性

普内语名词的性别主要使用表示性别的词素表示。这类词素有一定的虚化，但还是属于实词素。

一、人的性别

表示人的阳性用 phja³¹，表示人的阴性用 bja³¹。例如：

男性

kǎ³¹phja³¹ 男人

人 男

a³³an³¹kǎ³¹phja³¹ 侄子

子孙 男性

sĩ⁵⁵tʃa³³ kǎ³¹phja³¹ 亲家公

亲家 男人

a⁵⁵an³¹kǎ³¹phja³¹ 孙子

子孙 男

a⁵⁵xu³¹ja³¹ka³¹phja³¹ 哥哥

哥哥/姐姐 男

a³³nu³¹ja³¹kǎ³¹phja³¹ 表弟

弟弟/妹妹 男

女性

khǎ³¹bja⁵³ 女人

人 女

a³³an³¹khǎ³¹bja⁵³ 侄女

子孙 女

sĩ⁵⁵tʃa³³ khǎ³¹bja⁵³ 亲家母

亲家 女人

a⁵⁵an³¹ə⁷³¹a³³kha³¹bja⁷³¹ 孙儿媳

子孙 的 女

a⁵⁵xu³¹ja³¹kha³¹bja⁵³ 姐姐

哥哥/姐姐 女

a³³xu³¹ja³³khǎ³¹bja⁵³ 表姐

哥哥/姐姐 女

二、动物名词的性别

表示"公"的有多个：la³¹（体积较大的）、to⁷³¹（体积较小的）、tuŋ³¹（阉过的动物）、 pha³¹（有翅膀的）。表示"母"的只有一个 a³³ba³³/³¹（在构词中 a³³可以省略）。例如：

公性

m̥jaŋ³⁵la³¹ 公黄牛

黄牛 公

tʃhɯt³¹la³¹ 公羊

羊 公

ka⁷⁵⁵tai⁵⁵la³¹ 兔子（兔子的耳朵像角）

兔子 公

dap³¹ba³¹to⁷³¹ 公猴子

猴子 公

la³¹a⁵⁵toŋ³¹ 公驴

驴 公

mu³¹la³¹ 公马

马 公

母性

m̥jaŋ³⁵a³³ba³³ 母黄牛

黄牛 母

tʃhɯt³¹ ba³³ 母羊

羊 母

ka⁷⁵⁵tai⁵⁵ ba³³ 母兔子

兔子 母

dap³¹ba³¹ba³³ 母猴子

猴子 母

la³¹a³³ba³³ 母驴

驴 母

mu³¹a³³ba³¹ 母马

马 母

khɯ³¹to²³¹ 公狗　　　　　　　　　　khɯ³¹a³³ba³³ 母狗
　狗　公　　　　　　　　　　　　　　狗　母

mji³³ to²³¹ 公猫　　　　　　　　　　mji³³a³³ba³³ 母猫
　猫　公　　　　　　　　　　　　　　猫　母

xja³³pha³¹ 公鸡　　　　　　　　　　xja³³ a³³ ba³³ 母鸡
　鸡　公　　　　　　　　　　　　　　鸡　母

kap³¹pha³¹ 公鸭　　　　　　　　　　kap³¹ba³³ 母鸭
　鸭　公　　　　　　　　　　　　　　鸭　母

tʃə²⁵⁵tʃə²⁵⁵ja³¹pha³¹ 公麻雀　　　　　tʃə²⁵⁵tʃə²⁵⁵ja³¹ ba³³ 母麻雀
　麻雀　　　公　　　　　　　　　　　麻雀　　　　母

tʃə²⁵⁵kɯ²⁵⁵ja³¹pha³¹ 公燕子　　　　　tʃə²⁵⁵kɯ²⁵⁵ja³¹ba³³ 母燕子
　燕子　　　公　　　　　　　　　　　燕子　　　母

xan³³pha³¹ 公鹅　　　　　　　　　　xan³³ba³³ 母鹅
　鹅　公　　　　　　　　　　　　　　鹅　母

va³¹（a³³）toŋ³¹ 公猪（阉过的）　　　va³¹a³³ba³³ 母猪
　猪　　　　　公　　　　　　　　　　猪　母

va³¹toŋ³¹tʃh̃ɔ³³ 公猪（没阉过的）
　猪　　　公

三、植物的性别

普内语有少数植物词分"公母"。"母"的能结果，"公"的不能结果。例如：

kjau³³sə³³pau⁵³si³¹ tʃĩ⁵⁵a³³pha³¹ 公木瓜树
　木瓜　　　　　树公

kjau³³sə³³pau⁵³si³¹tʃĩ⁵⁵a³³pha³¹a³³ba³¹ 母木瓜树
　木瓜　　　　　树公　母

第四节　名　词　的　数

名词本身没有表示数的形态变化。表示数主要使用数量词构成"名＋数＋量"结构来表达。例如：

khɯ³¹ thi³¹m̃ɔ³⁵ 一只狗　　　　　　　　xja⁵³s̃ɔ³¹ m̃ɔ³⁵ 两只鸟

狗　　一　　只　　　　　　　　　　　鸟　　二　　只

a³³mu³¹sam⁵³mɔ̃³⁵ 三匹马　　　　　　kho³¹si³⁵kho³¹ 四个碗

马　　　三　　　匹　　　　　　　　　碗　　四　　碗

但普内语有一个表复数的 pɯŋ⁵⁵，表示的意义有"们、许多、群"等。主要用在名词后，但也可用在代词后。例如：

sã⁵⁵pɯŋ⁵⁵ 人们　　　　　　　　　　gau³³pɯŋ⁵⁵ 弟兄姐妹们

人　　们　　　　　　　　　　　　　我们　们

ja³¹kat⁵⁵ja³¹pɯŋ⁵⁵ 孩子们　　　　　　da⁵⁵sɯ⁵⁵xen³¹ tʃhaŋ³¹ pɯŋ⁵⁵ 同学们

孩子　　　们　　　　　　　　　　　同学　　　　　　　　们

sa³¹phup⁵⁵ pɯŋ⁵⁵ 山群　　　　　　　gu³³bja⁵³ pɯŋ⁵⁵ 弟兄们

山　　　群　　　　　　　　　　　　弟兄　　们

l̥ap³¹nu³¹l̥ap³¹pɯŋ⁵⁵ 许多上衣　　　　to³³pɯŋ⁵⁵ 许多桌子

上衣　　　许多　　　　　　　　　　桌子许多

tʃɔ̃⁵⁵pɯŋ⁵⁵ 许多家　　　　　　　　lă³¹phu³⁵si³¹pɯŋ⁵⁵ 许多石头

家 许多　　　　　　　　　　　　　石头　　　许多

khɯ³¹pɯŋ⁵⁵ 许多狗　　　　　　　　va³¹pɯŋ⁵⁵ 许多猪

狗　　许多　　　　　　　　　　　　猪　　许多

ma²³¹tɔm⁵⁵si³¹pɯŋ⁵⁵ 许多扣子　　　　bɔ̆³¹khap³¹pɯŋ⁵⁵ 许多鞋子

扣子　　　许多　　　　　　　　　　鞋子　　　许多

xja³³pɯŋ⁵⁵ 许多鸡　　　　　　　　tʃa³³ba⁵³pɯŋ⁵⁵ 许多路

鸡　　许多　　　　　　　　　　　　路　　　群

第五节　名词的"大、小、老"

名词后加表示大、小、老的语素区别大小。用（a³³）bə²³¹或 a³³ba³³表示"大"，bə³¹ba²⁵⁵表示"巨大"，形容词的"大"是 a⁵³bə³¹。藏缅语亲属语言的 ma³³即表示"大"，又表示阴性，普内语没有。ba³³来源不明。"小"用 ja³¹或 ji⁵⁵ja³¹表示。ja³¹是形容词的"小"。ja³¹ma³¹表示"老"。

一、指大、小

名词后加语素 ba³³或 a³³ba³³，表示"大"。ba³³可变读为 bə²³¹、ba²³¹或 ba²⁵⁵，

a^{55}bə^{31}ba$^{\text{?}55}$是"巨大"的意思。例如：

tʃĩ^{55}bə$^{\text{?}31}$ 大树　　　　　　　　　kǎ^{31}phja^{31}ja^{31} 小伙子

树　大　　　　　　　　　　　　男孩　　小

khuan^{33}bo$^{\text{?}55}$ bə$^{\text{?}31}$ 大斧头　　　khuan^{33}bo$^{\text{?}55}$ja^{31}小斧子

斧　子　大　　　　　　　　　　斧子　　　小

xã^{31}soŋ^{31}bǔ^{55}khuã^{55} ba^{33} 大蒸笼　　xã^{31}soŋ^{31}bǔ^{33}khuã^{55}ja^{31} 小蒸笼

蒸笼　　　　　　大　　　　　　蒸笼　　　　　　小

a^{33}phup^{55}a^{55}ba$^{\text{?}55}$ 大山（不能省略 a）　a^{33}phup^{55}a^{33}ji^{55}ja^{31} 小山

山　大　　　　　　　　　　　　山　　　　小

表示"巨大"用"大"的重叠式。如：

sã^{55}a^{55}bə^{31}ba$^{\text{?}55}$ 巨人　　　　　　a^{31}phup^{55}a^{55}bə^{31}ba$^{\text{?}55}$ 巨大的山

人　大　大　　　　　　　　　　山　　　大　　大

二、指老

指老用 ja^{31}ma^{31}，可位于所修饰的中心词之前，也可位于所修饰的中心词之后。这与形容词的"老"不同。普内语形容词的"a^{33}ŋju$^{\text{?}55}$kɛ^{33}""老"（指人）不同于 a^{33}ku^{31}"老"（指植物）。例如：

ja^{31}ma^{31}kha^{31}bja^{53} 老太太　　　　　ja^{31}ma^{31} ka^{31}phja^{31} 老头儿

老　　女人　　　　　　　　　　老　　　　男人

kha^{31}bja^{53}ja^{31}ma^{31} 老太太　　　　ka^{31}（tʃa^{31}）phja^{31}ja^{31}ma^{31} 老头儿

女人　　老　　　　　　　　　　男人　　　　　　老

dai^{31}mu^{33}ja^{31}ma^{31} 老医生　　　　sɔ^{33}mai^{33}ja^{31}ma^{31} 老木匠

医生　　老　　　　　　　　　　木匠　　老

tʃau^{53}na$^{\text{?}55}$khɔːn^{35}ja^{31}ma^{31} 老市长　　tʃau^{55}mɯ^{31}ja^{31}ma^{31} 老县长

市长　　　　　老　　　　　　　县长　　老

mot^{55}khu^{31}ja^{31}ma^{31} 老校长　　　pha$^{\text{?}55}$ja^{31}ma^{31} 老和尚

校长　　老　　　　　　　　　　和尚　老

第六节　方位名词

方位名词表示"上""下""前""后""左""右""东""西"等意思。普内语表示方位的单纯方位词有：

sə⁷⁵⁵ 面　　　　　　　tuŋ³¹ 面　　　　　　　ə⁷⁵⁵ 里　　　　　　　pja³¹ 边

xja⁵⁵ 边　　　　　　　lap⁵⁵ 层　　　　　　　lɛp³¹ 边　　　　　　　də⁷⁵⁵ 边

bja⁵³ 方　　　　　　　thoŋ³³ 里

它们还能构成复合方位词。例如：

tha⁷³¹ə⁷⁵⁵ 上面　　　　　tha⁷³¹sə⁷⁵⁵ 上面　　　　　tha³¹ pja³¹ 上边
上　面　　　　　　　　上　面　　　　　　　　上　　边

ĩ³¹thoŋ⁵⁵ 下面　　　　　o³¹sə⁷⁵⁵ 下面　　　　　o³¹ pja³¹ 下边
下　面　　　　　　　　下　面　　　　　　　　下　　边

klo⁷³³ ə⁷⁵⁵ 下面　　　　ĩ³³klo⁷³³ ə⁷⁵⁵底下　　　n̥u⁵³sə⁷⁵⁵ 外面
下　面　　　　　　　　底　　　下　　　　　　外　　面

n̥u⁵³pja³¹ 外边　　　　　nɔ⁷⁵⁵sə⁷⁵⁵ 外边　　　　thoŋ³³ pja³¹ 里面
外　边　　　　　　　　外　　边　　　　　　　里　　面

thoŋ³³sə⁷⁵⁵ 里面
里　面

la³¹kam³⁵bja⁵³ 左边　　　la³¹kam³⁵xja⁵⁵ 左边　　　la³¹m̥jen³¹ pja³¹ 右边
左　　边　　　　　　　左　　边　　　　　　　右　　　　边

la³¹m̥jen³¹ xja⁵⁵ 右边　　bɤ̌³³ka³¹pja³¹ 前边　　　bɤ̌³³ka³¹sə⁷⁵⁵ 前边
右　　边　　　　　　　前　　边　　　　　　　前　　边

lɤ̌⁵⁵khɔ³³sə⁷⁵⁵ 后边　　　la⁵⁵khɔ³³ pja³¹ 后边
后　　边　　　　　　　后　　边

方位词主要用在名词和代词后。例如：

（1）上下：

tɔ⁷⁵⁵ə⁷⁵⁵ 桌子上　　　　　　　　tɔ⁷⁵⁵ ĩ³¹thoŋ³³ə⁷⁵⁵ 桌子下
桌子上面　　　　　　　　　　　桌子 下面

tɔ⁷⁵⁵tha³¹ə⁷⁵⁵ 桌子上　　　　　　tʃã⁵⁵tha³¹ə⁷⁵⁵ 屋子上
桌子上面　　　　　　　　　　　屋子上面

mu³¹tha³¹lap⁵⁵ 天上　　　　　　　kuun³¹thɛ³⁵tan⁷³ 山上
天　上（层）　　　　　　　　　山　　　　上

mji⁵⁵toŋ⁵⁵tha³¹ə⁷⁵⁵ 地上　　　　　mji⁵⁵ toŋ⁵⁵tha⁷³¹ 地上
地　　　上　　　　　　　　　　地　　　　上

mji⁵⁵toŋ⁵⁵toŋ³¹ə³¹ 地下　　　　　　　　　tʃɔ⁵⁵ĩ³¹ thoŋ⁵⁵（klo⁷³³）ə⁷⁵⁵ 屋子下
地　　下　　　　　　　　　　　　屋子 下面

（2）前后：

tʃɔ⁵⁵sə⁷⁵⁵ 屋子前　　　　　　　　　tʃɔ⁵⁵lɔ̃⁵⁵khɔ³³sə⁵⁵ 屋子后
房子 前　　　　　　　　　　　　　房子　后

a⁵⁵lĩ⁵⁵lɔ̃⁵⁵lɔ̃⁵⁵khɔ⁵⁵sə⁷⁵⁵ 脖子后面　　　a⁵⁵lĩ⁵⁵thoŋ³¹phan³¹bǎ³¹ka³¹sə⁷⁵⁵脖子前
脖子　后　　　　　　　　　　　　脖子　　　　前

xja⁵⁵pjap³¹loŋ³¹（ɣ）an³⁵bja³¹sə⁷⁵⁵ 山背后
山　　　向下去　　方

（3）里外：

thoŋ³³bja⁵³/xja⁵⁵ 屋里　　　　　　　　tʃɔ⁵⁵nɔ⁷⁵⁵sə⁷⁵⁵/ə⁷⁵⁵ 屋子外
屋　里　　　　　　　　　　　　　屋子 外

a³³nɔ̃³¹thoŋ³³ 耳朵里　　　　　　　　a³³nɔ̃³¹nɔ⁷⁵⁵sə⁷⁵⁵ 耳朵外
耳朵 里　　　　　　　　　　　　　耳朵　外

man³¹poŋ³¹thoŋ³³ 嘴里　　　　　　　　man³¹poŋ³¹nɔ⁷⁵⁵sə⁷⁵⁵/ə⁷⁵⁵ 嘴外
嘴　里　　　　　　　　　　　　　嘴　外

pǎ³¹poŋ³³thoŋ³³ 肚子里　　　　　　　pǎ³¹poŋ³³nɔ⁷⁵⁵sə⁷⁵⁵/ə⁷⁵⁵ 肚子外
肚子　里　　　　　　　　　　　　肚子　外

（4）方：

mu³¹ni⁵⁵ɔ⁷³¹bja³¹/xja⁵⁵ 东方　　　　　mu³¹ni⁵⁵ta³¹pja³¹/bja⁵³/xja⁵⁵西方
太阳　出 方　　　　　　　　　　　太　阳 落　方

（5）边：

tɔ⁷⁵⁵ lep³¹ 桌子边　　　　　　　　　lɔ̃⁵⁵ lep³¹ 水边
桌 边　　　　　　　　　　　　　　水　边

da³¹xja³⁵lep³¹ 田边　　　　　　　　　lɔ̃⁵⁵thum³¹lep³¹ 鱼塘边
田　　边　　　　　　　　　　　　鱼塘　边

　　方位名词的句法功能为，同名词结合成方位名词后在句中主要做状语，表示动作行为的处所，但不使用介词"在"。例如：

（1）ga³³a³³xū³³ bǎ³¹ka³¹sə⁷³¹a⁵⁵si³¹lə⁷³¹ŋji⁵⁵. 我（在）屋前选种子。

　　　我 屋　　前面　　　种子 选 正在

（2）ŋjɔ³³lɔ̃⁵⁵lep³¹ə⁷³¹ a⁵⁵kɯŋ³¹ʧap⁵⁵ŋji⁵⁵. 他（在）水边洗衣服。

　　他　水边　　衣服　洗　正在

（3）ŋjɔ̃³³o³¹khan³⁵xɔ̃³¹ʧa³¹ŋji⁵⁵. 他（在）楼下吃饭。

　　他　楼下　　饭　吃　正在

（4）gu⁵⁵pɯŋ⁵⁵thoŋ³³ə⁷⁵⁵ʧhən⁵⁵na³³ʧe⁷⁵⁵. 我们（在）屋里开会。

　　我们　　屋　里　开会　（助）

（5）ja³¹kat⁵⁵ja³¹ lɔ̃⁵⁵thum³¹lep³¹tan³¹ʧe⁷⁵⁵ŋji⁵⁵. 孩子（在）鱼塘边玩耍。

　　男孩　小　鱼塘　　　玩耍　　正在

第七节　名词的句法功能

普内语的名词在句中可以充当主语、宾语、定语、谓语、状语等句法成分。做谓语时可以不带动词。

一、名词做主语

（1）mu⁵⁵sĩ³¹nat⁵⁵pə³³ʧe⁷⁵⁵. 爸爸打枪。

　　爸　打　　枪

（2）ba⁷⁵³o⁷³¹an⁵⁵ʧe⁷⁵⁵. 妈妈出去了。

　　妈　出　去（助）

二、做宾语

（1）khɯ³¹a³¹mji³³thi³¹mɔ̃³⁵na³³the³¹jo⁵⁵sɯ⁵⁵ʧe⁷⁵⁵. 狗咬死了一只猫。

　　狗　猫　　一　只（宾）咬　（助）死（助）

（2）ŋjɔ̃³³a⁵⁵xɯ³¹ja³¹ʧĩ⁵⁵thi³¹ʧĩ⁵⁵tə⁷⁵⁵ʧe⁷⁵⁵. 他哥哥砍了一棵树。

　　他　哥哥　　树一　棵　砍（助）

三、做定语

（1）ŋjaŋ⁵⁵nu³¹ʧĩ⁵⁵ʧɔ̃⁵⁵. 木头房子。

　　那（话）木头房子

（2）ba⁷⁵³ə³³a⁵⁵ja³¹la⁵⁵bja⁵³. 孩子的妈妈回来了。

　　妈妈的孩子 回来了

四、做谓语

（1）ŋjam⁵⁵n̥i³³nu³¹van³¹tʃan³¹. 今天星期一。

　　天　今（话）星期一

（2）ŋjam⁵⁵n̥i³³nu³¹mu³¹tha³¹da³³ẽ⁵⁵jɔ̃⁵³. 今天阴天。

　　天　今　（话）阴天

五、做状语

（1）ga³³də³¹sə⁷⁵⁵ɛ⁵⁵mɛ⁷⁵⁵. 我要明天去。

　　我　明　天　去　要

（2）a⁵⁵xu³¹ja³¹kha³¹bja⁵³ŋjam⁵⁵mə³³thoŋ³³ə⁷⁵⁵tʃa³³tʃe⁷⁵⁵. 姐姐现在在屋里。

　　姐姐　　　　　现在　　屋里　在（助）

第五章　代　　词

普内语的代词依据语义、语法特征可分为人称代词、指示代词和疑问代词三类。各类的特点不相同。分述如下：

第一节　人称代词和反身代词

一、人称代词

人称代词有数、格的语音变化，数分单数、双数、多数。主格和宾格相同，领格不同于主格、宾格。列表 5-1 如下（/表示有不同的说法）：

表 5-1　普内语人称代词表

人称	数	主格/宾格	领格
第一人称	单数	ga³³	ga³³ə̆ʔⁿ⁵⁵/gə³³ə̆³³/gau³³（ə̆ʔⁿ⁵⁵）
	双数	gət⁵⁵bja³¹n̩et³¹ma³⁵	gət⁵⁵bja³¹ə̆ʔⁿ⁵⁵
	多数	gu⁵⁵puɯŋ⁵⁵	gu⁵⁵puɯŋ⁵⁵ə̆ʔⁿ⁵⁵
第二人称	单数	na⁵⁵	na⁵⁵ə̆ʔⁿ⁵⁵/ nau³³
	双数	nu³³puɯŋ⁵⁵n̩et³¹ma³⁵	nu³³puɯŋ⁵⁵net³¹ma³⁵ə̆ʔⁿ⁵⁵
	多数	nu³³puɯŋ⁵⁵	nu³³puɯŋ⁵⁵ə̆ʔⁿ⁵⁵
第三人称	单数	ŋjɔ³³	ŋjɔ³³ə̆ʔⁿ⁵⁵/jau⁵³
	双数	ju³³puɯŋ⁵⁵ net³¹ma³⁵	ju³³puɯŋ⁵⁵ net³¹ma³⁵ə̆ʔⁿ⁵⁵
	多数	ju³³puɯŋ⁵⁵	ju³³puɯŋ⁵⁵ə̆ʔⁿ⁵⁵

从表 5-1 可见，普内语人称代词单数和双数的区别是通过韵母的变化来体现的；多数是在单数的基础上加 puɯŋ⁵⁵ "们" 表示。第二、三人称双数是在多数的基础上加 n̩it³¹ma³⁵ "两个" 表示；第一人称是使用领格 gət⁵⁵bja³¹加 n̩et³¹ma³⁵（两个）表示。领格是在非领格的基础上加领格语素 ə̆ʔⁿ⁵⁵ "的" 表示。例句：

主格：

（1）ga³³xaŋ³¹m³¹tʃa³¹.　　　　　　　　　我不吃饭。

我 饭 不 吃

（2）ŋjɔ³³ŋjaŋ⁵⁵də⁷⁵⁵lau⁵³tʃe⁷⁵⁵.　　　　　他来过这里。

他　这　里　来过

（3）gu⁵⁵puɯ⁵⁵sə⁵⁵ŋjam³¹ə⁷⁵⁵ɛ⁵⁵me⁷⁵⁵.　　我们什么时候去？

我们　　什么时候　　去

（4）na³³tʃɔ⁵⁵ə⁷⁵⁵sɔ⁵⁵ tʃhət⁵⁵lum³¹.　　　　你们家几个人？

你 家 里 人　几个

领格：领格加结构助词 ə⁷⁵⁵ "的"。当中心语是亲属称谓名词时，ə⁷⁵⁵ "的"可加可不加。

（1）gə³³（ə⁷⁵⁵） mu⁵⁵ 我爸爸　　　　　gə³³（ə⁷⁵⁵）bǎ⁷⁵³a³³ 我妈妈

　　 我　的　 爸爸　　　　　　　 我　的　 妈妈

（2）gə³³（ə⁷⁵⁵）mu⁵⁵mɔ³¹ 我爷爷　　　gə³³（ə⁷⁵⁵）ma⁵⁵mɔ³¹ 我奶奶

　　 我　的　 爷爷　　　　　　　 我　的　 奶奶

（3）gə³³ ə⁷⁵⁵a³³phɛ³⁵ 我表哥　　　　na³³ə⁷⁵⁵a⁵⁵xu³¹ja³¹kha³¹bja⁵³ 你姐姐

　　 我　的　表哥　　　　　　　　你的　 姐姐

（4）ŋjɔ³³ə³³nu³¹ja³¹jǎ³¹bji³¹ 他妹妹

　　 他　的　妹妹

其他名词表示领格必须加 ə⁷⁵⁵。例如：

（1）gə³³ə⁷⁵⁵lǎ³¹pu³¹ 我的手　　　　　nɔ³³ə⁷⁵⁵ bǎ³¹khap³¹ 你的鞋

　　 我 的 手　　　　　　　　　　你 的　鞋

（2）ŋjɔ³³ə³³a³³phen³¹ 他的被子　　　gu³³puɯ⁵⁵ə⁷³³ḷap³¹dan³³ 我们的毛衣

　　 他 的 被子　　　　　　　　　我们　 的 毛衣

（3）gə³³ə⁷⁵⁵ma⁵⁵mɔ³¹sə⁵⁵ŋjam³¹ə⁷⁵⁵xo⁵⁵m̥ɯ⁵⁵lau⁵³tʃe⁷⁵⁵. 我奶奶什么时候来中国？

　　 我 的 奶奶　 什么时候　　 中国　 来 （助）

（4）na³³ə⁷⁵⁵a⁵⁵xu³¹ja³¹kha³¹bja⁵³m̥ji⁵⁵ni³³ə⁷⁵⁵ɛ⁵³bja⁵³. 你姐姐昨天去了。

　　 你 的 姐姐　　　　　　昨天　　 去 了

（5）ŋjɔ³³a⁵⁵nu³¹ja³¹ka³¹phja³¹ə³³tǒ³¹soŋ³¹ja³¹la⁷³¹tʃe⁷⁵⁵. 他弟弟的帽子破了。

　　 他 弟弟　　　　　　 的 帽子　 破（助）

（6）ju³³puɯ⁵⁵tʃɔ⁵⁵ə⁷⁵⁵ khu⁷³¹tʃhət⁵⁵tok³¹ si³¹ə³¹ tʃi³⁵? 他们家有几个桶？

　　 他们 家　　 的 水桶　　　　 几 个

宾格：nã³³宾语助词，强制性使用在人称宾语后面，不能省略。

（1）ga³³nã³³na³³ti³¹tʃeʔ⁵⁵. 我打你.

　　我 你（宾）打（助）

（2）nã³³gǎ³³（gə³³）na³³ti³¹tʃeʔ⁵⁵. 你打我.

　　你 我 　　（宾）打（助）

（3）ga³³njɔ³³na³³ti³¹tʃeʔ⁵⁵. 我打他.

　　我 他 （宾）打（助）

（4）njɔ³³gǎ³³（gə³³）na³³ti³¹tʃeʔ⁵⁵. 他打我。

　　他 我 　　（宾）打（助）

（5）nã⁵⁵gu³³pɯŋ⁵⁵na³³ti³¹tʃu⁵³. 你别打我们。

　　你 我们 （宾）打 别

（6）ga³³nu³³pɯŋ⁵⁵na³³m³¹mak⁵⁵. 我不喜欢你们。

　　我 你们 　（宾）不 喜欢

（7）ga³³nã⁵⁵na³³m³¹mak⁵⁵. 我不喜欢你。

　　我 你（宾）不 喜欢

（8）nã⁵⁵ga³³na³³ti³¹tʃu⁵³. 你别打我。

　　你 我（宾）打 别

（9）ga³³njɔ³³na³³boʔ³¹o³³bja⁵³. 我告诉他吧。

　　我 他（宾）告诉 吧

（10）nã⁵⁵ju³³pɯŋ⁵⁵na³³boʔ³¹o³³ bja⁵³. 你告诉他们吧。

　　你 他们 　（宾）告 诉吧

（11）njɔ³³khɯ³¹na³³ti³¹tʃe³³. 他打狗。

　　他 狗 （宾）打（助）

此外，普内语还有一个泛指人称代词 thɯ̃³¹pɯt⁵⁵ma⁵⁵ "大家"。例如：

（1）tlɯ̃³¹pɯt⁵⁵ma⁵⁵na³³lom³¹bju³³. 大家先说。

　　大家 　　（宾）说 先

（2）thɯ̃³¹pɯt⁵⁵ma⁵⁵əʔ⁵⁵mjaŋ³¹va³¹jo³³pɯŋ³³na³³ bja⁵³. 大家的事情已经解决了。

　　大家 　　　的 事情 解决 已经 　了

（3）thɯ̃³¹pɯt⁵⁵ma⁵⁵ni⁵⁵o³³. 大家坐下。

　　大家 　　坐 下

二、反身代词

反身代词：普内语的反身代词"自己"是通过主格变音表示的。

（1）ga³³ 我　　　　　　　gɔ̃⁵⁵（我）自己

（2）na⁵⁵ 你　　　　　　　nɔ̃⁵⁵（你）自己

（3）ŋjɔ³³ 他　　　　　　　ŋjɔ³³（他）自己

反身代词不能跟人称代词连用。例如：

（1）gɔ̃⁵⁵tʃi³³gɔ̃⁵⁵tʃa³¹.　　　　　　　自己做自己吃。

　　　自己做　自己　吃

（2）gɔ̃⁵⁵　　nɔ³³　　gɔ̃⁵⁵ti³¹na³³ tʃe⁷⁵⁵.　　自己打自己。

　　　自己（话题）自己打（宾）（助）

第二节　指　示　代　词

普内语的指示代词分为方位指示代词、形状指示代词两类。

一、方位指示代词

（一）方位指示代词的类别

方位指示代词依据所指事物与说话人距离远近的不同，可分为近指、远指、更远指三类。分述如下（表5-2）：

表 5-2　方位指示代词类别表

近指	远指	更远指
na³³də⁷⁵⁵ 这边	thã³³də⁷⁵⁵ 那边	ŋjaŋ⁵⁵də⁷⁵⁵ 那边
ŋjɔ̃⁵⁵də⁷⁵⁵ 这边	thã³³pja²³¹sə⁷⁵⁵ 那边	ŋjaŋ⁵⁵pja²³¹sə⁷⁵⁵ 那边
na³³nu³¹ 这个	thã³³nu³¹ 那个	ŋjaŋ⁵⁵ lum³¹ 那个
na³³ lum³¹ 这个	thã³³lum³¹ 那个	ŋjaŋ⁵⁵nu³¹ 那个
na⁵⁵puŋ⁵⁵nu³¹ 这些	ŋjaŋ⁵⁵puŋ⁵⁵nu³¹那些	ŋjaŋ⁵⁵len⁵⁵ja⁵³ 那些

例句：

（1）na³³də⁷⁵⁵tʃin³¹, thã³³də⁷⁵⁵lau³¹, ŋjaŋ⁵⁵də⁷⁵⁵ thai³¹.

　　　这边　中国　　那边 老挝　　那边 泰国

这边是中国，那边是老挝，更远的那边是泰国。

（2）na⁵⁵puɯŋ⁵⁵nu³¹ŋjɔ³³ə⁷⁵⁵. 这些是他的。

　　 这些　　（话）他的

（3）sã⁵⁵ŋjaŋ⁵⁵puɯŋ⁵⁵nu³¹lau⁵³bja⁵³. 那些人来了。

　　 人　那些　　　（话）来　了

（4）ŋjaŋ⁵⁵puɯŋ⁵⁵nu³¹gə³³ ə⁷⁵⁵. 那些是我的。

　　 那些　　（话）我的

（5）a³³phup⁵⁵ŋjaŋ⁵⁵puɯŋ⁵⁵nu³¹bji³¹phjəu³³bja⁵³. 那些山被火烧了。

　　 山　　那些　　　　火　烧　　了

（二）方位指示代词的组合能力

1. 方位指示代词与方位词组合

na³³də⁷⁵⁵ 这边　　　　　　　　　　　ŋjaŋ⁵⁵də⁷⁵⁵（nu³¹）那边

这　边　　　　　　　　　　　　　那　　边

tha²³¹sə⁷⁵⁵ 上边　　　　　　　　　　　thoŋ³³sə⁷⁵⁵ 里边

上　边　　　　　　　　　　　　　里　边

2. 方位指示代词与数词、数量词组合

其位置是方位指示代词在前，数量词在后。例如：

na³³nu³¹thi³¹lum³¹ 这一个　　　　　　ŋjaŋ⁵⁵nu³¹thi³¹lum³¹ 那一个

这　　一　个　　　　　　　　　那　　一　　个

sɔ⁵⁵na³³nu³¹ thi³¹ma⁵⁵ 这一个人　　　sɔ⁵⁵ŋjaŋ⁵⁵də⁷⁵⁵thi³¹ma⁵⁵ 那一个人

人 这　　一 个　　　　　　　　人 那　　　一　个

o³³to³³na³³də⁷⁵⁵thi³¹khan³¹ 这一辆车　　o³³to³³ŋjaŋ⁵⁵də⁷⁵⁵thi³¹khan³¹那一辆车

车 这　　一　辆　　　　　　　车 那　　　一　辆

a³³phup⁵⁵na³³də⁷⁵⁵thi³¹si³¹ 这一座山　　kɔ³¹pha³¹ŋjaŋ⁵⁵də⁷⁵⁵thi³¹mat⁵⁵那一把蔬菜

山　 这　 一　座　　　　　蔬菜 那　　　一　把

na³³nu³¹tho³¹la⁷⁵⁵sap³¹thi³¹lum³¹ 这一个手机　khun³¹thã³³pja²³¹sə⁷⁵⁵ 那个村

这 个 手机　　　　一 个　　　　　　村子 那

以上例子都可以由 na³³ 或 ŋjaŋ⁵⁵ 与量词直接组合，说成：

na³³lum³¹这个　　　　　　　　　　　ŋjaŋ⁵⁵lum³¹那个

这 个　　　　　　　　　　　　　那　　个

na³³ma⁵⁵   ŋjaŋ⁵⁵ ma⁵⁵ 那一个人

这 个   那 个

na³³khan³¹这辆   ŋjaŋ⁵⁵ khan³¹那辆

这 辆   那 辆

na³³ si³¹这座   ŋjaŋ⁵⁵si³¹那座

这 座   那 座

na³³ mat⁵⁵这把   thã³³/ŋjaŋ⁵⁵mat⁵⁵那把

这 把   那 把

ŋjaŋ⁵⁵tʃə⁵⁵那种   thã³³tʃə⁵⁵那种

那 种   那 种

3. 方位指示代词与名词组合

方位指示代词可分为单数方位指示代词和复数方位指示代词。

（1）单数方位指示代词修饰名词时既可位于所修饰的方位名词之后，也可位于所修饰的方位名词之前。例如：

sɔ⁵⁵na³³ma⁵⁵ 这个人   na³³nu³¹xoŋ³¹xjen³¹ 这个学校

人 这 个   这 个 这学校

kho³¹na³³nu³¹这个碗   kau³³i³⁵ŋjaŋ⁵⁵ lum³¹ 那个椅子

碗 这 个   椅子 那 个

thã³³/ŋjaŋ⁵⁵ni³³ 那天

那 天

sɔ⁵⁵ŋjaŋ⁵⁵ma⁵⁵m³¹ɛ⁵⁵.   那个人没去。（知道是谁）

人 那 个 没 去

sɔ⁵⁵ŋjaŋ⁵⁵ma⁵⁵lau⁵³bja⁵³.   那个人来了。（知道是谁）

人 那 个 来 了

ŋjaŋ⁵⁵ma⁵⁵va³¹sat³¹tʃeʔ⁵⁵thi³¹ma³⁵.   杀了那一头猪。（知道是哪一头）

那 个 猪 杀（助）一 个

va³¹na³³ma⁵⁵sat³¹da³¹bja⁵³.   杀了这一头猪。（知道是哪一头）

猪 这 头 杀 了

khɯ³¹ na³³ma⁵⁵pjam⁵⁵ tʃeʔ⁵⁵.   这条狗跑了。（知道是哪一条狗）

狗 这 条 跑 （助）

a³¹xjaŋ³¹na³³ma⁵⁵ la⁵⁵ tʃeʔ⁵⁵.   这客人来了。（知道是谁）

客人 这 来（助）

ja³¹kat⁵⁵ŋjaŋ⁵⁵ma⁵⁵a³³ma⁵⁵tuŋ⁵⁵ tʃeʔ⁵⁵. 那个小孩受伤了。（知道是谁）

孩子 那 个 受伤 （助）

（2）复数方位指示代词。

复数方位指示代词是在单数指示代词后加 pɯŋ⁵⁵ 表示。例如：

na³³pɯŋ⁵⁵nu³¹ 这些　　thã³³pɯŋ⁵⁵nu³¹ 那些　　ŋjaŋ⁵⁵pɯŋ⁵⁵nu³¹ 更远指的那些

这 些 个　　　　那 些 个　　　　那 些 个

复数方位指示代词修饰名词时位于所修饰的中心词之后，也可位于所修饰的中心词之前。例如：

sɔ̃⁵⁵na⁵⁵pɯŋ⁵⁵nu³¹ 这些人　　　　　na³³pɯŋ⁵⁵nu³¹sã³³ 这些人

人 这些　　　　　　　　　　　这些 人

xaŋ³¹na⁵⁵pɯŋ⁵⁵nu³¹ 这些饭　　　　na⁵⁵pɯŋ⁵⁵nu³¹xaŋ³¹ 这些饭

饭 这些　　　　　　　　　　　这些 饭

a⁵⁵kɯŋ³³na⁵⁵pɯŋ⁵⁵ nu³¹ 这些东西　　na⁵⁵pɯŋ⁵⁵nu³¹a⁵⁵kɯŋ³³ 这些东西

东西 这些　　　　　　　　　　东西这些

sɔ̃⁵⁵thã³³pɯŋ⁵⁵nu³¹ 那些人　　　　thã³³pɯŋ⁵⁵nu³¹sɔ̃⁵⁵ 那些人

人 那些　　　　　　　　　　　那些 人

sɔ̃⁵⁵ŋjaŋ⁵⁵pɯŋ⁵⁵nu³¹ 那些人　　　ŋjaŋ⁵⁵pɯŋ⁵⁵nu³¹sɔ̃⁵⁵ 那些人

人 那些　　　　　　　　　　　那些 人

二、性状指示代词

普内语的性状指示代词有：ɛ⁵⁵ŋjɔ̃³³ "这么"、ŋjaŋ⁵⁵len³³ "那么"、ŋji³³len⁵⁵ "这样"、thã³³len⁵⁵ "那样"、ŋjaŋ⁵⁵len⁵⁵ "那样（指更远处的事物）"等，可做代词，也可做程度副词，用于形容词、动词前。做程度副词时，thɔ̃³³len⁵⁵ "那么"比 ŋjaŋ⁵⁵len⁵⁵ "那么"的程度更深。例如：

（1）ŋji³³len⁵⁵nu³¹m̩³¹mjen³¹. 这样不好。

这样 不 好

（2）thã³³len⁵⁵nu³¹m̩³¹mjen³¹. 那样不好。

那样 不 好

（3）ŋjaŋ⁵⁵len⁵⁵nu³¹m̩³¹mjen³¹. 那样（指更远处的事物）不好。

那样 不 好

（4）mji³¹vat⁵⁵m̥ɔ³³ ɛ⁵⁵ŋjɔ̃³³! 　　　花这么漂亮。

　　　花　　漂亮这么

（5）ja³¹kat⁵⁵ja³¹na³³ma⁵⁵nu³¹a³³khɯt³¹a³³en⁵⁵ɛ⁵⁵ŋjɔ̃³³. 　　这孩子这么聪明。

　　　孩子　　这 个　（话）聪明　　　　　这么

（6）ŋjam⁵⁵ni³³nu³¹sɔ̃⁵⁵lau⁵³a³³lam³¹ɛ⁵⁵ŋjɔ̃³³. 　　今天怎么来了这么多人。

　　　今天　（话）人 来 多　　这 么

（7）ŋjam⁵⁵ni³³nu³¹sɔ̃⁵⁵ŋjɔ̃⁵⁵len⁵⁵lam³¹ɛ⁵⁵ŋjɔ̃³³. 　　今天怎么那么多人。

　　　今天　（话）人 那样　　多 这么

（8）ŋji³³len⁵⁵a³³m̥jen³¹m̥³¹m̥jen³¹ne⁵³? 　　　这样好不好呀？

　　　这样　好　　不 好　　呀

第三节　疑 问 代 词

普内语的疑问代词按照疑问对象的不同，可以分为以下七类（表5-3）：

表 5-3

表人物	sɔ̃⁵⁵ə³¹ "谁"、a³¹sɔ̃⁵⁵ə³¹ga³⁵ "谁的"
表事物	a³¹tʃə³⁵ə³¹ "什么"
表时间	a³¹sə⁵⁵ŋjam³¹əˀ⁵⁵ "哪天"、"什么时候"
表处所	a³¹sət⁵⁵dəˀ⁵⁵ "哪里"
表数量	a³¹tʃhət⁵⁵də³¹ "多少"
表方式	xai³³ne⁵⁵pen⁵⁵tʃəˀ⁵⁵ə³³ "怎么的"、"怎么样"；xai³³ne⁵⁵ə³¹ "怎么"
表原因	a³¹tʃə³⁵kha³³bja⁵³ "为什么"

例句：

（1）sɔ̃⁵⁵ə³¹ɛ⁵⁵ŋjau⁵⁵ŋji⁵⁵? 　　　　　谁想去？

　　　谁去 去 想

（2）m̥jaŋ³³ja³¹a³¹sət⁵⁵dəˀ⁵⁵tʃhi⁵⁵tʃeˀ⁵⁵. 　　刀放哪里？

　　　刀　　哪里　　放（助）

（3）nã⁵⁵phju⁵⁵（a³¹）tʃhət⁵⁵də³¹tʃeˀ⁵⁵ŋji³³? 　你有多少钱？

　　　你 钱　多少　　（助）有

（4）sɔ̃⁵⁵tʃhət⁵⁵də³¹ma⁵⁵ə³³tʃeˀ⁵⁵a³³tʃa³³? 　　有多少人？

　　　人 多少　个　（助）有

（5）a⁵⁵kɯŋ³³a³¹tʃə³⁵ə³¹bi³¹l̥uŋ⁵⁵ tʃeˀ²⁵⁵?　　　什么东西烧了？

　　　东西　什么　　烧　　（助）

（6）mjaŋ³¹va³¹jo³³xai³³ne⁵⁵pen⁵⁵ tʃeˀ²⁵⁵ə³³?　　　事情办得怎么样？

　　　事情　办得　怎么样　　（助）

（7）phat³¹sə²⁵⁵mu³¹tha³¹mji⁵⁵toŋ⁵⁵xai³³ne⁵⁵pen⁵⁵ tʃeˀ²⁵⁵ə³³? 后天天气怎么样？

　　　后天　　天气　　　　怎么样　　（助）

（8）nã⁵⁵a⁵⁵xu³¹ja³¹ka³¹phja³¹sə⁵⁵ŋjam³¹əˀ²⁵⁵lau⁵³tʃeˀ²⁵⁵? 你哥哥什么时候来？

　　　你 哥哥　　　　　什么时候　　来（助）

（9）ŋjɔ³³a³¹tʃə³⁵kha³³bja⁵⁵ɛ⁵⁵tʃeˀ²⁵⁵?　　　　　　　他为什么走？

　　　他 为什么　　走（助）

第六章 数　　词

普内语有丰富的数词。数词可分为基数词、序数词、分数、倍数和概数等类。

普内语数词不能重叠。普内语数词都要与量词组成数量结构才能充当句法成分。数量结构的句法功能将在量词的句法功能里详解介绍，这里不再赘述。

第一节　基　数　词

基数词表示数目的多少，可分为单纯数词及合成数词两种。数词的来源有本族语固有词和老挝语借词两套。

本族语固有数词有 thi^{31} "一"、n̥et^{31} "二"、sum^{31} "三"、xan^{31} "四" 四个基数词，还有位数词 tə^{31}tʃhe^{33} "十"。但它们必须与量词一起使用，不能独立数数。这四个基数词还可以与位数词 tʃhe^{33} "十" 组成以下复合数词。例如：

n̥et^{31}tʃhe^{33} 二十　　　　　　　　　　　　sum^{31}tʃhe^{33} 三十
二　　十　　　　　　　　　　　　　　　　三　　十

xan^{31}tʃhe^{33} 四十
四　　十

"五十"以后的十位数都用老挝语数字与 tʃhe^{33} "十"组合。例如：

xã^{35}tʃhe^{33} 五十　　　　　　　　　　　　xɔʔ^{55}tʃhe^{33} 六十
五　　十　　　　　　　　　　　　　　　　六　　十

tʃet^{55}tʃhe^{33} 七十　　　　　　　　　　　　pɛt^{35}tʃhe^{33} 八十
七　　十　　　　　　　　　　　　　　　　八　　十

kau^{35}tʃhe^{33} 九十
九　　十

在语用中，普内人多习惯于使用老挝语数词。其读音是：

sun^{31} 零	nuɯŋ^{33} 一	sɔ̃^{31} 二
sam^{53} 三	si^{35} 四	xã^{35} 五
xɔʔ^{55} 六	tʃet^{55} 七	pɛt^{35} 八
kau^{35} 九	sip^{55} 十	sau^{31} 二十

xɔi³⁵ 百　　　　　　　　phan³¹ 千　　　　　　　　muɯ³³ 万

lan³⁵ 百万　　　　　　　sip⁵⁵phan³¹ 万　　　　　　sip⁵⁵lan³⁵ 亿

　　　　　　　　　　　十　千　　　　　　　　十　百万

借用老挝语的数词有的有两种不同的形式。比如："一"有两个形式：nuɯŋ³³和 et⁵⁵。"百"以下的"一"用 et⁵⁵，百以上的（含百）"一"用 nuɯŋ³³。

sip⁵⁵et⁵⁵ 十一　　　　　　　　　　sau³¹et⁵⁵ 二十一

十　一　　　　　　　　　　　　　二十一

sam³¹sip⁵⁵et⁵⁵ 三十一　　　　　　si³³sip⁵⁵et⁵⁵ 四十一

三　十　一　　　　　　　　　　　四　十　一

xã³⁵sip⁵⁵et³¹ 五十一　　　　　　　xɔk⁵⁵sip⁵⁵et⁵⁵ 六十一

五　十　一　　　　　　　　　　　六　十　一

tʃet⁵⁵sip⁵⁵et⁵⁵ 七十一　　　　　　pɛt³⁵sip⁵⁵et⁵⁵ 八十一

七　十　一　　　　　　　　　　　八　十　一

kau³⁵sip⁵⁵et⁵⁵ 九十一　　　　　　nuɯŋ³³xɔi³⁵ 一百

九　十　一　　　　　　　　　　　一　　百

表示"零几"时，是在百位、千位等位数后直接加数词和位数词，而不加 sun³¹ "零"，例如：

nuɯŋ³³xɔi³⁵nuɯŋ³³ 一百零一　　　nuɯŋ³³phan³¹nuɯŋ³³ 一千零一

一　百　一　　　　　　　　　　　一　千　一

xã³⁵phan³¹xã³⁵ 五千零五　　　　　xã³⁵phan³¹sau³¹ 五千零二十

五千　五　　　　　　　　　　　　五千　二十

xã³⁵phan³¹xã³⁵xɔi³⁵ 五千零五百　　sip⁵⁵xɔk⁵⁵phan³¹ 一万零六千

五千　五百　　　　　　　　　　　十　六　千

第二节　序　数　词

普内语常见的序数词表达法有以下几类：

一、序数词"第"的表示法

序数词"第"是用 an³¹dap³¹ "序号"加 thi³³ "第"表示。例如：

an³¹dap³¹thi³³ nuɯŋ³³ 第一　　　　　an³¹dap³¹thi³³sɔ̃⁵³ 第二

序号　第　一　　　　　　　　　　序号　第　二

an³¹dap³¹thi³³sam⁵³ 第三　　　　　an³¹dap³¹thi³³si³³ 第四

序号　第　三　　　　　　　　　　序号　第　四

an³¹dap³¹thi³³xã³⁵ 第五　　　　　an³¹dap³¹thi³³xɔʔ⁵⁵ 第六

序号　第　五　　　　　　　　　　序号　第　六

an³¹dap³¹thi³³tʃet⁵⁵ 第七　　　　an³¹dap³¹thi³³pɛt³⁵ 第八

序号　第　七　　　　　　　　　　序号　第　八

an³¹dap³¹thi³³kau³⁵ 第九　　　　an³¹dap³¹thi³³sip⁵⁵ 第十

序号　第　九　　　　　　　　　　序号　第　十

二、长幼次序的表示法

长幼次序的表示法为：

a³³ja³¹ka³¹phja³¹xu³¹ɛ⁵⁵mɔ³³ 大儿子　　　a³¹ju³³ba⁷⁵⁵ 大儿媳

孩子 男　　　最大　　　　　　　儿媳　大

a³³ja³¹ka³¹phja³¹thi³¹soŋ⁵⁵mɔ⁵⁵ 二儿子　a³¹ju³³thi³¹soŋ⁵⁵mɔ⁵⁵ 二儿媳

孩子 男　　　第　二　个　　　　儿媳 第　二　个

a³³ja³¹ka³¹phja³¹nu³¹lin³³mɔ³³ 老幺（小儿子）

孩子 男　　　最小

a³³ja³¹kha³¹bja⁵³nu³¹lin³³mɔ³³ 老幺（小女儿）

孩子 女　　　最小

三、"星期几"的表示法

表示"星期几"都借自老挝语。其意义与星系有关。例如：

van³¹tʃan³¹ 星期一　　　　　　　van³¹aŋ³¹khan³¹ 星期二

天　月亮　　　　　　　　　　　天　　火星

van³¹phut⁵⁵ 星期三　　　　　　　van³¹phaʔ⁵⁵xat³¹ 星期四

天　水星　　　　　　　　　　　天　　木星

van³¹su⁷³¹ 星期五　　　　　　　van³¹sau⁵³ 星期六

天　　金星　　　　　　　　　　天　　土星

van³¹a³¹thit⁵⁵ 星期天

天　　太阳

四、月份的表示法

月份的表示法都借自老挝语。由"月"加数词组成。例如：

dwən³¹tʃjaŋ³¹　一（正）月　　　　　dwən³¹ŋji³³　二月
月　　　一　　　　　　　　　　　　月　　　二

dwən³¹sam³³　三月　　　　　　　　dwən³¹si³³　四月
月　　　三　　　　　　　　　　　　月　　　四

dwən³¹xã³⁵　五月　　　　　　　　　dwən³¹xo²⁵⁵　六月
月　　　五　　　　　　　　　　　　月　　　六

dwən³¹tʃet⁵⁵　七月　　　　　　　　dwən³¹pɛt³⁵　八月
月　　　七　　　　　　　　　　　　月　　　八

dwən³¹kau³⁵　九月　　　　　　　　dwən³¹sip³¹　十月
月　　　九　　　　　　　　　　　　月　　　十

dwən³¹sip³¹et³¹　十一月　　　　　　dwən³¹sip⁵⁵sɔ̃³³　十二月
月　　十　一　　　　　　　　　　　月　　十　二

五、属相表示法

老挝语有一套完整的属相系统，其表示法也是使用十二生肖。除"ka²⁵⁵tai³³（老挝语）＋ jip⁵⁵（普内语）＋pji²⁵⁵（老挝语）"（属）兔外，其余的都是由"动物（普内语）＋ jip⁵⁵（普内语）＋ pji²⁵⁵（老挝语）"构成。例如：

tʃha³¹la³¹jip⁵⁵pji²⁵⁵　（属）虎　　　ka²⁵⁵tai³³ jip⁵⁵pji²⁵⁵　（属）兔
老　虎　属　　　　　　　　　　　兔子　　　属

ɯ⁵⁵ba³³ jip⁵⁵pji²⁵⁵　（属）龙　　　　ɯ⁵⁵ja³¹jip⁵⁵pji²⁵⁵　（属）蛇
龙大　属　　　　　　　　　　　　蛇　　属

a³¹mu³¹jip⁵⁵pji²⁵⁵　（属）马　　　　a³¹tʃhɯt³¹ jip⁵⁵pji²⁵⁵　（属）羊
马　属　　　　　　　　　　　　　羊　　　属

dat³¹ba³¹ jip⁵⁵pji²⁵⁵　（属）猴　　　xja³³ jip⁵⁵pji²⁵⁵　（属）鸡
猴　子属　　　　　　　　　　　　鸡　属

khɯ³¹ jip⁵⁵pji²⁵⁵　（属）狗　　　　va³¹jip⁵⁵pji²⁵⁵　（属）猪
狗　　属　　　　　　　　　　　　猪　属

xɔ³³tam³¹jip⁵⁵pji²⁵⁵　（属）鼠　　　a³¹m̥jaŋ⁵⁵jip⁵⁵pji²⁵⁵　（属）牛
鼠　　属　　　　　　　　　　　　牛　　　属

51

六、"初"的表示法

"初"的表示法都是借用老挝语。其结构为 van³¹（天）+thi³³（第）+数（日）。例如：

van³¹thi³³nɯɯŋ⁵⁵ 初一
天　第　一

van³¹thi³³sɔ̃⁵³ 初二
天　第　二

van³¹thi³³sam³³ 初三
天　第　三

van³¹thi³³si³⁵ 初四
天　第　四

van³¹thi³³xã³⁵ 初五
天　第　五

van³¹thi³³xɔʔ⁵⁵ 初六
天　第　六

van³¹thi³³tʃet⁵⁵ 初七
天　第　七

van³¹thi³³pet³⁵ 初八
天　第　八

van³¹thi³³kau³⁵ 初九
天　第　九

van³¹thi³³sip⁵⁵ 初十
天　第　十

van³¹thi³³sip⁵⁵et⁵⁵ 十一日
天　第　十　一

van³¹thi³³sip⁵⁵sɔ̃³³ 十二日
天　第　十　二

van³¹thi³³sip⁵⁵sam³³ 十三日
天　第　十　三

van³¹thi³³sip⁵⁵si⁵⁵ 十四日
天　第　十　四

van³¹thi³³sip⁵⁵xã³⁵ 十五日
天　第　十　五

van³¹thi³³ sip⁵⁵xɔʔ⁵⁵ 十六日
天　第　十　六

van³¹ thi³³sip⁵⁵tʃet⁵⁵ 十七日
天　第　十　七

van³¹ thi³³sip⁵⁵pet³⁵ 十八日
天　第　十　八

van³¹ thi³³sip⁵⁵kau³⁵ 十九日
天　第　十　九

van³¹thi³³sau³¹ 二十日
天　第　二十

van³¹thi³³sau³¹et⁵⁵ 二十一号
天　第　二十一

van³¹thi³³sau³¹sɔ̃³³ 二十二日
天　第　二十二

van³¹thi³³sau³¹sam³³ 二十三日
天　第　二十三

van³¹thi³³sau³¹si³⁵ 二十四日
天　第　二十四

van³¹thi³³sau³¹xã³⁵ 二十五日
天　第　二十五

van³¹thi³³sau³¹xɔʔ⁵⁵ 二十六日
天　第　二十六

van³¹thi³³sau³¹tʃet⁵⁵ 二十七日

van³¹thi³³sau³¹pet³⁵ 二十八日

天 第 二十七   天 第 二十八

van³¹thi³³sam³³sip⁵⁵三十日

van³¹thi³³sau³¹kau³⁵ 二十九日

天 第 二十九   天 第 三 十

第三节 分 数 词

普内语分数表示法都是借用老挝语的数词及其构词方法。例如:

nuɯŋ³³suan³³sɔ̃³³ 二分之一   nuɯŋ³³suan³³sam³³ 三分之一

一 之 二   一 之 三

sam³³suan³³sip⁵⁵ 十分之三   xã³⁵suan³³sau³¹ 二十分之五

三 之 十   五 之 二十

si⁵⁵suan³³xɔi³⁵ 百分之四   tʃet⁵⁵suan³³phan³¹ 千分之七

四 之 百   七 之 千

第四节 倍 数 词

普内语的倍数表示法都是借用老挝语的倍数词及构词方法。例如:

sɔ³³thɔp⁵⁵ 二倍   sam³³thɔp⁵⁵ 三倍

二 倍   三 倍

sip³¹thɔp⁵⁵ 十倍   xɔi³⁵thɔp⁵⁵ 一百倍

十 倍   一百 倍

第五节 概 数 词

普内语的概数都是借用老挝语的 bo³³ "多"、ŋjaŋ⁵⁵boʔ⁵⁵ "左右"、ŋjaŋ⁵⁵tʃət⁵⁵ "大约" 表示。例如:

sau³¹bo³³ 二十多   sam³¹sip⁵⁵bo³³ 三十多

二十 多   三 十 多

nuɯŋ³³xɔi³⁵bo³³ 一百多   si⁵⁵phan³¹bo³³ 四千多

一 百 多   四 千 多

ŋjaŋ⁵⁵boˀ⁵⁵sam³³ sip⁵⁵ 三十左右
左右　　　三　十

ŋjaŋ⁵⁵boˀ⁵⁵xã³⁵sip⁵⁵ 五十左右
左右　　　五　十

ŋjaŋ⁵⁵tʃət⁵⁵nɯŋ³¹xɔi⁵⁵ 大约一百
大约　　　一　百

ŋjaŋ⁵⁵tʃət⁵⁵thi³¹phan³¹ 大约一千
大约　　　一　千

第七章 量　　词

普内语是一种具有丰富量词的语言。名词、动词计量时都必须带量词。量词必须与数词结合才能使用。普内语量词多是单音节的。量词可分为名量词和动量词两类。

第一节 名　　量　　词

普内语名量词可分为个体量词、集体量词、度量衡量词、时间量词、不定量词等类别。

一、个体量词

个体量词包括类别量词、形状量词、通用量词和反响型量词。

（一）类别量词

类别量词用来称量具有同类属性的名词。使用频率最高的是 mɔ̃³⁵ "个、只、匹"。例如：

sɔ̃⁵⁵thi³¹mɔ̃³⁵ 一个人　　　　　　ja³¹kat⁵⁵ja³¹thi³¹mɔ̃³⁵ 一个孩子

人　　一　人　　　　　　　　孩　子　　一　个

khɯ³¹thi³¹mɔ̃³⁵ 一只狗　　　　　　a³³mu³¹thi³¹mɔ̃³⁵ 一匹马

狗　　一　只　　　　　　　　马　　　一　匹

mʝl³¹vat⁵⁵thi³¹tʃə³⁵ 一种花　　　　kɔ̃³¹pʰa³¹tʰɯi³¹tʃə³⁵ 一种蔬菜

花　　　一　种　　　　　　　蔬菜　　一　种

（二）形状量词

（1）用来称量具有某种形状的物体。主要有 si³¹ "颗、粒、块、个"（圆形物体）。例如：

u³¹kɯ⁵⁵si³¹thi³¹si³¹ 一颗星星　　　tĩ³³nam⁵⁵si³¹thi³¹si³¹ 一个南瓜

星星　　一　颗　　　　　　　南瓜　　　一　个

kɔ³³lum³³thi³¹si³¹ 一粒谷子　　　　　　　tʃɯ²³¹kɯŋ³¹thi³¹si³¹ 一小块肉

谷子　　一　粒　　　　　　　　　肉　　　　一　小块

（2）表示"长条状"的有 lum³¹ "根、把、块、只、支、顶"、tʃa³⁵ "条"、lum³¹
"根"、khũ³¹ "根"等。例如：

tʃoŋ³¹koŋ³⁵thi³¹lum³¹ 一根木棍　　　　　ĩ⁵⁵tʃet³¹tu⁵⁵thi³¹lum³¹ 一把扫把

木棍　　　一　根　　　　　　　　垃圾扫帚　一　把

mi⁵⁵ja³¹thi³¹lum³¹ 一把刀　　　　　　　tʃoŋ⁵⁵thi³¹lum³¹ 一把伞

刀　　　一　把　　　　　　　　　伞　一　把

sĩ³³nat⁵⁵thi³¹lum³¹ 一把枪　　　　　　　xã³¹phe³¹thi³¹lum³¹ 一块粑粑

枪　　　一　把　　　　　　　　　粑粑　　　一　块

ka²⁵⁵dan³¹thi³¹lum³¹ 一块黑板　　　　　ka³¹tʃap³¹thi³¹lum³¹ 一根针

黑板　　　一　块　　　　　　　　针　　　一　支

bũ³¹khap³¹thi³¹khũ³³ 一双鞋子　　　　　xa⁵⁵si³¹thi³¹khũ³¹ 一根香蕉

鞋子　　　一　双　　　　　　　　香蕉　一　根

tʃa³⁵ba³³thi³¹tʃa³⁵ 一条路　　　　　　　lã⁵⁵thi³¹tʃa³⁵ 一条河

路　　　一　条　　　　　　　　　水　一　条

（3）表示"块状"的有 tɔn³³ "块"、xja³⁵ "块"、phu³³ "块"等。例如：

xja⁵⁵thi³¹xja³⁵ 一块田　　　　　　　　la⁵⁵thi³¹ xja³⁵ 一块茶

田　一　块　　　　　　　　　　　茶　一　块

kɔ³³tʃhɔn⁵⁵thi³¹xja³⁵ 一簸箕米　　　　　tʃɯ²³¹kɯŋ³¹thi³¹tɔn³³ 一块肉

米　　一　簸箕　　　　　　　　　肉　　　一　块

tʃĩ⁵⁵thɔn³³thi³¹tɔn³³ 一根木头　　　　　nam³¹tan³³thi³¹phu³³ 一块糖

木头　　一　块　　　　　　　　　糖　　　一　块

mi⁵⁵tuŋ⁵⁵thi³¹phu³³ 一块地

地　　　一　块

（4）表示"片状"的有 pha³¹ "张"。例如：

ka³¹lat⁵⁵thi³¹pha³¹ 一张纸　　　　　　　tʃĩ³³pha³¹thi³¹pha³¹ 一片树叶

纸　　一　张　　　　　　　　　　树叶　　一　张

（5）jɔt⁵⁵ "滴"：用于圆形液体的称量。例如：

sɯ³¹thi³¹jɔt⁵⁵ 一滴血　　　　　　　　a⁵⁵si⁵⁵thi³¹jɔt⁵⁵ 一滴油

血　一　滴　　　　　　　　　　　油　一　滴

（6）laŋ³³ "节"用来称量竹子或甘蔗。例如：

xã³¹poŋ³¹lɔ̩³³thi³¹lɔ̩³³ 一节竹子　　　　　　poŋ³¹tʃhau³⁵lɔ̩³³thi³¹lɔ̩³³一节甘蔗

竹子　　　一 节　　　　　　　　　　甘蔗　　　一 节

（7）phɯɯn³⁵ "套、件"用于衣物类名词的称量。例如：

tĩ³¹ka³¹thi³¹phɯɯn³⁵ 一件裙子　　　　　　sut⁵⁵thi³¹phɯɯn³⁵ 一套蚊帐

裙子 一 件　　　　　　　　　　　　蚊帐 一 套

（8）pum³³用于液体的称量。例如：

khan³¹thi³¹pum³³ 一口唾液　　　　　　ĩ³¹thi³¹pum³³ 一堆屎

唾液 一 堆　　　　　　　　　　　　屎 一 堆

（9）pli ʔ⁵⁵原表示"口"的意思，借用做量词表示一"嘴巴"的东西。例如：

thi³¹pli ʔ⁵⁵tʃa³¹tʃe ʔ⁵⁵ 咬一口　　　　　　xaŋ³¹thi³¹pli ʔ⁵⁵ 一口饭

一 口 咬　　　　　　　　　　　　　饭 一 口

（10）kan³³原表示"桶"，借用来表示用桶盛着的液体的量。例如：

a⁵⁵si⁵⁵thi³¹kan³³ 一桶油　　　　　　lã⁵⁵thi³¹kan³³ 一桶水

油 一 桶　　　　　　　　　　　　　水 一 桶

thi³¹kan³³ 一缸/桶

一 缸/桶

（三）反响型量词

反响型量词是指与被限定的名词形式完全相同或部分相同的量词。反响型量词又称拷贝型量词、反身量词、回应量词、临时量词、专用量词等[①]。普内语有丰富的反响型量词，都是单音节的。

反响型量词分完全拷贝型和部分拷贝型两类。完全拷贝型量词是直接拷贝该名词来表量，部分拷贝型量词是拷贝该名词的部分来表量。被称量的名词是单音节名词时都是完全拷贝型量词，被称量的名词是双音节名词时都是部分拷贝型量词。

（1）完全拷贝型

kho³¹thi³¹kho³¹ 一个碗　　　　　　　　tʃĩ⁵⁵thi³¹tʃĩ⁵⁵ 一棵树

碗 一 碗　　　　　　　　　　　　　树 一 树

---

① 戴庆厦, 蒋颖. 2005 论藏缅语的反响型名量词. 中央民族大学学报（哲学社会科学版），（2）：124–129。

ṇɛ³¹thi³¹ṇɛ³¹ 一根绳子   bɔ³¹thi³¹bɔ³¹ 一根草

绳子 一 绳子   草 一 草

xja⁵⁵thi³¹xja⁵⁵ 一块地   tɔ⁷⁵⁵thi³¹tɔ⁷⁵⁵ 一张桌子

地 一 块   桌子 一 桌

phẽ³¹thi³¹phẽ³¹ 一首歌   tʃaŋ⁵⁵thi³¹tʃaŋ⁵⁵ 一层楼

歌 一 首   楼 一 层

（2）部分拷贝型量词：部分拷贝型量词通常用拷贝名词的后一个音节来充当量词，例如：

sam⁵⁵khɯɯŋ⁵⁵thi³¹khɯɯŋ⁵⁵ 一根头发   tʃi⁵⁵thon³³thi³¹thon³³ 一根木头

头 发 一 根   木 头 一 根

xja³³m̩ut³¹thi³¹m̩ut³¹ 一根鸡毛   tum³¹tʃam³³thi³¹tʃam³³ 一座桥

鸡毛 一 毛   桥 一 座

mji³¹vat⁵⁵thi³¹vat⁵⁵ 一朵花   a³³ti⁵⁵thi³¹ti⁵⁵ 一张床

花 一 朵   床 一 张

bɔ̌⁵⁵ka³¹thi³¹ka³¹ 一张脸   xja³³toŋ⁵⁵thi³¹toŋ⁵⁵ 一半翅膀

脸 一 张   翅膀 一 半

a³³jau³¹thi³¹jau³¹ 一节骨头   xã³¹kap⁵⁵thi³¹kap⁵⁵ 一盘菜

骨头 一 节   菜 一 盘

lã⁵⁵kham³¹thi³¹kham³¹ 一条河   a³³phup³¹thi³¹phup³¹ 一座山

河 一 条   山 一 座

有的部分拷贝型量词会出现语音变化。例如：

ka⁷⁵⁵tʃam⁵⁵thi³¹tʃam³⁵ 一层楼梯   a³³xu⁵⁵thi³¹xu³⁵ 一间房间

楼梯 一 层   房间 一 间

部分拷贝型量词，有的用拷贝名词的第一个音节来充当量词，例如：

khau³³san⁵³thi³¹khau³³ 一个信息   tʃa³⁵ba³³thi³¹tʃa³⁵ 一条路

信息 一 信息   路 一 条

有的部分拷贝型量词用拷贝名词的中间音节来充当量词，例如：

i³¹tʃhum⁵⁵lã⁵⁵thi³¹tʃhum⁵⁵ 一滩尿

尿 一 滩

二、集体量词

集体量词是称量成双、成群、成堆事物的量词。分专用集体量词和借用集体量词。

（一）专用集体量词

专用集体量词主要有 khu^{33}"双、对"、lum^{31}"副"、ni^{33}/si^{31}"丛"等。

1. khu^{33}"双、对"、lum^{31}"副"用来称量成双成对的人、动物或事物。例如：

bji^{31}mju^{55}thi^{31}khu^{33} 一对夫妻　　　　　tʃhã^{31}phoŋ^{55}thi^{31}khu^{33} 一对双胞胎
夫妻　　 一　 对　　　　　　　　双胞胎　　 一　 对

bɯ^{31}khap^{31}thi^{31}khu^{33} 一双鞋子　　　　ti^{33}sõ^{31}thi^{31}khu^{33} 一双袜子
鞋子　　　 一　 双　　　　　　　袜子　　 一　 双

thu^{31}tam^{35}thi^{31}khu^{33} 一双筷子　　　　ka^{ʔ55}tai^{55}thi^{31}khu^{33} 一对兔子
筷子　　　 一　 双　　　　　　　兔子　　 一　 对

a^{33}naŋ^{31}thi^{31}khu^{33} 一对耳朵　　　　ven^{33}ta^{31}thi^{31}lum^{31} 一副眼镜
耳朵　　 一　 对　　　　　　　　镜子　 一　 副

2. si^{31}"丛"用来称量聚在一起的植物。例如：

tĩ^{33}nam^{55}si^{31}thi^{31}tʃo^{33}ɛ^{31} 一丛南瓜　　　ma^{ʔ55}xɔi^{35}si^{31}thi^{31}ni^{33}ɛ^{ʔ31} 一丛苦瓜
南瓜　　　 一　 丛　　　　　　　苦瓜　　　 一　 丛

3. phoŋ^{35}"串"、tap^{31}"沓"用来称量多个连在一起的事物。例如：

ma^{ʔ31}khə^{35}si^{31}thi^{31}phoŋ^{35} 一串野茄子　ka^{ʔ55}tʃɛ^{31}san^{31}thi^{31}phoŋ^{35} 一串钥匙
野茄子　　　 一　 串　　　　　钥匙　　　 一　 串

lă^{31}phji^{55}si^{31}thi^{31}phoŋ^{35} 一串辣椒　　ka^{31}lat^{55}thi^{31}tap^{31} 一沓纸
辣椒　　　 一　 串　　　　　　纸　　 一　 沓

phju^{55}thi^{31}tap^{31} 一沓钱　　　　　tʃɯ^{ʔ31}kɯŋ^{31}thi^{31}tap^{31} 一串肉
钱　 一　 沓　　　　　　　　　肉　　　 一　 串

（二）借用集体量词

借用集体量词指借用名词当量词。

（1）sõ^{55}thi^{31}khua^{31} "一家人"中的 khua^{31}"家"来自名词的"家"，当量词使用。类似的借用集体量词还有 khoŋ^{31}"村"、tʃə^{34}"姓"等。例如：

sɔ̃⁵⁵thi³¹khua³¹ 一家人　　　　　　sɔ̃⁵⁵thi³¹khoŋ³¹ɛ³³ 一村人

人　一　家/户　　　　　　　　　人　一　村

sɔ̃⁵⁵thi³¹tʃə³⁴ɛ³³ 一姓人　　　　　nam⁵⁵pjum³¹thi³¹tʃi⁵⁵ 一仓玉米

人　一　姓　　　　　　　　　　玉米　　一　仓

（2）phu³⁵、khoŋ³¹、ma³⁵、klɔ²⁵⁵都表示动物的巢穴，借做量词表示"一巢穴"的动物。例如：

xa³¹sa³⁵thi³¹phu³⁵ 一群蚂蚁　　　　pja³¹phu⁵⁵thi³¹phu³⁵ 一窝蜂房

蚂蚁　一　窝　　　　　　　　　蜂　房　一　窝

xja³³u³³thi³¹khoŋ³¹ 一窝蛋　　　　va³¹ja³¹thi³¹ma³⁵一窝猪

蛋　　一　窝　　　　　　　　　猪　　一　窝

khɯ³¹thi³¹klɔ²⁵⁵ 一圈狗　　　　　m̥jaŋ³⁵thi³¹klɔ²⁵⁵ 一圈牛

狗　　一　圈　　　　　　　　　牛　　一　圈

xja³³thi³¹klɔ²⁵⁵ 一圈鸡

鸡　一　圈

（3）pɯŋ³⁵ "们"表示复数，能借用做量词表示"伙、群"。例如：

sã⁵⁵thi³¹tʃə³⁵pɯŋ³⁵ 一伙人　　　　sɔ̃⁵⁵thi³¹pɯŋ³⁵ 一群人

人　一　　　伙　　　　　　　　人　一　群

pja³¹thi³¹pɯŋ³⁵ 一群蜜蜂　　　　khɯ³¹thi³¹pɯŋ³⁵ 一群狗

蜜蜂　一　群　　　　　　　　　狗　　一　群

三、度量衡量词

这一类量词除早期的一些量词使用固有词外，近代多用外来借词。

（一）专用度量衡单位

thi³¹ton³¹ 一吨　　　　　　　　thi³¹khɯŋ³⁵ 一斤

一　吨（英）　　　　　　　　　一　半（老）

thi³¹kjip⁵⁵ 一基普　　　　　　thi³¹do³³la³¹ 一美元

一基普（老）　　　　　　　　　一　美　元（英）

thi³¹ kji²⁵⁵lo³¹ 一公斤　　　　thi³¹klam³¹ 一克

一　公斤　（英）　　　　　　　一　克（英）

m̥u⁵⁵tʃe²⁵⁵thi³¹met⁵⁵ 一米长　　m̥u⁵⁵tʃe²⁵⁵thi³¹la²³¹ 一公里长

长　　　一　米（英）　　　　　长　　　一　公里（英）

（二）借用名词当度量衡单位

m̥u⁵⁵ʧeˀ⁵⁵thi³¹jaˀ⁵⁵ 一脚长　　　　　　　m̥u⁵⁵ʧeˀ⁵⁵la³³ba³¹thi³¹ŋju³⁵ 一指长
长　　　一　脚　　　　　　　　　指长　　　　　　一　指

m̥u⁵⁵ʧeˀ⁵⁵thi³¹sɔˀ⁵⁵一肘长　　　　　　　m̥u⁵⁵ʧeˀ⁵⁵thi³¹ŋju³⁵ 一英寸长
长　·　一　肘　　　　　　　　　　长　　　　　一　指

m̥u⁵⁵ʧeˀ⁵⁵thi³¹va³¹ 一庹长　　　　　　　m̥u⁵⁵ʧeˀ⁵⁵thi³¹tho³⁵ 一拃长
长　　　一　庹　　　　　　　　　　长　　　　一　拃

ti³¹ ʧeˀ⁵⁵thi³¹ŋju³⁵ 一指宽　　　　　　　thi³¹ʧhup³¹ 一握
宽　　　一　指　　　　　　　　　　一　握

第二节　动　量　词

　　普内语动量词是个封闭的类，不具有能产性，常见的有 ʧan³³ "次"、ʧɔ³⁵ "次、遍、声、顿"、la³¹ "下"、xɔp⁵⁵ "圈"、mjaŋ³⁵ "顿"、ni³³ "天"、la³¹ "脚"等。动量词修饰动词时多数位于动词后。例如：

la³¹pu³¹thaˀ⁵⁵ʧeˀ⁵⁵thi³¹ʧɔ³⁵ 打一次拳　　　ʧa³¹ʧeˀ⁵⁵thi³¹mjaŋ³⁵ 吃一顿
拳打　　　　　一　次　　　　　　　吃饭　一　顿

an³¹ ʧeˀ⁵⁵thi³¹ʧɔ³⁵ 读一遍　　　　　　　lom³¹ ʧeˀ⁵⁵thi³¹ʧɔ³⁵ 说一声
读　　　一　遍　　　　　　　　　　说话　　　一　声

sɔ⁵⁵ʧeˀ⁵⁵thi³¹ ʧɔ³⁵ 骂一顿　　　　　　　xau⁵⁵ ʧeˀ⁵⁵thi³¹ʧɔ³⁵ 喊一声
骂　　　一　顿　　　　　　　　　　喊　　　一　声

bɔ³¹xɔ⁵⁵li³³thi³¹ʧɔ³⁵ 下一场雨　　　　　thuuˀ⁵⁵ʧeˀ⁵⁵thi³¹la³¹ 踢一脚
雨　下　　一　场　　　　　　　　　踢　　　一　脚

pjam⁵⁵ʧeˀ⁵⁵thi³¹xɔp⁵⁵ 跑一圈　　　　　　ɛ⁵⁵ʧeˀ⁵⁵thi³¹ni³³ 走一天路
跑　　　一　圈　　　　　　　　　　走　　一　天

　　有的动量词在动词前，但通常要在动词后加动词标记 ʧeˀ⁵⁵。例如：

thi³¹la³¹ti³¹ʧeˀ⁵⁵ 打一下　　　　　　　　thi³¹ʧɔ³⁵e³³ ʧeˀ⁵⁵ 去一次
一　下　打　　　　　　　　　　　　一　次　去

thi³¹jaˀ⁵⁵ɛ⁵⁵ ʧeˀ⁵⁵ 走一步　　　　　　　thi³¹pliˀ⁵⁵ʧa³¹ʧeˀ⁵⁵ 咬一口
一　步　走　　　　　　　　　　　　一　口　咬

thi³¹tʃɔ³⁵ɛ³³tʃeˀ²⁵⁵ 去一趟

一　趟　去

第三节　量词的语法功能

量词必须与数词一起组合成数量短语修饰名词或动词。名量词在句中主要做名词的定语，但也可以做主语、宾语；动量词在句中主要做动词的状语、补语，也可做主语、宾语。例如：

一、名量词做主语、定语、宾语、谓语

（一）做主语

thi³¹khɔp⁵⁵khua³¹tʃɔŋ⁵⁵na³³tʃho³³jo³³pən³³tʃeˀ²⁵⁵.　　　　一户修了房子。

一　户　　　房子（宾）修　　完　（助）

（二）做定语

va³¹thi³¹mɔ̃³⁵pjam⁵⁵tʃeˀ²⁵⁵.　　　　　　　　　　一头猪跑了。

猪　一　头　跑　（助）

ju³³pɯn⁵⁵la³¹ka³³mu⁵⁵sai⁵⁵tʃe⁵³thi³¹so³¹moŋ³¹.　　　他们花了一个小时的时间。

他　们　时间　　　花（助）一　小时

（三）做谓语

a³³tʃa³¹na³³nu³¹sɔ̃⁵⁵ xɔˀ²⁵⁵mɔ̃³⁵ə³³.　　　　　　这饭是六个人的。

饭　这　　　人　六　个　的

ŋjɔ³³phaˀ²⁵⁵tʃeˀ²⁵⁵n̩et³¹ni³³.　　　　　　　　　他住两天了。

他　住　　两　天

（四）做宾语

xaŋ³¹thi³¹kho³¹tʃa³¹tʃeˀ²⁵⁵.　　　　　　　　　吃一碗。

饭　一　碗　吃（助）

ŋjɔ³³na³³bŭ³¹khap³¹thi³¹khu³³pji³¹tʃeˀ²⁵⁵.　　　给了他一双鞋子。

他（宾）鞋　子　一　双　给　（助）

二、动量词做状语、补语

（一）做状语

ŋjɔ³³thi³¹ja²⁵⁵thi³¹ja²⁵⁵ja²⁵⁵jo³³ɛ⁵⁵tʃe²⁵⁵.　　　　他一步一步地走。

他 一 步 一 步 走 （助）

thi³¹ni³³ja²⁵⁵jo³³ɛ⁵⁵tʃe²⁵⁵khɔ⁵⁵a³³lot³¹.　　　　走一天就到了。

一 天 走 就 到

sam³³la⁵⁵tu³³tʃie²⁵⁵.　　　　敲三下。

三 下 敲（助）

（二）做补语

ŋjɔ³³thɯ²⁵⁵tʃe²⁵⁵thi³¹la³¹.　　　　他踢一脚。

他 踢 （助） 一 脚

ga³³khɔ³¹ə³³le⁵⁵tʃe²⁵⁵ṇet³³tʃaŋ³³bja⁵³.　　　　我回了两次家。

我 家 回 （助） 两 次 了

63

第八章　动　　词

第一节　动词的主要特点

普内语的动词有以下几个特点：

（1）多是单音节的。有的单音节动词也能加上 a^{33}（可能是起双音节化的作用），但 a^{33}在句中可用可不用。如：tʃa^{33}/ a^{33}tʃa^{33} "有、在"。

（2）在说动词时都要在动词后加上一个动词标记 tʃe^{ʔ55}，使动词的意义更明确。例如 tʃa^{31} tʃe^{ʔ55} "吃"、tau^{31}tʃe^{ʔ55} "想"。有名动同形、动词的名物化。

（3）缺乏人称、数的变化，没有前缀也没有后缀。

（4）不能重叠。

（5）没有形态变化的使动范畴，使动义靠分析式表示。

（6）从类别上看，动词除了表示动作行为意义的词外，还有存在动词、判断动词、动名同形词。

（7）动词有丰富的体、态，其意义使用动词后的助词表示。如 theu^{31}（替）na^{33}（表示涉及双方），是"代替"义；ka^{ʔ55}（猜）jo^{55}（助）o^{31}（出），是"猜出"义。

第二节　动　词　类　别

一、动作动词

动作动词分及物动词和不及物动词两类。不及物动词如：

khɯ^{31}xɯ̃^{55}tʃe^{ʔ55}. 狗叫。

狗　叫（助）

mu^{31}sɯ^{53}bja^{53}. 马死了。

马　死（助）

及物动词所带的宾语如果是与人或动物有关系的名词和代词，需要加宾语助词 na^{33}确认是受事；若宾语是其他名词，为了强调宾语，也可以在它的后面加 na^{33}，但多数可以不加。例如：

ga³³nǎ³³na³³ti³¹tʃeʔ⁵⁵.　　　　　　　　　　我打你。

我　你（宾）打（助）

nã³³gǎ³³（gə³³）na³³ ti³¹tʃeʔ⁵⁵ .　　　　　你打我。

你　我　　　（宾）打（助）

ga³³ ŋɔ³³（ŋjã³³）na³³ti³¹tʃeʔ⁵⁵.　　　　我打他。

我　他　　　（宾）打（助）

khɯ³¹mji³³thi³¹mɔ̃³⁵na³³the³¹jo⁵⁵sɯ⁵³tʃeʔ⁵⁵.　狗咬死了一只猫。

狗　猫　一　只（宾）咬（连）死（助）

双及物动词：部分动词可以带双宾语，一个是间接宾语，一个是直接宾语。间接宾语在直接宾语之前，间接宾语要使用强制性的格标记 na³³。

ga³³ŋjɔ³³na³³ pɔp⁵⁵tʃhi³¹tʃe ʔ⁵⁵.　　　　我借书给他。

我　他（宾）书　借（助）

ga³³ŋjɔ³³na³³ pɔp⁵⁵pji³¹tʃe ʔ⁵⁵thi³¹pɔp⁵⁵.　我给他一本书。

我　他（宾）书　给　　一　　本

ga³³nǎ³³na³³phju⁵⁵tʃhi³¹tʃeʔ⁵⁵.　　　　我借钱给你。

我　你（宾）钱　借　（助）

二、存在动词

普内语表示某处存在某物用动词 a³³tʃa³³ "有、在"，可以用在是人或物的宾语上。例如：

gɯ³¹tʃaŋ⁵³sã⁵⁵a³³tʃa³³.　　　　　　　我家有人。

我　家　人　有

ŋjɔ³³tʃaŋ⁵⁵phju⁵⁵a³³tʃa³³.　　　　　你家有钱。

他　家　钱　有

nã⁵⁵man³¹puŋ³¹a³³bun⁵⁵a³³tʃa³³.　　　你有口福。

你　口福　　　　　有

三、判断动词

普内语本族语没有判断动词，表达判断是用主语与谓语直接组合，主语后加话题助词 nu³¹，谓语是名词。例如：

65

ga³³nu³¹phu³¹nɔi⁵⁵ba³¹.　　　　我是普内族。

我（话）普内族

nã⁵⁵nu³¹phu³¹nɔi⁵⁵ba³¹.　　　　你是普内族。

你（话）普内族

ŋjɔ³³nu³³phu³¹nɔi⁵⁵ba³¹.　　　　他是普内族。

他（话）普内族

gu⁵⁵pɯŋ⁵⁵ nu³³phu³¹nɔi⁵⁵ba³¹.　　我们是普内族。

我　们（话）普内族

nu³³pɯŋ⁵⁵nu³³phu³¹nɔi⁵⁵ba³¹.　　你们是普内族。

你　们（话）普内族

ju³³pɯŋ⁵⁵nu³³phu³¹nɔi⁵⁵ba³¹.　　他们是普内族。

他　们（话）普内族

但由于受到老挝语的影响，多数人在句子中吸收了老挝语的判断动词 pjen⁵⁵ "是"来表达判断。判断词位于句末。这种句型是语言接触的产物。例如：

ga³³dai³¹khu³¹pjen⁵⁵tʃeʔⁱ⁵⁵.　　　我是老师。

我　老师　是　（助）

ga³³nu³¹　dai³¹khu³¹pjen⁵⁵tʃeʔⁱ⁵⁵.　我是老师。

我（话题）老师　是　（助）

ga³³dai³³khu³¹m³¹pjen⁵⁵.　　　　我不是老师。

我　老师　不　是

nã³³dai³³khu³¹ pjen⁵⁵ tʃeʔⁱ⁵⁵la⁵³?　你是老师吧？

你 老师　是　（助）（语）

phaʔⁱ⁵⁵ŋjat⁵⁵pjen⁵⁵na³³bja⁵³.　　是病了。

病　　　是　　了

四、与宾语名词同形的动词

普内语有的动词来自与它结合的宾语名词，又称反响型动词。宾语名词若是双音节的，多取后一个音节当动词。例如：

xja³³u³³u⁵⁵　（鸡）下蛋　　　　　　up³¹ba³³ba³³　　做梦

鸡蛋　下　　　　　　　　　　　　梦　做

ji³¹lɔŋ³³lɔŋ³³　坐月子　　　　　　 tĩ³¹ka³¹ka³¹　　穿裙子

月子　坐　　　　　　　　　　　　裙子　穿

tin⁵⁵soŋ³¹soŋ³¹ 穿鞋　　　　　　　　mu³¹bjap³¹bjap³¹　打闪

鞋　　穿　　　　　　　　　　　　闪　　打

a³³mji⁵⁵mji⁵⁵ 起名　　　　　　　　　phe³¹pu³¹pu³¹　　盖铺盖

名字　起　　　　　　　　　　　　铺　盖盖

第三节　动词的使动态

普内语的动词有自动、使动的区别。原始藏缅语有使用形态变化表示自动、使动的语法形式，这在普内语已消失殆尽，已被分析性手段所代替。现主要使用分析性手段，即在自动词前加 tu³³ "弄" 表示使动。如表 8-1 所示：

表 8-1　普内语动词与使动区别表

自动态	使动态
tʃɔ⁵⁵ŋjɔ⁵⁵lĩ³³tʃe⁷⁵⁵. 房子自己垮了。	ŋjɔ³³tʃɔ⁵⁵ na³³tu³³lĩ³³tʃe⁷⁵⁵. 他弄垮了房子。
房子自己 垮（助）	他 房子（宾）弄 垮（助）
ɭap⁵⁵tʃɛn⁵⁵na³³bja⁵³. 衣服湿了。	ŋjɔ³³tu³³tʃɛn⁵⁵bi³¹ tʃe⁷⁵⁵. 他弄湿了。
衣服 湿（宾）（助）	他 弄湿 （助）
ŋjɔ³³uŋ⁵⁵tʃe⁷⁵⁵. 他哭了。	ga³³ŋjɔ³³na³³ tu³³uŋ⁵⁵tʃe⁷⁵⁵. 我把他弄哭了。
他 哭（助）	我 他（宾）弄哭 （助）
	ŋjɔ³³ti³¹tu³³uŋ⁵⁵tʃe⁷⁵⁵. 他弄哭了。
	他 打弄哭 （助）

第四节　动词体、态等语法意义的表示方法

一、动词的语法形式及意义

普内语的动词有丰富的语法意义。其语法形式是在动词后加助词表示。常用的有以下一些：

（一）tʃe⁷⁵⁵

tʃe⁷⁵⁵是动词的标记，通常位于动词后，即在句子的末尾，但也有少量位于句中。即便是动词单用时，母语人也都要带上它，使听者明确是指动词。其来源不明。例如：

（1）ŋjɔ³³a³³ja³¹na³³tau³¹tʃe⁷⁵⁵.　　　　　　她想孩子了。

她 孩（宾）想 （助）

67

（2）a³³ja³¹ŋjɔ³³na³³tau³¹tʃe²⁵⁵.　　　　　　孩子想她了。

　　孩子 她（宾）想 （助）

（3）ŋjɔ³³lɔ̃³³bum⁵⁵tʃe²⁵⁵thi³¹pum³³.　　　　他含着一口水。

　　他 水 含 （助）一 口

（4）ga³³ɯ⁵⁵sɯ⁵⁵sɯ⁵⁵ tʃe²⁵⁵.　　　　　　　我抿着嘴笑。

　　我 笑 抿着嘴（助）

（二）ŋji⁵⁵ "正在"

　　ŋji⁵⁵表示动作行为正在进行之中，使用时往往也使用时间词 ŋjam⁵⁵mə³³ "现在"。ŋji⁵⁵是由动词的 ŋji⁵⁵ "在" 虚化而来的。例如：

（1）（ŋjam⁵⁵mə³³）ga³³tʃa³¹ŋji⁵⁵.　　　　　我正在吃。

　　现在　　我 吃 正在

（2）（ŋjam⁵⁵mə³³）gu⁵⁵pɯŋ⁵⁵a⁵⁵kɯŋ³¹tʃap⁵⁵ŋji⁵⁵. 我们正在洗衣服。

　　现在　　我们　　衣服洗　　正在

（3）（ŋjam⁵⁵mə³³）xja³³pha³¹tan⁵⁵ŋji⁵⁵.　　公鸡在叫。

　　现在　　鸡 公 叫 正在

（4）（ŋjam⁵⁵mə³³）ŋjɔ³³mjaŋ³³va³³ŋji⁵⁵.　　他在工作。

　　现在　　他 工作　正在

（5）ŋjɔ³³ŋjam⁵⁵mə³³xan³¹tʃa³¹ŋji⁵⁵.　　　　他吃着饭。

　　他 现在　饭吃 正在

（6）ŋjam⁵⁵mə³³ la³³kɔ³³phuŋ³³ŋji⁵⁵.　　　　门开着。

　　现在　　门 开　　正在

（三）na³³

　　na³³表示涉及双方义，用在动词后，使用频率很高。由于与动词结合很紧，有的已融为复合词，表示含有双方意义的词。例如：

then³¹na³³ 代替　　　　　a⁵⁵maŋ⁵⁵teŋ³³na³³ 打扮　　　lom³¹na³³ 答应

代替　　　　　　　　样子 打扮　　　　　答应

ta³³na³³ 猜谜　　　　　ŋjɔ³¹na³³ phjit⁵⁵得罪　　　tʃun⁵⁵na³³调

猜谜　　　　　　　　得罪　　　　　　　　调

tʃhuɯ³¹na³³ 分手　　　səm³³ na³³焊　　　　　pha⁵⁵na³³换

分手　　　　　　　　焊　　　　　　　　　换

例句：

（1）ga³³ŋjɔ³³then³¹na³³tʃeʔ⁵⁵.　　　　　　我代替他了。

　　　我　他　代替（助）（助）

（2）ga³³ŋjɔ³³lom³¹na³³tʃeʔ⁵⁵.　　　　　　我答应他了。

　　　我　他　答应（助）（助）

（3）a³³ja³¹kan³³jo³³pen⁵⁵na³³tʃeʔ⁵⁵.　　　孩子会写了。

　　　孩子　写（助）会（助）（助）

（4）sam⁵⁵səm³³na³³tʃeʔ⁵⁵.　　　　　　　焊铁了。

　　　铁　　焊（助）（助）

（5）gu⁵⁵pɯŋ⁵⁵pha⁵⁵na³³tʃeʔ⁵⁵.　　　　　我们交换了。

　　　我们　　交换（助）（助）

（6）ju³³pɯŋ⁵³tʃhɯŋ³¹na³³tʃeʔ⁵⁵.　　　　他们分手了。

　　　他们　　分手（助）（助）

（7）ṇap³¹tan⁵⁵to³³na³³tʃeʔ⁵⁵.　　　　　手镯接起来了。

　　　手镯　　接（助）（助）

（8）ŋjɔ³³au⁵⁵tʃa³¹na³³tʃeʔ⁵⁵.　　　　　他结婚了。

　　　他　结婚　（助）（助）

（四）meʔ⁵⁵ "要"

　　　meʔ⁵⁵ "要" 用于动词后表示 "将要"。

　　　ga³³ kə³³tʃeʔ⁵⁵ɛ⁵⁵meʔ⁵⁵.　　　　　　我要去看。

　　　我　看　　去　要

　　　ju³³pɯŋ⁵⁵ net³¹ma³⁵xaŋ³¹tʃa³¹ɛ⁵⁵meʔ⁵⁵. 他们要去吃饭。

　　　他们　　　　饭　吃　去　要

　　　ŋjɔ³³la³³kɔ³³phuŋ³³tʃeʔ⁵⁵ɛ⁵⁵meʔ⁵⁵.　他要去开门。

　　　他　门　开　　去　要

（五）ja³³ "过"

　　　ja³³ "过" 用于动词前或动词后表示动作是曾经发生的。例如：

（1）ga³³xo⁵⁵ba³¹m̥ɯ⁵³ə³¹ja³³lɛ³³.　　　　　我去过中国。

　　　我　中国　地方（方）过去

69

（2）gu⁵⁵pɯŋ⁵⁵ja³³tʃa³¹a³³bja⁵³.　　　　　　我们吃过了。

　　我们　　过吃　　了

（3）ju³³pɯŋ⁵⁵ja³³ɛ³³bja⁵³.　　　　　　　他们去过了。

　　他们　　过去　　了

（六）pən⁵⁵ "了"、khɔ³³ "完"、bja⁵³ "了"

pən⁵⁵ "了"、khɔ³³ "完"、bja⁵³ "了" 表示动作发生了变化或新情况的出现。位于动词后。例如：

（1）dai³¹khu³¹da⁵⁵sɯ⁵⁵bɔʔ³¹jo³³pən⁵⁵ɛ⁵⁵mɛ⁵⁵.　　　老师教完课去。

　　老师　　课　教　　完　去要

（2）nã⁵⁵ə⁷⁵⁵a⁵⁵xu³¹ja³¹kha³¹bja⁵³m̩ji⁵⁵ni³³ə⁷⁵⁵ɛ⁵³bja⁵³.　你姐姐昨天去了。

　　你　的姐姐　　　　昨天　去　了

（3）ga³³tʃeu³³khɔ³¹bja⁵³thi³¹khɔ³¹.　　　　　我吃了一碗饭。

　　我　吃　完　了　一　碗

（4）ga³³tʃeu³⁵khɔ³³bja⁵³.　　　　　　　　我吃完了。

　　我　吃　光　了

（七）jo³³

jo³³：原是连接连动关系的连词，但虚化后用在状语和中心语之间、述语和补语之间做状语、补语标记。例如：

van³³jo³³tʃə³³tʃe⁷⁵⁵	拧紧	tʃhi⁵⁵tʃha³¹jo³³ɛ⁵⁵tʃe⁷⁵⁵	离开
拧（助）紧		放下　（助）去	
l̩um³⁵jo³³lo⁵⁵bji³¹tʃe⁷⁵⁵	热一下	ka⁷⁵⁵jo⁵⁵o³¹tʃe⁷⁵⁵	猜出
热（助）热 给		猜（助）出	
thi³¹vap⁵⁵jo³³tʃhi⁵⁵ tʃe⁷⁵⁵	蒙盖	tau³¹jo³³o⁷³¹la³¹tʃe⁷⁵⁵	想起
蒙　（助）盖		想（助）出来	
tu⁵⁵jo³³pha⁵⁵tʃe⁷⁵⁵	砸破	van³³jo³³tʃə³³tʃe⁷⁵⁵	拧紧
砸（助）破		拧（助）紧	
l̩oŋ⁵⁵jo³³ɛ⁵⁵bja⁵³	炸开	pjəu³³jo³³ok³¹li³¹tʃe⁷⁵⁵	溢出来
炸（助）开		溢　（助）出 来	
ja⁷⁵⁵jo³³ ɛ⁵⁵tʃe⁷⁵⁵	走	da⁵⁵sɯ⁵⁵xjen³¹jo³³pən⁵⁵na³³bja⁵³	毕业了
走（助）去		文字　学习（助）完　了	

nã³³ a³³teu³¹jo³³ja⁵⁵u²³¹! 你快走吧！　　sɔ̃⁵⁵jai⁵⁵jo³³ɛ⁵⁵tʃe⁷⁵⁵. 人（散）去了。

你　快　（助）走　吧　　　　　人　散（助）　走

ŋjɔ³³tʃi³³jo³³phjit⁵⁵bja⁵³. 他做错了。

他　做　（助）错　了

mjaŋ³³va³⁵jo³³pən³³（na³³）bja⁵³. 事做完了。

事　　做（助）完　　　了

mjaŋ³¹tʃi³³jo³³pən⁵⁵bi³¹ban⁵³khjeu³³di³¹jeu⁵³. 做完事回家了。

事　做（助）完　回家　　和　去

二、动词的句法功能

动词的句法功能主要是在句中做谓语，此外还能做状语、定语、主语。

（一）充当谓语

ŋjɔ³³uŋ⁵⁵tʃe⁷⁵⁵.　　　　　　他哭了。

他　哭　了

bĩ³¹mut⁵⁵tʃe⁷⁵⁵.　　　　　　火点了。

火　点　了

bĩ³¹luŋ⁵⁵tʃe⁷⁵⁵/bja⁵³.　　　　火烧起来了。

火　烧　（助）/了

ŋjɔ³³ ta³³li³¹ tʃe⁷⁵⁵.　　　　他摔倒了。

他　掉　　（助）

ŋjɔ³³xaŋ³¹tʃa³¹tʃe ⁷⁵⁵.　　　他吃饭了。

他　饭　吃（助）

ŋjɔ³³la⁵⁵bat³¹da⁵⁵bja⁵³.　　　他渴了。

他　水　渴　　了

mji³¹vat⁵⁵phon³¹tʃe⁷⁵⁵ .　　　花开了。

花　　　开　（助）

gu⁵⁵puŋ⁵⁵tʃã⁵⁵ɛ⁵⁵bja⁵³.　　　我们回家了。

我们　　家　回（助）

a³³ja³¹tʃam⁵⁵pja⁵⁵phja³¹tʃe⁷⁵⁵tʃe⁷⁵⁵.　　　孩子在爬墙。

孩子　爬墙　　　　（助）

ba²³¹ kɔ̃³¹pha³¹kɔ³³tʃe³³a³³lam³¹ja⁵³tʃə⁵⁵.　　　　妈妈煮了很多菜。

妈妈菜　　　煮　　很多　　　了

da⁵⁵suɯ⁵⁵xen³¹tʃhɔ̃³¹xɔ³³xjen³¹də³³lau⁵³bja⁵³.　　同学来这个教室了。

同学　　　　　　教室　　这个来　了

a³³tʃa³¹a³³tʃhau³³kɔ³³jo³³vat³¹tʃeʔ⁵⁵.　　　　　好吃的藏起来了。

吃的　好　　　起来　藏　（助）

ŋjam⁵⁵ŋi³³nu³¹gu⁵⁵puɯ⁵⁵lã³³oŋ⁵⁵tʃeʔ⁵⁵.　　　　我们今天游泳。

今天　（话）我们　　水　游泳

ja³¹kat⁵⁵ja³¹khat⁵⁵dɛ⁵⁵, ŋjɔ̃³³na³³khu³³la³³bɔ̃³¹tʃeʔ⁵⁵.　　小孩害怕，别吓唬他了。

小孩　　害　怕　他　（宾）　吓唬　别

（二）充当状语

ŋjɔ³³dau³³bɯ³³jo³³ɛ⁵³mɛ³³.　　　　　　　　他想去。

他　想　　（助）去　要

ŋjɔ³³ a³³xup⁵⁵kə³³ja⁵⁵ba⁵⁵tʃeʔ⁵⁵.　　　　　他躲着看电视。

他　电视　看　　躲　（助）

（三）充当定语

sɔ̃⁵⁵ŋa⁵⁵ba³¹ (puɯ⁵⁵) a³³lam³¹ja⁵³.　　　来听的人很多。

人　听　人　群　很多

sɔ̃⁵⁵a³³ɛ⁵⁵ŋjau⁵⁵ɛ⁵⁵khɔ³³bja⁵³.　　　　　想去的人去了。

人　去想　　去　　了

（四）充当补语

ŋjɔ³³ tʃi³³jo³³a⁵⁵mi⁵⁵tʃa³¹.　　　　　　他能做了。

他　做（助）能　　了

ga³³lau³³ə³³ɛ⁵⁵ŋjau⁵⁵ŋji³³.　　　　　　　我想去老挝。

我　老挝　去　想　正在

ŋjɔ³³ni⁵⁵jo³³tʃa³⁵ tʃeʔ⁵⁵.　　　　　　　他坐着吃。

他　坐（助）吃（助）

ŋjɔ³³xuɯŋ³¹jo³³ ta³³li³¹tʃeʔ⁵⁵.　　　　　他摔下来。

他　倒（助）掉下来

（五）充当主语

$tʃa^{31}ŋji^{55}a^{33}lam^{31}ja^{53}$.　　　吃得很多。

吃　正在很多

$n̥a^{55}ŋji^{55}a^{33}lam^{31}ja^{53}$.　　　听的很多。

听　正在很多

第九章 形 容 词

普内语的形容词虽有自身的一些特点，但也有与动词相同的特点。我们考虑还是另立词类为好。

第一节 形容词的前缀

普内语形容词多带 a³³前缀，这是区别于动词的主要特征。但前缀在进入短语或句子时多丢失。

a³³n̥ɛ⁵⁵ 红	a³³an⁵⁵ 黄	a³³ŋju⁵⁵ 绿
a³³ sɔ̃⁵⁵ 亮	a³³tha³³ 锋利	a³³luɪ⁵⁵ 肥
a³³ŋju⁵⁵ 瘦	a³³kju³⁵ 清楚	a³³bon³¹ 好听
a³³kjen³¹ba³³ 牢固	a³³num³⁵ja³¹ 绵	a³³lṳ⁵⁵（天气）热
a³³tau³¹khɯt³¹ 孝顺	a³³xɛ̃³¹a³³xai⁵⁵ 强	a³³khaŋ⁵⁵a³³tʃa³³ 活（的）
a³³khɯt³¹a³³en⁵⁵ 聪明	a³³teu³¹lau⁵³ 快快地	a³³kjen³¹a³³sat⁵⁵ 硬邦邦

也有极少数形容词能重叠。例如：

fan³¹fan³¹	慢慢地	thi³¹lɛn³⁵thi³¹lɛn³⁵	一模一样
ŋju⁵⁵ŋju⁵⁵	绿绿的	kuɛ³¹kuɛ³¹lə⁵⁵lə⁵⁵	弯弯曲曲
a⁵⁵m̥jin³¹a⁵⁵m̥jin³¹	好好地	a³³ŋju⁵⁵ ŋju⁵⁵plai³¹ plai³¹	花花绿绿

第二节 形容词的类别

普内语形容词可分为性质形容词和状态形容词两类。状态形容词是在性质形容词上加 jɔ³⁵，表示状态的加深。 例如：

性质形容词	状态形容词
a³³n̥ɛ⁵⁵ 红	an⁵⁵n̥ɛ⁵⁵jɔ³⁵ 红艳艳
a³³kha³¹ 苦	a³³kha³¹jɔ³⁵ 苦苦的
a³³ŋju⁵⁵ 绿	a³³ŋju⁵⁵jɔ³⁵ 绿油油

a³³ti⁵⁵　宽	a³³ti⁵⁵jɔ̃³⁵ 宽宽的
a³³kɯ³³　干	a³³kɯ⁵⁵jɔ̃³⁵　干干的
a³³tʃen⁵⁵　湿	lã⁵⁵tʃen⁵⁵jɔ̃³⁵　湿湿的
a³³jaŋ⁵⁵　轻	a³³jaŋ⁵⁵jɔ̃³⁵　轻飘飘

第三节　形容词的位序

　　形容词修饰名词时位于名词之后，不能移位到名词之前。这是普内语形容词区别于其他藏缅语形容词的重要特点。其他藏缅语形容词可在名词后，也可在名词前。[①]例如：

lɔ̃⁵⁵ tʃiʔ²⁵⁵　冷水	a⁵⁵kɯŋ³³sɯʔ³¹　新东西
水　冷	东西　新
tʃa³³ba⁵³ja³¹　小路	nam⁵⁵（a³³）da³³　黑布
路　　小	布　　黑
lă³³kɔ̃⁵⁵ja³¹　小鼻子	lă³³kɔ̃⁵⁵baʔ³¹　大鼻子
鼻子　小	鼻子　大
tʃă⁵⁵baʔ²⁵⁵a⁵⁵ti⁵⁵ 宽路	lɔ̃³¹koŋ³¹si³¹da³³　黑豆
路　　宽	豆　　黑
teu⁵⁵a³³n̥e⁵⁵　红裤子	m̥u⁵⁵n̥ɛ⁵⁵a³³bə³¹tʃə³⁵ 大红菌
裤子　红	菌　红　大
lɔ̃³¹phji⁵⁵si³¹n̥ɛ⁵⁵ 红辣椒	a³³mɔ̃⁵⁵a³³bə³¹　大个子
辣椒　　红	个子　大
lɔ̃³¹khua³³a³³ŋju⁵⁵ 绿豆	tʃă⁵⁵baʔ²⁵⁵a⁵⁵ti⁵⁵ŋju⁵⁵ 宽宽的路
豆　　绿	路　　宽宽的
maʔ²⁵⁵kjĩ³⁵si³¹a⁵⁵an⁵⁵ 红桔子	maʔ²⁵⁵kjiŋ³⁵si³¹a⁵⁵an⁵⁵ŋju⁵⁵ 红通通的桔子
桔子　　　红	桔子　　　红通通

① 戴庆厦，傅爱兰. 2002. 藏缅语的形修名语序. 中国语文，（4）：373–379。

第四节　形容词的句法功能

一、充当定语

tʃa³³ba⁵³lɛp³¹ə⁵⁵tʃĩ⁵⁵ ba³³thi³¹tʃĩ⁵⁵a³³tʃia³³. 路边有一棵大树。

路边　　　树　大　一树　有

xja³³pha³¹ba³³tan⁵⁵ŋji³³. 大公鸡在叫。

公鸡　　大　叫　正在

二、做谓语

ŋjɔ³³a³³lui⁵⁵，ga³³a³³ŋju⁵⁵.　　　　他胖，我瘦。

他　胖　　我　瘦

kho³¹na⁵⁵si³¹ pha³³tʃe²⁵⁵.　　　　这个碗破了。

碗　这个　破　了

a³³xu⁵⁵ŋjaŋ³³xu⁵⁵nu³¹a⁵³bə³¹.　　　那个房间很大。

房间　那　房间个　很大

三、充当状语

nã³³a³³teu³¹ja²⁵⁵jo³³.　　　　你快点走吧。

你快点　走　吧

nã³³a³³fan³¹ne³³lom³⁵mu³³.　　　　你慢慢说。

你　慢慢　　说

四、充当补语

kho³¹tu³³pha³³ bja⁵³.　　　　碗打破了。

碗　打　破　了

xã³¹sa³¹jo³³mji³³bja⁵³.　　　　米蒸熟了。

米　蒸　熟　了

kɔ³¹pha³¹ sɔi³¹jo³³a³³ji⁵⁵ja³¹pen³³tʃe²⁵⁵. 菜切小了。

菜　切　小　　成（助）

ka³¹sə³¹tum³³sə³¹lap³¹jo³³kɯ⁵³bja⁵³. 衣服晒干了。

衣服　　　晒　然后　干　了

第十章 关系助词

普内语的关系助词，根据表示的结构关系，可分为表示并列关系和表示偏正关系的两种。分述如下。

第一节 并列关系助词

并列关系助词主要有以下一些：

一、khǎ⁵⁵ne⁵⁵、khjəu³³ "和、与、也"

连接名词、代词、动词、形容词、数词、名词性的短语和并列复句。连接动词、形容词、数词时可省略。其位置在被连接的成分之间。可用另一个词的加括号表示。例如：

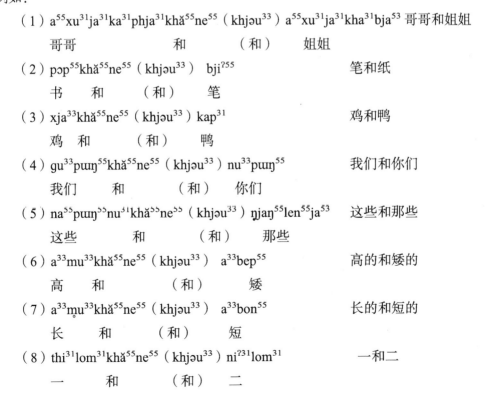

（1）a⁵⁵xu³¹ja³¹ka³¹phja³¹khǎ⁵⁵ne⁵⁵（khjəu³³）a⁵⁵xu³¹ja³¹kha³¹bja⁵³　哥哥和姐姐
　　　哥哥　　　　　和　　　（和）　　姐姐

（2）pɔp⁵⁵khǎ⁵⁵ne⁵⁵（khjəu³³）bji⁷⁵⁵　　　　　　　　　笔和纸
　　　书　和　　（和）　　笔

（3）xja³³khǎ⁵⁵ne⁵⁵（khjəu³³）kap³¹　　　　　　　　　鸡和鸭
　　　鸡　和　　（和）　　鸭

（4）gu³³pɯŋ⁵⁵khǎ⁵⁵ne⁵⁵（khjəu³³）nu³³pɯŋ⁵⁵　　　　我们和你们
　　　我们　　和　　（和）　　你们

（5）na⁵⁵pɯŋ⁵⁵nu³¹khǎ⁵⁵ne⁵⁵（khjəu³³）ŋjaŋ⁵⁵len⁵⁵ja⁵³　这些和那些
　　　这些　　　　和　　　（和）　　那些

（6）a³³mu³³khǎ⁵⁵ne⁵⁵（khjəu³³）a³³bep⁵⁵　　　　　　高的和矮的
　　　高　和　　（和）　　矮

（7）a³³m̥u³³khǎ⁵⁵ne⁵⁵（khjəu³³）a³³bon⁵⁵　　　　　　长的和短的
　　　长　和　　（和）　　短

（8）thi³¹lom³¹khǎ⁵⁵ne⁵⁵（khjəu³³）ni⁷³¹lom³¹　　　　　一和二
　　　一　　和　　（和）　　二

（9）sum³⁵lom³¹khǎ⁵⁵ne⁵⁵（khjəu³³）xan³¹lom³¹　　　　三和四

　　　三　　　和　　　（和）　　四

（10）ŋjɔ³³phu³¹nɔi³⁵tʃɛ³¹a³³khɯt³¹, khjəu³³lau³¹tʃɛ³¹a³³khɯt³¹.

　　　他　普内　说　知道　　也　老挝说　知道

他会普内语，也会老挝语。

例（6）至（9）例句中的连词可省略。

若被连接的词有两个以上，khǎ⁵⁵ne⁵⁵、khjəu³³放在最后两个词之间，例如：

（1）mu⁵⁵ji³¹pjoŋ³⁵khǎ⁵⁵ne⁵⁵a³³ji³¹bji³¹　　　　　　父亲、儿子和女儿

　　　父亲儿子　　　和　　　女儿

（2）gu³³pɯŋ⁵⁵nu³³pɯŋ⁵⁵khjəu³³ju³³pɯŋ⁵⁵　　　　　　我们、你们和他们

　　　我们　　你们　　和　　他们

名词并列，最后用一个四音格的类别名词以示"等等"，类别名词和前一个名词之间的 khǎ⁵⁵ne⁵⁵、khjəu³³可用可不用。例如：

（1）ma²³¹pɔm³¹si³¹ma²³¹man³⁵si³¹（khǎ⁵⁵ne⁵⁵）si³¹si³¹loŋ³¹si³¹　　苹果、梨子等

　　　苹果　　　　　梨子　　（和）　　水果类

（2）xo⁵⁵dom³¹kɔ̃³¹ba³³xom³⁵（khjəu³³）a³³xom⁵⁵loŋ³¹xom³⁵　　　　薄荷、香菜等

　　　薄荷　香菜　　　（和）　　香料类

（3）xu³¹ja³¹ka³¹phja³¹nu³¹ja³¹ka³¹phja³¹（khjəu³³）kǎ³¹le²⁵⁵ba³¹pɯŋ⁵⁵　哥哥、弟弟等

　　　哥哥　　　　　弟弟　　（和）　　兄弟姐妹类

（4）l̥ap⁵⁵teu⁵⁵（khjəu³³）khǎ⁵⁵tʃə⁵⁵lə̃⁵⁵tʃə⁵⁵　　　　衣服、裤子等

　　　衣服裤子　（和）　衣服鞋子类

二、tap⁵⁵……tap⁵⁵ "又……又"、"边……边"

连接两个并列的词或分句。例如：

（1）tap⁵⁵bə³¹tap⁵⁵m̥u³³　　又大又长　　　tap⁵⁵tʃhen⁵⁵tap⁵⁵tʃhau³³　又酸又甜

　　　又　大　又　长　　　　　　又　酸　又　甜

（2）tap⁵⁵ɯŋ⁵⁵tap⁵⁵ɯ⁵⁵　　又哭又笑　　　tap⁵⁵mɯ⁵⁵tap⁵⁵jən⁵⁵　　边唱边跳

　　　边　哭　边　笑　　　　　　　边　唱　边　跳

（3）ŋjɔ³³ xaŋ³¹tap⁵⁵tʃa³¹,tho³¹la²⁵⁵that⁵⁵tap⁵⁵kɔ³³.　他一边吃饭，一边看电视。

　　　他　饭　又　吃　电视　　又　看

三、khjəu³³（di³¹）

承接两个前后发生的动作行为。例如：

（1）na⁵⁵xaŋ³¹ʧa³¹ban⁵³, khjəu³³di³¹jup³¹eu⁵³!　　　　　　　你先吃饭，然后去睡觉！

　　　你　饭　吃　先　　然后　　睡觉去

（2）na⁵⁵lǎ³¹pu³¹xi³¹ban⁵³, khjəu³³di³¹xaŋ³¹ʧa³¹ eu⁵³!　　　　你先洗手，然后去吃饭！

　　　你　手　　洗　先　　然后　　　饭　吃　去

四、ba³¹a³⁵ "不只、不但"

连接递进关系的分句，用在前一分句之后，还可与 "khjəu³³jom³⁵" 配合使用。例如：

（1）ŋjɔ³³mu³³ŋji⁵⁵ja³¹ba³¹a³⁵, khjəu³³jom³⁵a³³lui⁵⁵.　他不但高，而且胖。

　　　他　高　在　不是　还　　胖

（2）ŋjɔ³³lom³¹khuut³¹ŋji³⁵ja³¹ba³¹a³⁵, khjəu³³jom³⁵kan³³jo³⁵a³³pen⁵⁵.

　　　他　说　知道　在　　不是　　还　　　写（助）会

　　　他不但会说，还会写。

五、la³¹……ba³⁵（ɣ）a³⁵……la³¹ "还是"

可连接选择分句，其 "la³¹" 的位置既可以位于动词之前，也可居其后。例如：

（1）na⁵⁵də⁵⁵ʧe⁷⁵⁵ la³¹, ba³⁵（ɣ）a³⁵ŋjɔ³³ la³¹ də⁵⁵ʧe⁷⁵⁵? 你对，还是他对？

　　　你 对（助）（语）还是　　　他（语）对（助）

（2）na⁵⁵ la³¹ də⁵⁵ʧe⁷⁵⁵, ba³⁵（ɣ）a³⁵ŋjɔ³³la³¹ də⁵⁵ʧe⁷⁵⁵? 你对，还是他对？

　　　你（语）对（助）　还是　　　他（语）对（助）

（3）na⁵⁵də⁵⁵ʧe⁷⁵⁵ la³¹, ba³⁵（ɣ）a³⁵ŋjɔ³³də⁵⁵ ʧe⁷⁵⁵ la³¹? 你对，还是他对？

　　　你 对（助）（语）还是　　　他　对（助）（语）

（4）na⁵⁵ la³¹ də⁵⁵ʧe⁷⁵⁵, ba³⁵（ɣ）a³⁵ŋjɔ³³də⁵⁵ʧe⁵⁵ la³¹? 你对，还是他对？

　　　你（语）对（助）还是　　　他 对（助）（语）

（5）xja³³vɯ⁵⁵ʧe⁷⁵⁵ la³¹, ba³⁵（ɣ）a³⁵kap³¹la³¹ vɯ⁵⁵ʧe⁷⁵⁵? 买鸡，还是买鸭？

　　　鸡 买（助）（语）还是　　　鸭（语）买（助）

（6）xja³³vɯ⁵⁵ ʧe⁷⁵⁵ la³¹, ba³⁵（ɣ）a³⁵kap³¹la³¹ vɯ⁵⁵ʧe⁷⁵⁵? 买鸡，还是买鸭？

　　　鸡 买（助）（语）还是　　　鸭（语）买（助）

（7）xja³³la³¹ vɯ⁵⁵ tʃe²⁵⁵, ba³⁵（ɣ）a³⁵kap³¹la³¹vɯ⁵⁵tʃe²⁵⁵?　买鸡，还是买鸭？

　　　鸡（语）买（助）　还是　　　鸭（语）买（助）

（8）xja³³vɯ⁵⁵tʃe²⁵⁵　la³¹, ba³⁵（ɣ）a³⁵kap³¹vɯ⁵⁵tʃe²⁵⁵la³¹?　买鸡，还是买鸭？

　　　鸡　买（助）（语）还是　　　鸭　买（助）（语）

la³¹为什么能居于动词之前，尚未得到解释。

第二节　偏正关系助词

普内语的偏正关系助词有宾语助词、定语助词、话题助词、方位助词、状语助词、随同助词等六类。分述如下。

一、宾语助词

普内语不是所有的宾语都要使用宾语助词 na³³。使用的条件主要是：凡能发出施动行为并与人有关的名词或代词如人称代词、人名、亲属称谓等做宾语时，需要加na³³。例如：

（1）na⁵⁵ŋjɔ³³na³³ bo²³¹tʃe²⁵⁵.　　　　　　　　　　你告诉他。

　　　你 他（宾）告诉（助）

（2）dai³¹khu³¹ŋjɔ³³na³³da⁵⁵sɯ⁵⁵kan³³jo³³ bo²³¹tʃe²⁵⁵.　老师教他写字。

　　　老师　　他（宾）字　　写（助）教（助）

（3）ga³³ŋjɔ³³na³³ pɔp⁵⁵pji³¹tʃe²⁵⁵thi³¹pɔp⁵⁵.　　　我给他一本书。

　　　我 他（宾）书　给（助）一 本

（4）ŋjɔ³³ ba²⁵⁵ na³³ tau³¹tʃe²⁵⁵.　　　　　　　他想母亲了。

　　　他 母亲（宾）想（助）

（5）ba²⁵⁵ ŋjɔ³³na³³ ti³¹ tʃe²⁵⁵.　　　　　　　母亲打他。

　　　母亲 他（宾）打（助）

如果宾语是不能施动的事物，一般不加。例如：

（1）ŋjɔ³³a⁵⁵kɯŋ³¹tʃap⁵⁵tʃe²⁵⁵.　　　　　　他在洗衣服。

　　　他 衣服　洗 （助）

（2）ŋjɔ³³bɔ³¹kju³¹tʃe²⁵⁵.　　　　　　　他在割草。

　　　他 草 割（助）

宾语是动物名词时，若施受关系有可能混淆的要加，否则可以不加。例如：

（1）khɯ³¹to²³¹khɯ³¹ba³³na³³the³¹tʃe²⁵⁵? 　　　　　公狗咬母狗

　　公狗　　　母狗　（宾）咬（助）

（2）xja³³pha³¹xja³³ja³¹na³³do²⁵⁵tʃe²⁵⁵? 　　　　　公鸡啄小鸡。

　　公鸡　　　小鸡　（宾）啄（助）

宾语加上 na³³ 后，可以提到主语的前面做话题。后面还可以加上话题助词 nu³¹。例如：

（1）khɯ³¹to²³¹na³³　　nu³¹ khɯ³¹ba³³thɛ³¹tʃe²⁵⁵? 公狗被母狗咬了。

　　公狗　　（宾）（话）母狗　　　咬（助）

（2）xja³³ja³¹na³³　　nu³¹xja³³pha³¹do²⁵⁵tʃe²⁵⁵? 小鸡被公鸡啄。

　　小鸡　（宾）（话）公鸡　　　啄（助）

二、定语助词

普内语的定语助词有 ə³³、ɛ³³ 两个。这两个词的语法功能不同。

1. ə³³

用在名词或代词后，表示领属关系。例如：

（1）mu⁵⁵mɔ³¹ə³³bə̌³¹khap³¹ 爷爷的鞋　　xoŋ³¹xjen³¹ə³³pɔp⁵⁵　　学校的书

　　爷爷　　的 鞋　　　　　　学校　　　的 书

（2）ba²⁵⁵ə³³l̩ap⁵⁵　　　　　妈妈的衣服　mu⁵⁵ə³³lã⁵⁵tɔ̃⁵⁵kho³¹　　爸爸的杯子

　　妈妈的衣服　　　　　　　　　　爸爸的 杯子

（3）ŋjɔ³³ə³³la³¹ba³³　　　　他的思想　　gu³³pɯŋ⁵⁵ə³³xoŋ³¹xjen³¹ 我们的学校

　　他 的 心　　　　　　　　　　我们　　的 学校

（4）nu³³pɯŋ⁵⁵ə³³tʃɔ̃⁵⁵　　你们的房子　ju³³pɯŋ⁵⁵ə³³pɔp⁵⁵　　　他们的书

　　你们　　的房子　　　　　　　他们　　的 书

2. ɛ³³

用在时间、地点名词后，表示某事物是属于某个范围或某个时间之内的。例如：

（1）gu³³tʃɔ̃⁵⁵ɛ³³pɔp⁵⁵ 家里的书　　　tʃã³¹ba³¹thɔ̃³¹ɛ³³tʃĩ⁵⁵　　街上的树

　　家里 的 书　　　　　　　　街上　　的 树

（2）ŋjam⁵⁵ni³³ɛ³³kɔ̃³¹pha³¹ 今天的菜　mɲi⁵⁵ni³³ɛ³³da³³sɯ⁵⁵phjim³¹ 昨天的报纸

　　今天　的 菜　　　　　　昨天　的 报纸

定语助词用与不用，主要有以下条件：

（1）形容词定语在中心语的后面，不需加定语助词。例如：

toŋ³¹khɯ³³a̩³³m̩u³³　　　　长板凳　　　　xo³³tam³¹ja³¹　　　小老鼠

凳子　　长　　　　　　　　　　老鼠　　小

ja³¹kat⁵⁵a̩³³khɯt³¹a̩³³en⁵⁵　聪明的孩子　　tĩ³¹ka³¹m̩ɔ̃⁵⁵　　漂亮的裙子

小孩　　聪明　　　　　　　　　裙子　漂亮

（2）人称代词作定语时，若不是领格形式必须加定语助词 ə³³，若是领格形式则可加可不加。例如：

ga³³ə³³ ba²⁵⁵ = gə³³（ə³³）ba²⁵⁵　　　　我的母亲

我 的 母亲　　我的（的）母亲

ŋjɔ³³ə³³a⁵⁵ja³¹　　　　他的孩子　　　　gu³³pɯŋ⁵⁵ə³³pɔp⁵⁵　　我们的书

他 的 孩子　　　　　　　　　我们　　的书

（3）定语表示类别、数量时，不加定语助词。例如：

phu³¹nɔi³⁵ba²³¹　　　　普内人　　　　xo⁵⁵ba²³¹　　　　　　中国人

普内　人　　　　　　　　　　中国 人

kap³¹sum³¹m̃ɔ̃³⁵　　　　三只鸭　　　　pɔp⁵⁵xan³¹pɔp⁵⁵　　四本书

鸭　　三　只　　　　　　　　　书　四　本

三、话题助词

普内语有话题句。其标志是在话题后加话题助词 nu³¹，指明其前面的成分是话题。例如：

（1）ŋjɔ³³ə³³lǎ³¹khɯ³⁵nu³¹khɯ³¹the³¹bja⁵³.　　他的腿被狗咬了。

　　他的 腿 　（话）狗 　咬 了

（2）ma²³¹pɔm³¹si³¹nu³¹ŋjɔ³³tʃa³¹e³⁵kho³³bja⁵³. 苹果被他吃掉了。

　　苹果 　（话）他 吃掉 　了

（3）m̩jaŋ³³ja³¹nu³¹ ŋjɔ³³xan⁵⁵jo³³ e⁵⁵bja⁵³.　　刀被他拿走了。

　　刀 　（话）他 拿（助）走了

（4）pɔp⁵⁵nu³¹　ba²⁵⁵kɔŋ³¹（ɣɯ³³）bja⁵³.　　书被妈妈卖掉了。

　　书（话助）妈妈卖　　　　 了

四、方位助词

用在表示处所、方位词或短语的后面，表示动作行为、事件发生的地点或事物所处的位置。例如：

（1）pɔp⁵⁵（nu³¹）to²⁵⁵tha³¹ə³³ tʃhi⁵⁵tʃe²⁵⁵. 把书放在桌子上。

　　　书　（话）　桌子上（方）放（助）

（2）l̥ap⁵⁵（nu³¹）a⁵⁵tĩ⁵⁵tha³¹ə³³ tʃhi⁵⁵tʃe²⁵⁵. 衣服在床上。

　　衣服（话）　床　　上（方）放（助）

（3）o³³to³³（nu³¹）tʃɔ̃⁵⁵lo⁵⁵kho⁵⁵pja³¹sə³³（ə³³）. 车在房子后面。

　　　车　　（话）　房子后面　　　　　（方）

（4）tʃi⁵⁵bap³¹（nu³¹）tʃɔ̃⁵⁵lo⁵⁵kho⁵⁵pja³¹sə³³（ə³³）. 树在房子后面。

　　　树　　　（话）　房子后面　　　　　（方）

（5）ŋjɔ³³xoŋ³¹xjen³¹ə³³ lɛ⁵⁵bja⁵³. 他去学校了。

　　　他　学校　　（方）去　了

（6）ŋjɔ³³xo⁵⁵ba³¹m̥oŋ³⁵ə³³ lɛ⁵⁵bja⁵³. 他去中国了。

　　　他　中国　　　　（方）去　了

（7）ŋjɔ³³tʃam⁵⁵　ə³³kɔ̃³¹pha³¹khat⁵⁵e⁵⁵ tʃe²⁵⁵. 他去地里种菜了。

　　　他　地里（方）菜　　　种　去（助）

五、状语助词

　　形容词、动词修饰动词时，中间可用 jo³³ 连接。jo³³ 原是连词"之后"，在这里出现语法化，成为状语后缀"地"、"着"，但还含有一定程度的连词意义。例如：

（1）teu³¹teu³¹（jo³³）eu⁵³　　赶快走　　　teu³¹teu³¹（jo³³）lau⁵³ 赶快回来

　　　快　快　（地）去　　　　　　　快　快　　（地）回来

（2）bǎ³³soŋ⁵³bǎ³³sai⁵³（jo³³）tʃi³³ŋji⁵⁵　　认认真真地做

　　　认认真真　　　　（地）做

（3）bǎ³³soŋ⁵³bǎ³³sai⁵³（jo³³）an³¹nu²⁵⁵　　仔仔细细地读

　　　仔仔细细　　　　（地）读

（4）kə³³jo³³lom³¹tʃe²⁵⁵　　看着说　　　ni⁵⁵jo³³kə³³tʃe²⁵⁵　　坐着看

　　　看　说　（助）　　　　　坐　看（助）

（5）ni⁵⁵jo³³lom³¹tʃe²⁵⁵　　坐着说　　　tʃoŋ³³jo³³an³¹tʃe²⁵⁵　　站着读

　　　坐　说（助）　　　　　站　读（助）

动词修饰动词时，若结合较紧，jo³³ 也可以不加。例如：

jup³¹tʃau³³　　　拌吃　　　　khɔ⁵⁵（jo³³）tʃau³⁵　　炒着吃

拌　吃　　　　　　　　炒　（着）　吃

六、随同助词

普内语有随同助词，它用在名词、代词之后，表示动作的伴随者。例如：

（1）ga³³na⁵⁵ nɛ³³e⁵⁵mɛ⁷⁵⁵.　　　　　　　　我跟你去。

　　　我 你（随）去 要

（2）ga³³na⁵⁵ nɛ³³ m³¹phjit⁵⁵na⁵⁵xjau⁵⁵.　　　我不想跟你吵架。

　　　我 你（随）不 吵架　 想

（3）ga³³na⁵⁵ nɛ³³ m³¹e³⁵xjau⁵⁵.　　　　　　我不想跟你去。

　　　我 你（随）不去 想

（4）ga³³na⁵⁵nɛ³³ də³¹sə⁷⁵⁵xoŋ³¹xjen³¹ə³³ e⁵⁵mɛ⁷⁵⁵.　明天我跟你去学校。

　　　我 你（随）明天　 学校　 （方）去 要

（5）na⁵⁵ga³³nɛ³³thi³¹tʃɔ³⁵an³¹lɛ³¹ban⁵³.　　　你跟着我读一遍。

　　　你 我（随）一 遍 读

第十一章 语 气 词

语气词是在句中表示各种不同语气。有表疑问、祈使语气的。分述如下。

第一节 疑问语气词

普内语表疑问语气的语气词有（a³³） blɛ⁵³、lɛ³¹、la³¹等。这三个词的功能强弱不同，使用条件与动词的类别、句式的肯定否定有关。具体分述如下。

一、（a³³）blɛ⁵³

表疑问语气，用在肯定的、非判断动词的是非疑问句末尾。例如：

（1）na⁵⁵a⁵⁵ja³¹ na³³tau³¹a³³blɛ⁵³?　　　　你想念孩子吗？

　　你 孩子（宾）想 吗？

（2）na⁵⁵da³³tʃe⁵⁵ bɯ³⁵blɛ⁵³?　　　　　你的病好了吗？

　　你 病（助）好 吗

（3）na⁵⁵ŋjɔ³³na³³mjɔ⁵⁵blɛ⁵³?　　　　你见他了吗？

　　你 他（宾）见 吗

（4）na⁵⁵kə³³jo³³ mjɔ⁵⁵blɛ⁵³?　　　　你看见了吗？

　　你 看（助）见 吗？

（5）mji³³vat⁵⁵phon³¹a³³blɛ⁵³?　　　　花开了吗？

　　花 开 吗

二、lɛ³¹

用在否定的是非问疑问句或正反问句表否定的分句末尾，表疑问语气。例如：

（1）na⁵⁵xaŋ³¹m³¹tʃa³¹xjau³⁵lɛ³¹?　　你还没吃饭吗？

　　你 饭 不吃 想 吗

（2）na⁵⁵m³¹taŋ³⁵ lɛ³¹?　　　　你不喝吗？

　　你 不 喝 吗

（3）na⁵⁵dai³¹khu³¹ba³¹a³⁵lɛ³¹?　　　你不是老师吗？

　　你 老师　　不是　吗

（4）n̥a⁵⁵nu³¹a³³m̥ɔ̃⁵⁵la³¹,（ba³¹a³⁵）m³¹m̥ɔ̃⁵⁵ lɛ³¹?　这个好看呢，（还是）不好看呢？

　　这个　　好看　呢　（还是）不好看　呢

（5）a⁵⁵ja³¹ŋjaŋ⁵⁵ma⁵⁵nu³¹a³³en⁵⁵la³¹,（ba³¹a³⁵）m³¹en⁵⁵lɛ³¹?

　　小孩 这 个　　聪明 呢　（还是）　　不聪明呢

　　这个小孩聪明呢，（还是）不聪明呢？

（6）na⁵⁵tʃɔ̃⁵⁵e⁵⁵mɛ²⁵⁵la³¹,（ba³¹a³⁵）m³¹e³⁵lɛ³¹?　　你回家呢，（还是）不回家呢？

　　你 家 去 要 呢　　（还是）　不 去 呢

三、la³¹

la³¹的功能最强，表肯定的是非疑问句只能用 la³¹，此外，正反问句表否定的分句末尾也可用 la³¹。例如：

（1）na⁵⁵ma³³da⁵⁵suɯ⁵⁵xen³¹ba²³¹la³¹?　　　　你是学生吗？

　　你　　学生　　　　　吗

（2）na⁵⁵ma³³xo⁵⁵ba²³¹mə²⁵⁵ɛ³⁵sɔ̃⁵⁵la³¹?　　　你是中国人吗？

　　你　　中国　地方 的人　吗

（3）na⁵⁵e⁵⁵mɛ²⁵⁵la³¹,（ba³¹a³⁵）m³¹e³⁵la³¹?　　你回呢，（还是）不回呢？

　　你 去 要 呢　（还是）　不 去 呢

（4）na⁵⁵tʃa³¹mɛ²⁵⁵la³¹,（ba³¹a³⁵）m³¹tʃa³¹la³¹?　　你吃呢，（还是）不吃呢？

　　你 吃 要 呢　（还是）　不 吃 呢

（5）na⁵⁵da⁵⁵suɯ⁵⁵a³³kan³³khuɯt³¹la³¹,（ba³¹a³⁵）m³¹kan³³khuɯt³¹la³¹?

　　你 字　　写　　会 呢 （还是）　不 写 会　　呢

　　你会写字呢，（还是）不会写呢？

第二节　祈使语气词

普内语用 u³³表示请求、要求和命令的祈使语气。u³³常与前一个音节合音并使前一音节发生变调，或是因前一个音节的韵尾还增加声母。例如：

（1）na⁵⁵e⁵⁵jau³⁵（eu⁵³）!　　　　你去吧！

　　你 去 吧　　吧

（2）na⁵⁵（e⁵⁵jo³³）jup³¹e⁵⁵jau³⁵!　　　　你回去睡吧!

　　你（去）　　睡 去吧

（3）na⁵⁵tʃa³¹e⁵⁵jau³⁵!　　　　　　　你吃去吧!

　　你 吃 去 吧

（4）a³³teu³¹tʃau³⁵!　　　　　　　快吃吧!

　　快　 吃吧

（5）nu³³puɯ⁵⁵a³³teu³¹kɔ̃³¹pha³¹si³¹eu⁵³!　你们快去洗菜吧!

　　你们　　快　 菜　 洗 去吧

（6）ga³³ na³³pji³¹ju⁵⁵!　　　　　给我!

　　我（宾）给　 吧

（7）xan⁵⁵lau³¹!　　　　　　拿来!

　　拿　 来

（8）eu⁵³!　　　　　　　　回去!

　　去!

（9）o²³¹an⁵⁵nu³¹!　　　　　　出去!

　　出去

（10）e⁵⁵jo³³jup³¹eu⁵³!　　　　去睡觉!

　　去　 睡觉去

第十二章 句 法

第一节 短 语

普内语的短语结构可以从不同的角度作不同的分类。从功能上分，可以分为名词及名词性短语、动词及动词性短语、形容词及形容词性短语等；从结构关系的角度分，则可以分为并列短语、修饰短语、支配短语、补充短语、主谓短语、连动短语等。这里按结构关系分类，分别叙述如下。

一、并列短语

并列短语由两个或两个以上的实词组成。多用连词 khǎ⁵⁵ne⁵⁵、khjəu³³连接，二者可以互换，连接数量词时可以省略。例如：

dai³¹khu³¹khǎ⁵⁵ne⁵⁵ / khjəu³³da⁵⁵sɯ⁵⁵xen³¹ba⁷³¹   老师和学生

老师　　和　　　和　　学生

a³³dai³¹khǎ⁵⁵ne⁵⁵ / khjəu³³ a³³pai³¹ja³¹   领导和下属

领导　和　　　和　　下属

bji⁷⁵⁵khǎ⁵⁵ne⁵⁵ / khjəu³³ka³¹lat⁵⁵   笔和纸

笔　和　　和　　纸

ŋjam⁵⁵ni³³khǎ⁵⁵ne⁵⁵ / khjəu³³də³¹sə⁷⁵⁵   今天和明天

今天　　和　　　和　　明天

gu³³pɯŋ⁵⁵khǎ⁵⁵ne⁵⁵ / khjəu³³nu³³pɯŋ⁵⁵   我们和你们

我们　　和　　　和　　你们

na⁵⁵pɯŋ⁵⁵khǎ⁵⁵ne⁵⁵ / khjəu³³ŋjaŋ⁵⁵pɯŋ⁵⁵   这些和那些

这些　　和　　　和　　那些

xa³⁵（khǎ⁵⁵ne⁵⁵）/（khjəu³³）xɔ⁷⁵⁵   五和六

五　（和）　　（和）　六

如果被连接的实词有两个以上，连词放在最后两个实词之间，例如：

mu⁵⁵ji³¹pjoŋ³⁵khǎ⁵⁵ne⁵⁵a³³ji³¹bji³¹   父亲、儿子和女儿

父亲 儿子　和　　女儿

gu³³pɯŋ⁵⁵nu³³pɯŋ⁵⁵khjəu³³ju³³pɯŋ⁵⁵　　　　　　　我们、你们和他们
我们　　你们　　和　　　他们

并列的名词，最后一个可以用四音格的类别名词，以示"等等"。例如：

ma²³¹pɔm³¹si³¹ma²³¹man³⁵si³¹（khǎ⁵⁵ne⁵⁵）si³¹si³¹loŋ³¹si³¹　苹果、梨子等
苹果　　　　　梨子　　（和）　　水果类

xo⁵⁵dom³¹kɔ̃³¹ba³³xom³⁵（khjəu³³）a³³xom⁵⁵loŋ³¹xom³⁵　薄荷、香菜等
薄荷　　香菜　　（和）　　　香料类

pha²³¹them³¹si³¹pha²³¹bo⁵⁵xom⁵⁵（khǎ⁵⁵ne⁵⁵）a³³xom⁵⁵loŋ³¹xom³⁵　大葱、蒜等
大蒜　　　葱　　　　（和）　　　　香料类

xu³¹ja³¹kha³¹bja⁵³nu³¹ja³¹kha³¹bja⁵³（khjəu³³）kǎ³¹le²⁵⁵ba³¹pɯŋ⁵⁵　姐姐、妹妹等
姐姐　　　　妹妹　　　（和）　　兄弟姐妹类

xu³¹ja³¹ka³¹phja³¹nu³¹ja³¹ka³¹phja³¹（khjəu³³）kǎ³¹le²⁵⁵ba³¹pɯŋ⁵⁵　哥哥、弟弟等
哥哥　　　　弟弟　　　（和）　　兄弟姐妹类

a⁵⁵kɯŋ³¹thai³¹bə̃³¹khap³¹（khjəu³³）khǎ⁵⁵tʃə⁵⁵lǎ⁵⁵tʃə⁵⁵　　　衣服、鞋子等
衣服　　　　鞋子　（和）　衣服鞋子类

l̥ap⁵⁵teu⁵⁵（khjəu³³）khǎ⁵⁵tʃə⁵⁵lə̃⁵⁵tʃə⁵⁵　　　　　　衣服、裤子等
衣服裤子　（和）　　衣服鞋子类

kap³¹xja³³（khjəu³³）sat³¹ja³¹loŋ³¹ja³¹　　　　　　　鸡、鸭等
鸭　鸡　（和）　动物类

jo³¹m̥jaŋ³⁵（khjəu³³）sat³¹ja³¹loŋ³¹ja³¹　　　　　　水牛、黄牛等
水牛黄牛　（和）　动物类

动词、形容词构成并列结构时不需做名词化的处理，连词可用可不用。例如：

sɯ⁵⁵（klǎ⁵⁵ne⁵⁵）/（khjəu³³）m³¹sɯ³⁵　　　死的和活的
死　（和）　　（和）　活

a³³pla⁵⁵（khǎ⁵⁵ne⁵⁵）/（khjəu³³）a⁵⁵thu⁵⁵　　薄的和厚的
薄　（和）　　（和）　厚

a³³tʃhen⁵⁵（khǎ⁵⁵ne⁵⁵）/（khjəu³³）a³³tʃhau³³　酸的和甜的
酸　（和）　　（和）　甜

a³³tʃi³³（khǎ⁵⁵ne⁵⁵）/（khjəu³³）a³³lu⁵⁵　　凉的和热的
凉　（和）　　（和）　热

89

动词、形容词还可以加"tap⁵⁵……tap⁵⁵"的方式并列，意为"又……又""边……边"。例如：

tap⁵⁵bə³¹tap⁵⁵m̩u³³	又大又长	tap⁵⁵tʃhen⁵⁵tap⁵⁵tʃhau³³	又酸又甜
又 大 又 长		又 酸 又 甜	
tap⁵⁵mu³³tap⁵⁵lui⁵⁵	又高又胖	tap⁵⁵ja⁷⁵⁵tap⁵⁵lom³¹	边走边说
又 高 又 胖		边 走 边 说	
tap⁵⁵ɯŋ⁵⁵tap⁵⁵ɯ⁵⁵	又哭又笑	tap⁵⁵mɯ⁵⁵tap⁵⁵jən⁵⁵	边唱边跳
边 哭 边 笑		边 唱 边 跳	

二、修饰短语

这类短语的中心语有名词、代词、动词、形容词等。修饰语与中心语的组合关系分述如下：

（一）以名词为中心语的修饰短语

1. 名词修饰名词

名词修饰语在前，中心语在后。

tã³¹pen³⁵tʃɔ⁵⁵	木头房子	nam⁵⁵bu⁵⁵lap⁵⁵	棉衣
木板 房子		布 衣服	
jaŋ³¹bɤ³¹khap³¹	塑料鞋	si³³mã³³tʃa³³ba⁵³	水泥路
塑料鞋子		水泥 路	
phu³¹nɔi³⁵baʔ³¹	普内族	bɤ³¹tʃham³¹baʔ³¹	佬族
普内 族		佬 族	
lau³¹ɛ³³sɔ̃⁵⁵	老挝人		
老挝 人			

但也出现名词修饰语在中心语之后的现象。例如：

tʃɔ̃⁵⁵tã³¹pen³⁵	木头房子	lap⁵⁵nam⁵⁵bu⁵⁵	棉衣
房子木板		衣服布	
bɤ³¹khap³¹jaŋ³¹	塑料鞋	tʃa³³ba⁵³si³³mã³³	水泥路
鞋子 塑料		路 水泥	

这些违反藏缅语名词修饰语在前的语法规则，究竟是怎么来的，是否与周围壮侗语的影响有关，或是受语用规则限制，有待进一步探讨、确定。

"名词修饰语＋名词中心语"的结构，名词修饰语还能加结构助词 ə³³ "的"或 ɛ³³ "的"，位置在中心语之前之后均可。名词修饰语是时间词、方位词时用 ɛ³³ "的"。例如：

in³³tan³³ə³³fa³¹	恩德的包	fa³¹in³³tan³³ə³³	恩德的包
恩德　的 包		包 恩德　的	
dai³¹khu³¹ə³³pɔp⁵⁵	老师的书	pɔp⁵⁵dai³¹khu³¹ə³³	老师的书
老师　的 书		书 老师　的	
ja³¹kat⁵⁵ə³³l̥ap⁵⁵	孩子的衣服	ap⁵⁵ja³¹kat⁵⁵ə³³	孩子的衣服
孩子 的 衣服		衣服 孩子 的	
ŋjam⁵⁵ni³³ɛ³³kɔ̃³¹pha³¹	今天的菜	kɔ̃³¹pha³¹ŋjam⁵⁵ni³³ɛ³³	今天的菜
今天 的 菜		菜 今天 的	
də³¹sə ²⁵⁵ɛ³³khju³¹	明天的班车	khju³¹də³¹sə ²⁵⁵ɛ³³	明天的班车
明天 的 班车		班车 明天 的	
m̥ji⁵⁵ni³³ɛ³³da⁵⁵sɯ⁵⁵phjim³¹	昨天的报纸	da⁵⁵sɯ⁵⁵phjim³¹m̥ji⁵⁵ni³³ɛ³³	昨天的报纸
昨天 的 报纸		报纸 昨天 的	
lo⁵⁵kho⁵⁵pja⁵⁵sə³³ɛ³³tʃɔ⁵⁵	后面的房子	tʃɔ⁵⁵lo⁵⁵kho⁵⁵pja⁵⁵sə³³ɛ³³	后面的房子
后面 的房子		房子 后面 的	
bǎ³³ka³¹sə³³ɛ³³lã⁵⁵kham³¹	前面的河流	lã⁵⁵kham³¹bǎ³³ka³¹sə³³ɛ³³	前面的河流
前面 的 河流		河流 前面 的	

2. 代词修饰名词

代词修饰名词时有两种语序。一是人称代词作修饰语时只能在中心语之前，而且要在它的后面加上关系助词 ə³³ "的"。如果人称代词使用变格形式则可加可不加。例如：

ga³³ə³³sǎ³¹taŋ³¹＝gə³³（ə³³）sǎ³¹taŋ³¹	我的话
我 的 话　　我的（的）话	
ŋjɔ³³ə³³la³¹ba³³　他的思想	gu³³pɯŋ⁵⁵ə³³xoŋ³¹xjen³¹　我们的学校
他 的 心	我们　的 学校
nu³³pɯŋ⁵⁵ə³³tʃɔ⁵⁵　你们的房子	ju³³pɯŋ⁵⁵ə³³pɔp⁵⁵　他们的书
你们　的房子	他们 的 书

二是指示代词做定语，只能在中心语之后。指示代词修饰名词时，后面要带 nu³¹ 或者带量词。nu³¹ 是什么成分，其来源是什么，现在还认识不清。例如：

si³¹ŋja⁵⁵nu³¹　这水果　　ja³¹mɔ³¹ŋjaŋ⁵⁵mɔ̃³⁵ = ja³¹mɔ³¹ŋjaŋ⁵⁵nu³¹　　　那老头

水果　这　　　　　　老头　那　个　老头　那

ja³¹kat⁵⁵ŋjaŋ⁵⁵mɔ̃³⁵ = ja³¹kat⁵⁵ŋjaŋ⁵⁵nu³¹　　　　　　那孩子

小孩　那　个　小孩　那

复数指示代词修饰名词时，复数标记 pɯŋ⁵⁵ 既可加在指示代词后也可加在名词后。例如：

lu³¹sa³¹lɛ²⁵⁵ŋja⁵⁵pɯŋ⁵⁵ = lu³¹sa³¹lɛ²⁵⁵pɯŋ⁵⁵ŋja⁵⁵nu³¹　　　　　　这些沙子

沙子　这　些　　沙子　　些　这

tʃĩ⁵⁵ŋja⁵⁵pɯŋ⁵⁵ = tʃĩ⁵⁵pɯŋ⁵⁵ŋja⁵⁵nu³¹　　　　　　这些木头

木 这　些　　木　些　这

bɔ̌³¹khap³¹ŋjaŋ⁵⁵pɯŋ⁵⁵nu³¹ = bɔ̌³¹khap³¹pɯŋ⁵⁵ŋjaŋ⁵⁵　　　那些鞋子

鞋子　那　些　　鞋子　　些　那

l̥ap⁵⁵ŋjaŋ⁵⁵pɯŋ⁵⁵ = l̥ap⁵⁵pɯŋ⁵⁵ŋjaŋ⁵⁵nu³¹　　　那些衣服

衣服 那　些　　衣服 些　那

3. 数量词修饰名词

数量词做定语时，放在名词前后均可。例如：

xja³³sum³¹mɔ̃³⁵ = sum³¹mɔ̃³⁵xja³³　　　　　三只鸡

鸡　三　只　三　只　鸡

fa³¹xan³¹fa³¹ = xan³¹fa³¹ fa³¹　　　　　四个书包

包　四　个　四　个　包

ja³¹kat⁵⁵tɔ̌³¹tʃhe³⁵mɔ̃³⁵ = tɔ̌³¹tʃhe³⁵mɔ̃³⁵ja³¹kat⁵⁵　十个孩子

小孩　一 十 个　一 十 个　小孩

khoŋ³¹n̥et³¹tʃɛ³⁵khoŋ³¹ = n̥et³¹tʃɛ³⁵khoŋ³¹khoŋ³¹　二十个寨子

寨子　二 十 个　二 十 个　寨子

数量词在前的语序是否是受周围壮侗语群的影响，如果是的话其内因是什么，这些问题都值得进一步研究。

如果数词是 sə³³da³¹ "早上"、khut³¹ "晚上"、jip⁵⁵pji⁵³ "年"、ni³³ "天" 等名词的定语时，则在名词之前。例如：

xan³¹khut³¹　　　　四个晚上　　　　sum³¹sə³³da³¹　　　三个早上

四　　晚上　　　　　　　　　　三　　早上

xo⁷⁵⁵jip⁵⁵pji⁵³　　　六年　　　　　　　kau³⁵jip⁵⁵pji⁵³　　　九年

六　年　　　　　　　　　　　九　年

sum³¹ni³³　　　　三天　　　　　　sip⁵⁵xã³⁵bɯ³⁵　　　十五天

三　天　　　　　　　　　　十　五　日

4. 形容词修饰名词

形容词做修饰语时，只能放在中心语的后面。例如：

ja³¹kat⁵⁵a̠³³mjen³¹　　　好孩子　　　　tʃĩ⁵⁵ba³³　　　　大树

小孩　　好　　　　　　　　　树　大

tʃɔ⁵⁵ba³³　　　　　　大房子　　　　xã³³si³¹a̠³³tʃhau³³　　甜香蕉

房子大　　　　　　　　　　香蕉　甜

toŋ³¹khu³³a̠³³m̠u³³　　　长板凳　　　　xo³³tam³¹ja³¹　　　小老鼠

凳子　　长　　　　　　　　老鼠　　小

tĩ³¹ka³¹a̠³³tə⁷⁵⁵ja³¹　　短裙子　　　　sɔ⁵⁵a̠³³xɔ³³　　　富的人

裙子　短　　　　　　　　　人　富

ja³¹kat⁵⁵a̠³³khut³¹a̠³³en⁵⁵　聪明的孩子　tĩ³¹ka³¹mɔ̃⁵⁵　　漂亮的裙子

小孩　　聪明　　　　　　　裙子　漂亮

5. 动词修饰名词

动词一般不做名词的修饰语。个别能做的，位置在中心语之前。例如：

fa³¹xan⁵⁵jo³³e⁵⁵ba⁷³¹　　拿包的人

包　要　　去人

6. 多项修饰语修饰名词

修饰语的次序一般是：名词中心语＋形容词修饰语＋数量短语修饰语，名词中心语｜形容词修饰语＋数量短语修饰语＋指示代词修饰语。例如：

a³³tʃhɔ⁵⁵sɯ⁷³¹xã³⁵mɔ̃³³　五个新朋友　va³¹da³³xo⁷⁵⁵mɔ̃⁵⁵na⁵⁵puŋ⁵⁵　这六头黑猪

朋友　新　五　个　　　　　猪　黑　六　头　这　些

领属修饰语和形容词修饰语、数量短语修饰语一起修饰名词时，有"领属修饰语＋名词中心语＋形容词修饰语＋数量短语修饰语"和"名词中心语＋形容词修饰语＋数量短语修饰语＋领属修饰语"两种语序。例如：

　　ba⁷⁵⁵ ə³³bɔ̌³¹khap³¹sɯ⁷³¹ŋet³¹khu³³　　妈妈的两双新鞋子

妈妈的　鞋子　　新　　两　双

93

bɔ̃³¹khap³¹suɯ²³¹n̥et³¹khu³³ba²⁵⁵ ə³³   妈妈的两双新鞋子

鞋子   新   两   双   妈妈 的

（二）以动词为中心语的修饰短语

1. 副词修饰动词

副词修饰动词时，多数在中心语之前。例如：

m³¹tʃi³³   不做   m³¹e³⁵   别去

不做   别 去

thi³¹tʃa³³an³³nu²⁵⁵   一起念   thuɯŋ³¹pɯt⁵⁵eu⁵³（e⁵⁵u³¹）   全部去

一起   念 吧   全部   去（去吧）

少数在中心语之后。例如：

kan³³ban⁵³   先写   ɯŋ⁵⁵lot³¹lot³¹ŋji³⁵   经常哭

写   先   哭   常常

2. 数量词修饰动词

修饰语有在中心语之前和中心语之后两种语序。例如：

thi³¹la³¹ti³¹ tʃe²⁵⁵ = ti³¹ tʃe²⁵⁵ thi³¹la³¹   打一次

一 次 打（助）打（助）一 次

thi³¹khɯt³¹jup³¹tʃe²⁵⁵ = jup³¹tʃe²⁵⁵thi³¹khɯt³¹   睡一晚

一 晚   睡（助）睡（助）一 晚

sum³¹tʃɔ³⁵kə³³tʃe²⁵⁵ = kə³³ tʃe²⁵⁵sum³¹tʃɔ³⁵   看三遍

三   遍 看（助）看（助）三   遍

sum³¹ni³³pha²³¹tʃe²⁵⁵ = pha²³¹tʃe²⁵⁵sum³¹ni³³   住三天

三   天 住（助）住（助）三   天

同样，数量词在后的语序，是否是受周围壮侗语群的影响，如果是的话其内因是什么，也值得进一步研究。

3. 形容词修饰动词

形容词修饰动词时在中心语之前。修饰语和中心语之间可加 jo³³。jo³³原是连词"之后"，在这里出现语法化，成为状语后缀"地"，但还含有一定程度的连词意义。例如：

a³³pjiŋ⁵⁵jɔ³⁵tʃau³⁵   饱饱地吃   a³³lam³¹tʃau³⁵   多多地吃

饱   吃   多   吃

teu³¹teu³¹（jo³³）eu⁵³　　赶快走　　　　teu³¹teu³¹（jo³³）lau⁵³　　赶快回来

快　快　（地）去　　　　　　　　快　快　（地）回来

bǎ³³soŋ⁵³bǎ³³sai⁵³（jo³³）tʃi³³ŋji⁵⁵　　认认真真地做

认认真真　　　　　地　做

bǎ³³soŋ⁵³bǎ³³sai⁵³（jo³³）an³¹nu²⁵⁵　　仔仔细细地读

仔仔细细　　　　　地　读

4. 动词修饰动词

动词修饰语在中心语之前。修饰语和中心语之间多数要加虚化的连词 jo³³。例如：

kə³³jo³³lom³¹tʃe²⁵⁵　　看着说　　　　ni⁵⁵jo³³kə³³tʃe²⁵⁵　　　坐着看

看　　说　　　　　　　　　坐　　看

ni⁵⁵jo³³lom³¹tʃe²⁵⁵　　坐着说　　　　tʃoŋ³³jo³³an³¹tʃe²⁵⁵　　站着读

坐　　说　　　　　　　　　站　　念

但有些结合较紧的也可以不加。例子见下文的连动结构。

95

5. 代词修饰动词

代词修饰动词时在中心语之前。例如：

xai³³ne⁵⁵tʃi³³me²⁵⁵　　　　怎么做　　　xai³³ne⁵⁵lom³¹me²⁵⁵　　怎么说

怎样　做　要　　　　　　　　怎么　说　要

ŋɛ²⁵⁵tʃiu³¹（tʃi³³u³¹）　　这样做　　　ŋɛ²⁵⁵lom³¹（ɣ）u³¹　　这样说①

这样　做　　　　　　　　　　这样说

ŋjaŋ⁵⁵lom⁵⁵ne³¹tʃiu³¹（tʃi³³u³¹）　那样做　　ŋjaŋ⁵⁵lom⁵⁵ne³¹kan³³（ɣ）u³¹　那样写

那样　　　做　　　　　　　　那样　　　写

疑问代词做状语时，表示何时进行动作行为时要加关系助词 ə³³ 连接，表示以何物进行动作行为时要加关系助词 jɜ³³ 连接。例如：

sə⁵⁵ŋjam³¹ə³³e³³tʃe²⁵⁵　何时去　　　sə⁵⁵ŋjam³¹ə³³kə³³tʃe²⁵⁵　　　何时看

何时　　　去　　　　　　　何时　　　看

a³¹tʃə³⁵jɜ³³tə²⁵⁵tʃe²⁵⁵　用什么砍　　a³¹tʃə³⁵jɜ³³kan³³tʃe²⁵⁵　　　用什么写

什么　　砍　　　　　　　　什么　　写

---

① u³¹音节在连音中出现增音 ɣ，这个音素是音系中所没有的。

三、支配短语

由宾语和动词构成。与其他藏缅语相同，宾语在前。支配短语有个宾语助词标记 na³³，但不是所有的宾语都要用。

（一）名词做宾语

能发出施动行为的人物名词做宾语时，为避免错认为是主语，通常要加宾语助词 na³³。例如：

da⁵⁵suɯ⁵⁵xen³¹ba²³¹na³³ tən³¹ŋji⁵⁵ 提醒学生　　　　dai³¹khu³¹na³³bo²³¹tʃe²⁵⁵ 告诉老师
学生　　　　　　（宾）提醒　　　　　　老师　　（宾）告诉

da⁵⁵suɯ⁵⁵xen³¹ba²³¹na³³ bo²³¹tʃe²⁵⁵ 教学生　　　　a³³ja³¹ na³³ tau³¹tʃe²⁵⁵　想念孩子
学生　　　　　　（宾）告诉　　　　　孩子 （宾）想念

宾语若是非人物名，不会出现主语和宾语的误认，一般不加宾语助词 na³³。若为了强调宾语，焦点是在宾语上时，也可加宾语助词 na³³。例如：

ga³³khɯ³¹（na³³）ti³¹tʃe²⁵⁵ 我打狗　　　　tʃhɯt³¹（na³³）loŋ⁵⁵tʃe²⁵⁵　关羊
我　狗（宾）打　　　　　　　羊　　（宾）关

da⁵⁵suɯ⁵⁵（na³³）kan³³（ɣ）u³¹ 写字　　　xan³¹（na³³）tʃau³⁵（tʃa³¹u³¹）　吃饭
字　　（宾）写　　　　　　饭　　（宾）吃

pop⁵⁵fa³¹（na³³）sau³¹（sa³¹u³¹）　背书包　khau⁵⁵（na³³）lai³³ŋji⁵⁵ 讲故事
书包　（宾）背　　　　　　故事　（宾）讲

普内语还有一类动词取自名词的宾动短语，即动词与名词的形式相同。例如：

xja³³u³³u⁵⁵tʃe²⁵⁵　　　　　下蛋　　　tin⁵⁵soŋ³¹soŋ³¹　穿鞋
蛋　下（助）　　　　　　　　鞋子　穿

a³³tu³¹tu³³tʃe²⁵⁵　　　　　磕头
头　磕（助）

（二）代词做宾语

能发出施动行为并与人有关的代词做宾语时，为避免错认为是主语，通常要加宾语助词 na³³，宾语是不能施动的代词时一般不加。例如：

ŋjɔ³³na³³ sɔi³³ tʃe²⁵⁵　帮助他　　　ga³³ na³³ pji³¹lau³³　　　给我
他（宾）帮助（助）　　　我（宾）给

a³³tʃə³⁵lom³¹ŋji⁵³　　说什么　　　　　sə⁵³də²⁵⁵le⁵⁵tʃa³¹　　是哪儿

什么　说　　　　　　　　　　　哪　　不知

（三）数量短语做宾语

这类短语的数量词能不补出名词中心语。例如：

thi³¹kho³¹tʃau³⁵（tʃa³¹u³¹）　吃一碗　　　ŋet³¹pɔp⁵⁵pji³¹（ɣ）u³¹　给两本

一　碗　　吃　　　　　　　　　两　本　给

thi³¹kjeu³⁵taŋ⁵⁵u³¹　　　　喝一瓶　　　ŋet³¹jũ⁵⁵vɯ⁵⁵tʃe²⁵⁵　　买两壶

一　瓶　　喝　　　　　　　　　两　壶　买

动词、形容词做宾语时不需做名词化的处理。例如：

a³³ŋɛ⁵⁵vɯ⁵⁵tʃe²⁵⁵　　　买红的　　　a³³pen⁵⁵bu³³mɛ²⁵⁵　　　　要活的

红　买（助）　　　　　　　　　活　　要

四、述补短语

普内语的补语不发达。做动词补语的主要是动词、形容词。动词与补语之间可加可不加补语标记 jo³³。jo³³ 来自连词"之后"，用作补语标记时有一定程度的语法化。例如：

tu³³（jo³³）kɔ̃³¹tʃe²⁵⁵　　打坏　　　sat³¹（jo³³）sɯ³⁵tʃe²⁵⁵　　消灭

打（之后）坏（助）　　　　　　杀　（之后）死（助）

kan³³（jo³³）o⁵⁵tʃe²⁵⁵　　写错　　　lom³¹kho³³（jo³³）khau⁵³　说完

写　（之后）错（助）　　　　　　说　　　（之后）完

五、主谓短语

充当主语的主要是名词、代词；充当谓语的主要是动词、形容词。例如：

mu⁵⁵lom³¹tʃe²⁵⁵　　　　爸爸说　　　la³¹ba³³a³³mjen³¹　　心好

爸爸说　（助）　　　　　　　　心　　好

ju³³pɯŋ⁵⁵tʃi³³tʃe²⁵⁵　　他们做　　　ga³³phjit⁵⁵tʃe²⁵⁵　　　自己错

他们　　做（助）　　　　　　　我　错（助）

六、连动短语

由一个以上的动词连用构成的短语结构。"连动"是就动词连用的形式而言的，其内部的语义关系有修饰、补充、并列、支配等，所以连动结构与并列结构等不在一个层次上，有交叉重叠的地方。表修饰关系时，动词之间可加可不加连接词 jo³³。例如：

jup³¹tʃau³³	拌吃	khɔ⁵⁵（jo³³）tʃau³⁵	炒着吃
拌　吃		炒　（之后）吃	
sə⁵⁵jo³³oʔ³¹la³¹tʃe ʔ⁵⁵	救出来	tau³¹jo³³oʔ³¹tʃe ʔ⁵⁵	想起来
救之后出来（助）		想　之后出（助）	
tʃa³¹（ɣ）eu⁵³	去吃	vɯ⁵⁵（ɣ）eu⁵³	去买
吃　　去		买　　去	
si³¹（ɣ）eu⁵³	去洗	tan³¹e⁵⁵ŋji⁵⁵	去玩
洗　　去		玩　去	
a³³tʃi³³xjau³³	想做	a³³tʃi³³khɯt³¹	知道做
做　想		做　知道	

第二节　单　句

普内语的单句可以从不同角度做不同的分类。如果从句子表达的语气来分，可以分为陈述句、疑问句、祈使句、感叹句四类。分述如下。

一、陈述句

根据形式，陈述句可以分为肯定式陈述句和否定式陈述句两类。

（一）肯定式陈述句

谓语为肯定形式的陈述句，句末一般要加助词 mɛʔ⁵⁵、a³³bja⁵³、tʃeʔ⁵⁵ 等。例如：

（1）ga³³kə³³e⁵⁵mɛʔ⁵⁵.　　　　　我要去看。

　　我 看 去 要

（2）ga³³xaŋ³¹tʃa³¹e⁵⁵mɛʔ⁵⁵.　　　我要去吃饭。

　　我 饭 吃 去 要

（3）ŋjɔ³³ɯŋ⁵⁵tʃeʔ⁵⁵.　　　　　他哭了。

　　他　哭（助）

（4）l̩ap⁵⁵tʃen⁵⁵a³³bja⁵³.　　　　衣服湿了。

　　衣服湿　了

（5）ɳjɔ³³a³³ja³¹　na³³tau³¹tʃe²⁵⁵.　　　他想孩子了。

　　他　孩子（宾）想（助）

（6）ka³³sə²⁵⁵ɳjam³¹mə²⁵⁵dai³¹khu³¹xoŋ³¹xjen³¹ ə³³ e⁵⁵tʃe²⁵⁵.　　老师每天去学校。

　　每天　　　　　老师　　学校　　（方）去（助）

（7）ga³³da⁵⁵suɯ⁵⁵an³¹ɳji⁵⁵.　　　　　我在看书。

　　我书　　看在

（8）ɳjɔ³³dai³³khu³¹.　　　　　　他是老师。

　　他　老师

（二）否定式陈述句

在谓语前加否定副词 m³¹ 的陈述句，句末多不加助词。

（1）ga³³xaŋ³¹m³¹tʃa³¹（xjau⁵⁵）.　　　我不想吃饭。

　　我　饭　不吃　（想）

（2）ga³³a³³n̥e⁵⁵m³¹bu³⁵（xjau⁵⁵）.　　我不要红的。

　　我红　　不要　（想）

（3）mji⁵⁵ni³³ga³³xoŋ³¹xjen³¹ə³³　m³¹e⁵⁵.　我昨天没去学校。

　　昨天　我学校　（方）没去

（4）ga³³na⁵⁵nɛ³³m³¹phjit⁵⁵na⁵⁵.　　　我不想跟你吵架。

　　我　你　跟　不　吵架

（5）ga³³ɳjɔ³³ na³³m³¹tʃa²⁵⁵khuɯ³¹.　　我不认识他。

　　我　他（宾）不认识

（6）ga³³ nu³¹da⁵⁵suɯ⁵⁵xen³¹ba²³¹ba³¹a³⁵.　我不是学生。

　　我（话）学生　　　　　不是

否定陈述里还有一类特殊的双重否定式，其构成是"不……不是" m³¹……ba³¹a³⁵、"没有……不" m³¹……m³¹tʃa³³、"不……不" m³¹……m³¹。双重否定式从形式上看是否定形式，但从语义上看表达的是肯定的意思，只是语用效果上比肯定式委婉。

（1）ga³³m³¹e³⁵tʃo⁵⁵tʃe²⁵⁵ba³¹a³⁵.　　　　我不是不肯去。

　　我　不　去　肯（助）不是

（2）ga³³m³¹lom³¹tʃo⁵⁵tʃe²⁵⁵ba³¹a³⁵.　　　我不是不肯说。

　　我　不　说　肯（助）不是

（3）na⁵⁵m³¹lom³¹khuɯ³¹ɛ³⁵ba³¹a³⁵.　　　你又不是不会说话。

　　你　不　说　会　　不是

（4）na⁵⁵da⁵⁵suɯ⁵⁵m³¹kan³³khɯ³¹ɛ³⁵ba³¹a³⁵.　　你又不是不会写字。

　　　你 字　　不写　会　　不是

（5）gu³³puɯŋ⁵⁵thɯŋ³¹pɯt⁵⁵njɔ⁵⁵na³³m³¹khat⁵⁵ɛ⁵⁵nu³¹m³¹tʃa³³.　我们没有一个人不怕他。

　怕他。

　　　　我们　　　每个人　　他（宾）不怕　　　　　没有

（6）gu³³puɯŋ⁵⁵tʃi³³jo³³m³¹pən³⁵nu³¹m³¹ja³³pha²³¹.　　我们不完成任务不休息。

　　　我们　　做　　不完　　　不 休息

表判断时，普内语没有本语的判断动词，有借自老挝语的判断动词"pjen⁵⁵"组成的判断句。这是一种新的语法形式，但"pjen⁵⁵"的功能有限。

（1）ga³³dai³³khu³¹pjen⁵⁵tʃe²⁵⁵.　　　　　我是老师。

　　　我 老师　　是 （助）

（2）ga³³dai³³khu³¹m³¹pjen⁵⁵tʃe²⁵⁵.　　　　我不是老师。

　　　我 老师　　不是　（助）

二、疑问句

根据提问和答问的方式，疑问句可分为是非问句、选择问句、正反问句和特指问句4种类型。

（一）是非问句

从构造上看，是非问句的基干与陈述句相同，只是在句末增加了表示疑问语气的助词。常用的语气助词是（a³³）blɛ⁵³、la³¹、lɛ³¹。例如：

（1）na⁵⁵a³³ja³¹na³³ tau³¹a³³blɛ⁵³?　　　　你想念孩子吗？

　　　你 孩子（宾）想 吗？

（2）na⁵⁵da³³tʃe²⁵⁵bɯ³⁵blɛ⁵³?　　　　　你的病好了吗？

　　　你 病（助）好 吗

（3）na⁵⁵ŋjɔ³³na³³mjɔ⁵⁵blɛ⁵³?　　　　　你见他了吗？

　　　你 他（宾）见 吗

（4）na⁵⁵kə³³jo³³mjɔ⁵⁵blɛ⁵³?　　　　　你看见了吗？

　　　你 看 之后见 吗？

（5）mji³³vat⁵⁵phon³¹a³³blɛ⁵³?　　　　　花开了吗？

　　　花　　开 吗

（6）na⁵⁵ma³³phu³¹nɔi³⁵ba²³¹la³¹?　　　　　你是普内族吗？

　　　你　　普内族　　　吗

（7）na⁵⁵ma³³dai³¹khu³¹la³¹?　　　　　　你是老师吗？

　　　你　　老师　　吗

（8）na⁵⁵ma³³xo⁵⁵ba²³¹m̥ɔ²⁵⁵ ɛ³⁵ sɔ̃⁵⁵la³¹?　　　你是中国人吗？

　　　你　　中国　　地方（方）人　吗

　　是非问句的基干有肯定和否定两种形式。基干为肯定形式的是非问句，主要表达疑问语气，即说话者对答案不知情、没有预测；基干为否定形式的是非问句，主要表达疑惑语气，即说话者内心已有一个倾向性的答案（或希冀），但对这一答案的准确性（或可能性）没有把握。例如：

（1）ŋjɔ³³ma³³dai³¹khu³¹la³¹?　　　　　　他是老师吗？

　　　他　　老师　　吗

（2）na⁵⁵tʃi³³jo³³pən⁵⁵a³³blɛ⁵³?　　　　　你做好了吗？

　　　你 做 之后完　吗

（3）na⁵⁵xaŋ³¹m³¹tʃa³¹xjau³⁵lɛ³¹ / la³¹?　　你还没吃饭吗？

　　　你 饭　不吃　想　吗　吗

（4）na⁵⁵m³¹taŋ³⁵ lɛ³¹ / la³¹?　　　　　你不喝吗？

　　　你 不 喝　吗 吗

（5）na⁵⁵dai³¹khu³¹ba³¹a³⁵lɛ³¹ / la³¹?　　你不是老师吗？

　　　你 老师　不是 吗 吗

（6）na⁵⁵xo⁵⁵ba²³¹m̥ɔ²⁵⁵ə³³　thi³¹tʃɔ̃³⁵m³¹ja³³lɛ⁵⁵lɛ³¹?　　你没去过中国吗？

　　　你 中国　地方（方）从来　没 有 去 吗

（二）选择问句

　　提问时列举几个选项，要求选择其中一个作为答语，选择标记"还是"ba³¹a³⁵可加可不加。例如：

（1）ŋju³¹tɛ³⁵vɯ⁵⁵mɛ²⁵⁵la³¹，（ba³¹a³⁵）xja³³vɯ⁵⁵mɛ²⁵⁵la³¹?　买鱼呢，（还是）买鸡呢？

　　　鱼　买 要 呢　（还是）鸡 买 要　呢

（2）na⁵⁵e⁵⁵mɛ²⁵⁵la³¹，（ba³¹a³⁵）ga³³na⁵⁵eu⁵³la³¹?　你去呢，（还是）我去呢？

　　　你 去 要 呢　（还是）我自己去　呢

（3）bja³³taŋ³⁵mɛ²⁵⁵la³¹，（ba³¹a³⁵）tǎ³¹kha³⁵taŋ³⁵mɛ²⁵⁵la³¹？

啤酒　喝　要　呢　（还是）　白酒　　喝　要　呢

喝啤酒呢，（还是）喝白酒呢？

（4）ŋjaŋ⁵⁵lã⁵⁵la³¹，（ba³¹a³⁵）nam⁵⁵man³¹la³¹？那是水呢，（还是）油呢？

那　水　呢　（还是）　油　　呢

（5）a³³fu³¹ja³¹ka³¹phja³¹e⁵⁵mɛ²⁵⁵la³¹，（ba³¹a³⁵）a³³fu³¹ja³¹kha³¹bja⁵³e⁵⁵mɛ²⁵⁵la³¹？

哥哥　　　　　　　去　要　呢　（还是）　姐姐　　　　　　　去　要　呢

哥哥去呢，（还是）姐姐去呢？

（6）na⁵⁵a³¹mji³³xju⁵⁵xjau⁵⁵ŋji⁵⁵la³¹，（ba³¹a³⁵）khɯ³¹xju⁵⁵xjau⁵⁵ŋji⁵⁵la³¹？

你　猫　养　喜欢　呢　（还是）　狗　养　喜欢　　呢

你喜欢养猫呢，（还是）喜欢养狗呢？

（7）ga³³na³³kan³³nu³¹la³¹，（ba³¹a³⁵）na⁵⁵kan³³mɛ²⁵⁵la³¹？　　我写呢，（还是）你写呢？

我自己　写　　呢　　（还是）　你　写　要　呢

（8）na⁵⁵xaŋ³¹tʃa³¹mɛ²⁵⁵la³¹，（ba³¹a³⁵）jup³¹mɛ²⁵⁵la³¹？

你　饭　吃　要　呢　　（还是）　睡觉　要　呢

你是吃饭呢，（还是）去睡觉呢？

（三）正反问句

提问时提出正反两个方面，要求以二者中的一项作为答语，选择标记"还是"ba³¹a³⁵可加可不加。例如：

（1）na⁵⁵nu³¹a³³mɔ̃⁵⁵la³¹，（ba³¹a³⁵）m³¹mɔ̃⁵⁵lɛ³¹／la³¹？

这个　好看　呢　（还是）　不　好看呢　呢

这个好看呢，（还是）不好看呢？

（2）a³³ja³¹ŋja⁵⁵ma⁵⁵nu³¹a³³en⁵⁵la³¹，（ba³¹a³⁵）m³¹en⁵⁵lɛ³¹／la³¹？

小孩　这　个　　聪明　呢　（还是）　不聪明　呢　　呢

这个小孩聪明呢，（还是）不聪明呢？

（3）na⁵⁵tʃɔ̃⁵⁵e⁵⁵mɛ²⁵⁵la³¹，（ba³¹a³⁵）m³¹e³⁵lɛ³¹／la³¹？　你回家呢，（还是）不回家呢？

你　家　去　要　呢　　（还是）　不　去　呢　　呢

（4）na⁵⁵e⁵⁵mɛ⁷⁵⁵la³¹,（ba³¹a³⁵）m³¹e³⁵lɛ³¹ / la³¹?　你回呢,（还是）不回呢?
　　　　你 去 要 呢　　（还是）　不 去 呢　呢

（5）na⁵⁵tʃa³¹mɛ⁷⁵⁵la³¹,（ba³¹a³⁵）m³¹tʃa³¹lɛ³¹ / la³¹?　你吃呢,（还是）不吃呢?
　　　　你 吃 要 呢　　（还是）　不 吃 呢　呢

（6）na⁵⁵da⁵⁵suɯ⁵⁵a³³kan³³khuɯt³¹la³¹,（ba³¹a³⁵）m³¹kan³³khuɯt³¹lɛ³¹ / la³¹?
　　　　你 字 写　　会 呢　　（还是）　不 写　会　呢　呢
　　　　你会写字呢,（还是）不会写呢?

（7）na⁵⁵a³³tʃa⁷⁵⁵khuɯt³¹la³¹,（ba³¹a³⁵）m³¹tʃa⁷⁵⁵khuɯt³¹la³¹（lɛ³¹）?
　　　　你 知道　　　　呢　　（还是）　不 知道　　　　呢　呢
　　　　你会呢,（还是）不会呢?

（8）na⁵⁵la⁵⁵taŋ⁵⁵mɛ⁷⁵⁵la³¹,（ba³¹a³⁵）m³¹taŋ³⁵la³¹（lɛ³¹）?
　　　　你 茶 喝　要 呢　（还是）　　不 喝 呢　呢
　　　　你喝茶呢,（还是）不喝茶呢?

（9）na⁵⁵ta³³lat⁵⁵ ə³³ e⁵⁵mɛ⁷⁵⁵la³¹,（ba³¹a³⁵）m³¹e³⁵la³¹（lɛ³¹）?
　　　　你 街上（方）去 要 呢　　（还是）　不 去 呢　呢
　　　　你去赶街呢,（还是）不去赶街呢?

（10）na⁵⁵sə⁵⁵（ɣ）a⁵⁵mɛ⁷⁵⁵la³¹,（ba³¹a³⁵）m³¹sə⁵⁵（ɣ）a⁵⁵la³¹（lɛ³¹）?
　　　　你 相信　　　要 呢　（还是）　　不 相信　　　呢　呢
　　　　你相信呢,（还是）不相信?

无标记的正反问句,分句之间可以不做停顿,紧凑成为一个单句。例如:

（1）na⁵⁵e⁵⁵m³¹e³⁵?　　　　　　　　　　你回不回?
　　　　你 去 不 去

（2）na⁵⁵tʃa³¹m³¹tʃa³¹?　　　　　　　　　你吃不吃?
　　　　你 吃 不 吃

（3）na⁵⁵a³³tʃa⁷⁵⁵khuɯt³¹m³¹tʃa⁷⁵⁵khuɯt³¹?　　你会不会?
　　　　你 会　　　　不 会

（四）特指问句

用疑问代词提问,要求就疑问代词所代替的部分做出回答。特指问句就其所问的内容,可以分为以下几类:

1. 问人

　　用疑问代词 a³¹sɔ³⁵ə³¹。例如：

（1）a³¹sɔ³⁵ə³¹dai³¹khu³¹?　　　　　　　　　　谁是老师？
　　　　谁　　老师

（2）ŋjaŋ⁵⁵mɔ³⁵nu³¹a³¹sɔ³⁵ə³¹?　　　　　　　　那个是谁？
　　　　那个　　　谁

（3）a³¹sɔ³⁵ə³¹ga³³nɛ³³e⁵⁵mɛ²⁵⁵?　　　　　　　谁跟我一起去？
　　　　谁　　我 跟　去 要

（4）a³¹sɔ³⁵ə³¹tʃə³¹sə³¹vɯ⁵⁵e⁵⁵　tʃe²⁵⁵?　　　　谁去买菜？
　　　　谁　　菜　买　去（助）

2. 问物

　　用疑问代词 a³¹tʃə³⁵（ə³¹）。例如：

（1）ŋja⁵⁵nu³¹a³¹tʃə³⁵（ə³¹）?　　　　　　　　　这是什么？
　　　　这　　什么

（2）ka³³sə²⁵⁵ŋjam³¹mə²⁵⁵na⁵⁵a³¹tʃə³⁵tʃi³³ŋji⁵³（ə³¹）?　你每天做什么？
　　　　每天　　　　　你 什么　做

（3）na⁵⁵a³¹tʃə³⁵na²⁵⁵ma²⁵⁵ŋji⁵³（ə³¹）?　　　　你喜欢哪种？
　　　　你 哪种　喜欢

（4）na⁵⁵a⁵⁵mji⁵⁵a³¹tʃə³⁵（ə³¹）?　　　　　　你叫什么名字？
　　　　你 名字　什么

（5）na⁵⁵a³¹tʃə³⁵kɔ³¹tʃa³¹tʃe²⁵⁵（ə³¹）?　　　　你做什么菜？
　　　　你 什么　菜 做（助）

3. 问时间

　　常用的疑问代词有"什么时候" a³¹sə³³xjam³¹、"哪天" a³¹sə³³ni³³、"多长时间" a³³mjaŋ³¹la³¹、"几点" a³³tʃhət⁵⁵mɯ³¹ə³³。例如：

（1）nu³³puŋ⁵⁵a³¹sə³³xjam³¹ə³³e⁵⁵mɛ²⁵⁵?　　　　你们什么时候去？
　　　　你们　　什么时候　　去 要

（2）nu³³puŋ⁵⁵a³¹sə³³xjam³¹ə³³xaŋ³¹tʃa³¹e⁵⁵mɛ²⁵⁵?　你们什么时候去吃饭？
　　　　你们　　什么时候　　饭 吃 去 要

（3）na⁵⁵a³¹sə³³xjam³¹ə³³jup³¹mɛ²⁵⁵?　　　　　你什么时候睡觉？
　　　　你们什么时候　　睡觉 要

（4）na⁵⁵a³¹sə³³ni³³ə³³la⁵⁵mɛ²⁵⁵?　　　　　你哪天回来?

　　　你 哪天　　　回 要

（5）na⁵⁵a³¹sə³³ni³³ə³³xoŋ³¹xjen³¹ə³³e⁵⁵mɛ²⁵⁵?　　你哪天去学校?

　　　你 哪天　　　学校　　　去 要

（6）na⁵⁵e⁵⁵mɛ²⁵⁵a³³mjaŋ³¹la³¹?　　　　　　　你要去多长时间?

　　　你 去要　多长时间

（7）na⁵⁵kan³³xjau⁵⁵ŋji⁵⁵a³³mjaŋ³¹la³¹?　　　　你要写多长时间?

　　　你 写　要　　多长时间

（8）na⁵⁵xoŋ³¹xjen³¹ə³³e⁵⁵mɛ²⁵⁵a³³tʃhət⁵⁵mu³¹ə³³?　你几点去学校?

　　　你 学校　　　去 要 几　　点

（9）gu³³puɯ⁵⁵xaŋ³¹tʃa³¹mɛ²⁵⁵a³³tʃhət⁵⁵mu³¹ə³³?　　我们几点吃饭?

　　　我们　　饭 吃 要 几　　点

4. 问处所

用疑问代词（a³¹）sə³³（də³³）。例如：

（1）gə³³bji²⁵⁵ma³³（a³¹）sə³³（də³³）?　　　　　我的笔在哪里?

　　　我的笔　　　哪里

（2）xoŋ⁵⁵nam³⁵ma³³（a³¹）sə³³（də³³）?　　　　厕所在哪里?

　　　厕所　　　　　哪里

（3）ŋjɔ³³（a³¹）sə³³（də³³）tʃɔ³⁵jo³³la⁵⁵tʃe²⁵⁵?　他从哪里来?

　　　他　哪里　　　　在 之后来

（4）na⁵⁵（a³¹）sə³³（də³³）tʃa²⁵⁵aŋ⁵⁵tʃe²⁵⁵?　　你从哪里听说的?

　　　你　哪里　　　　知道说（助）

（5）na⁵⁵（a³¹）sə³³（də³³）e⁵⁵mɛ²⁵⁵?　　　　　你要去哪儿?

　　　你　哪里　　　　去 要

（6）na⁵⁵（a³¹）sə³³（də³³）e⁵⁵mɛ²⁵⁵?　　　　　你要去哪儿?

　　　你 哪里　　　　去 要

5. 问方式、情态

用疑问代词"怎么"xai³¹n̯ɛ²⁵⁵。例如：

（1）tʃə³¹sə³¹na⁵⁵nu³¹xai³¹n̯ɛ²⁵⁵tʃi³³mɛ²⁵⁵?　　　这个菜怎么做?

　　　菜　这　怎么　做 要

（2）da⁵⁵sɯ⁵⁵na⁵⁵nu³¹xai³¹ŋɛ²⁵⁵an³¹mɛ²⁵⁵?　　　这个字怎么读?

　　　　字　　这　　怎么　　读　要

（3）ŋjɔ³³ə³³a³³mɔ̃³³xai³¹ŋɛ²⁵⁵pen⁵⁵tʃe²⁵⁵?　　　他的身体怎么样?

　　　他　的　身体　怎么　　样（助）

（4）na⁵⁵xai³¹ŋɛ²⁵⁵jup³¹tʃe²⁵⁵?　　　你睡得怎么样?

　　　你　怎么　　睡（助）

6. 问原因

用疑问代词"为什么"（a³¹）tʃə³⁵khjəu³³……（ə³¹）。例如:

（1）na⁵⁵（a³¹）tʃə³⁵khjəu³³ŋɛ²⁵⁵tʃi³³xjau⁵⁵tʃe²⁵⁵（ə³¹）?　　　你为什么要这样做?

　　　你　为什么　　　这样　做　要（助）

（2）na⁵⁵（a³¹）tʃə³⁵khjəu³³m³¹e³⁵（ə³¹）?　　　你为什么不去?

　　　你　为什么　　不去

（3）na⁵⁵（a³¹）tʃə³⁵khjəu³³ŋjɔ³³na³³ ti³¹xjau³⁵tʃe²⁵⁵（ə³¹）?　你为什么要打他?

　　　你　　为什么　　　他（宾）打　要　（助）

（4）na⁵⁵（a³¹）tʃə³⁵khjəu³³m³¹lom³¹xjau³⁵tʃe²⁵⁵（ə³¹）?　　　你为什么不说?

　　　你　为什么　　　不　说　想　（助）

（5）na⁵⁵（a³¹）tʃə³⁵khjəu³³m³¹jup³¹xjau³⁵tʃe²⁵⁵（ə³¹）?　　　你为什么不睡?

　　　你　为什么　　　不　睡　想　（助）

7. 问数量

常用的疑问代词有 a³³tʃhət⁵⁵……（ə³¹）、a³¹tʃə³⁵……（ə³¹）。例如:

（1）na⁵⁵ə³³tʃɔ̃⁵⁵sɔ̃⁵⁵a³³tʃhət⁵⁵mɔ̃⁵⁵（ə³¹）?　　　你家有几口人?

　　　你　的　家　人　几　　个

（2）na⁵⁵a³³ja³¹a³³tʃhət⁵⁵mɔ̃⁵⁵（ə³¹）?　　　你有几个孩子?

　　　你　孩子　几　　个

（3）na⁵⁵ma²³¹pɔm³¹a³³tʃhət⁵⁵si³¹（ə³¹）?　　　你有几个苹果?

　　　你　苹果　　几　　个

（4）na⁵⁵a³¹ŋju²⁵⁵a³³tʃhət⁵⁵pji³³（ə³¹）?　　　你多大了?

　　　你　年龄　　几　岁

（5）ŋjam⁵⁵ni³³a³¹tʃə³⁵ni³³（ə³¹）?　　　今天星期几?

　　　今天　　几　天

（6）ŋjam⁵⁵ni³³qa³¹tʃə³⁵van³¹thi⁵⁵（ə³¹）?　　今天几号?

　　今天　　几　　号

三、祈使句

根据语气的不同，祈使句又可分为请求 / 要求类祈使句、劝阻 / 禁止类祈使句和命令类祈使句等 3 类。请求 / 要求类祈使句和命令类祈使句的末尾常使用语气词 u³³。u³³常与前一个音节合音并使前一音节发生变调，或是因前一个音节的韵尾还增加声母。

（一）请求 / 要求类祈使句

（1）na⁵⁵e⁵⁵jau³⁵（eu⁵³）!　　　　　　　你去吧!

　　你 去吧

（2）na⁵⁵（e⁵⁵jo³³）jup³¹e⁵⁵jau³⁵!　　　　你回去睡吧!

　　你 （去）　　睡去吧

（3）na⁵⁵tʃa³¹e⁵⁵jau³⁵!　　　　　　　　你吃去吧!

　　你 吃 去 吧

（4）a³³teu³¹tʃau³⁵!　　　　　　　　　　快吃吧!

　　快　吃吧

（5）nu³³puŋ⁵⁵a³³teu³¹kɔ̃³¹pha³¹si³¹eu⁵³!　你们快去洗菜吧!

　　你们　　快　　菜　　洗去吧

（6）na⁵⁵bǎ³¹soŋ⁵³bǎ³¹sai⁵³xen³¹nu ʔ⁵⁵!　你要好好学吧!

　　你 好好　　　　　学　吧

（7）na⁵⁵ga³³na³³kho³¹tʃo³³（nəʔ⁵⁵）sɔi⁵⁵la⁵⁵lau³¹!　你来帮我洗碗吧!

　　你 我（宾）碗　洗　　　　帮 来 吧

（二）劝阻/禁止类祈使句：用（a³¹）+V+tʃu⁵³形式表示劝阻/禁止。例如：

（1）na⁵⁵（a³¹）oʔ³¹li³¹tʃu⁵³!　　　你别出来!

　　你　　　出来 别

（2）na⁵⁵（a³¹）tɛ³³tʃu⁵³!　　　　你不要砍!

　　你　　　砍别

（3）na⁵⁵（a³¹）kɯt³¹tʃu⁵³!　　　你不要动!

　　你　　　动 别

（4）na⁵⁵（a³¹）e⁵⁵tʃu⁵³!　　　　你别回去了！
　　你　　　回别

（5）na⁵⁵（a³¹）kan³³tʃu⁵³!　　　　你别写了！
　　你　　　写　别

（6）na⁵⁵（a³¹）si³¹tʃu⁵³!　　　　你别洗了！
　　你　　　洗　别

（7）na⁵⁵（a³¹）lom³¹tʃu⁵³!　　　　你别说了！
　　你　　　说　别

（8）na⁵⁵thǎ³¹kha³⁵（a³¹）taŋ³⁵tʃu⁵³!　你别喝酒！
　　你酒　　　　　喝别

（9）na⁵⁵n̥ɛʔ⁵⁵（a³¹）tʃi³³tʃu⁵³!　　　你不要这样做！
　　你 这样　　　做别

（三）命令类祈使句

（1）ga³³na³³ pji³¹ju⁵⁵!　　　　　给我！
　　我（宾）给吧

（2）xa⁵⁵lau³¹!　　　　　　　　拿来！
　　来 拿

（3）eu⁵³!　　　　　　　　　　回去！
　　去！

（4）oʔ³¹an⁵⁵nu³¹!　　　　　　　出去！
　　出去

（5）e⁵⁵jo³³jup³¹eu⁵³!　　　　　去睡觉！
　　去　睡觉去

（6）kɔ³¹pha³¹ko⁵⁵eu⁵³!　　　　　去做饭！
　　饭　　做 去

（7）e⁵⁵lǎ³¹pu³¹si³¹eu⁵³!　　　　去洗手！
　　去手　洗

四、感叹句

感叹句句式简洁，多为非主谓句。句末的感叹语气助词（jaŋ⁵³）可加可不加。

例如：

（1）a³³m̥u³³ba³³（jaŋ⁵³)!　　　这么长啊！
　　　长　　　（啊）

（2）a³³bə³¹ba³³（jaŋ⁵³)!　　　这么大啊！
　　　大　　　（啊）

（3）a³³kan⁵⁵（jaŋ⁵³)!　　　那么远啊！
　　　远　　（啊）

（4）a³³nan³¹ba³³（jaŋ⁵³)!　　　那么粗啊！
　　　粗　　　（啊）

（5）a³³tʃhau³³（jaŋ⁵³)!　　　好吃极了！
　　　好吃　　（啊）

（6）a³³tʃho³¹（jaŋ⁵³）!　　　好冷啊！
　　　冷　　（啊）

（7）a³³lam³¹（jaŋ⁵³)!　　　太多了！
　　　多　　（啊）

（8）mu³¹tha³¹a³³sɔ⁵⁵（jaŋ⁵³)!　天气真好啊！
　　　天气　　好　　（啊）

（9）sɔ̃⁵⁵a³³lam³¹（jaŋ⁵³)!　　　好多人啊！
　　　人　多　　（啊）

第三节　复　　句

一、复句概述

　　普内语的复句是由两个或两个以上的分句构成的。其特征主要表现在分句的意义关系、标记形式、类别上。

　　根据分句之间意义上的关系和结构形式上的异同，普内语的复句分为联合复句和偏正复句两类。联合复句又可分为并列复句、承接复句、递进复句、选择复句等。偏正复句中的偏句是修饰、限制的，正句是被修饰、限制的。偏正复句还可根据意义和语法关系再分为因果复句、条件复句、让步复句、转折复句等。

　　分句与分句之间在意义上互相关联，说的是有关系的事。在语音上有较短的停顿。在语法形式上，有的是零标记，即不用关联标记，靠语序显示分句的关系。但多数句子靠关联词语（关系助词、副词）连接和关照。关联词语的位置以居中（即在两个分句之间，有的在前一分句末尾，有的在后一分句开头）的为多，有少数居后（在全句的末尾）。例如：

（1）na⁵⁵ nu³¹ phu³¹nɔi³⁵ba²³¹,ga³³nu³¹ bǎ³¹tʃham³¹.　你是普内族，我是老挝族。
　　　你（话）普内　人　我（话）老挝人

（2）ŋjaŋ⁵⁵də²⁵⁵mu³¹bot³¹ŋji³¹ja³¹ba³¹a³⁵,tʃho³¹e³⁵kha³³khat⁵⁵.
　　　这里　　天阴　不只　　冷　特别
　　　这里不仅潮湿，还特别冷。

（3）na⁵⁵bot³¹fɯ²³¹xat³¹tʃi³³ban⁵³,khjəu³³di³¹jup³¹mu³³!　你写完作业后睡觉吧！
　　　你作业　　做先　然后　　睡觉吧

（4）na⁵⁵sĩ³³jo³³ta³³tʃem⁵⁵,bot³¹xjen³¹m³¹kə³³ɛ³⁵pə³¹（ɣ）ɛ³³.
　　　你考试不及格　课文　不看因为
　　　考试不及格，是因为你没有好好复习。

例（1）不用连接成分；例（2）用 ja³¹ba³¹a³⁵ "不只" 连接，关联词语居中；例（3）用 khjəu³³di³¹ "然后" 连接，关联词语居前；例（4）的关联词语 ɛ³⁵pə³¹（ɣ）ɛ³³ "因为"，放在句子末尾。

二、联合复句

联合复句分句之间有的加关联词语连接，有的不加。又可分为以下几类：

（一）并列复句

分句之间有的加关联词语连接，有的不加。常用的关联词语有："khjəu³³" "tap⁵⁵……tap⁵⁵" "tap⁵⁵……khjəu³³……tap⁵⁵"。例如：

ga³³ĩ³³tʃet³¹kuat³¹mɛ²⁵⁵,na⁵⁵kɔ³¹pha³¹kho⁵⁵tʃau³⁵.　　我扫地，你做饭。
我垃圾扫　要　你菜　炒　吃

ŋjɔ³³phu³¹nɔi³⁵tʃe³¹a³³khɯt³¹,khjəu³³lau³³tʃe³¹a³³khɯt³¹.
他普内语　说　知道　　也老挝说　知道
他会普内语，也会老挝语。

ŋjɔ³³xaŋ³¹tap⁵⁵tʃa³¹,tho³¹la²⁵⁵that⁵⁵tap⁵⁵kɔ³³.　　　他一边吃饭，一边看电视。
他饭　又吃　电视　　又看

ŋjɔ³³a³³kɯŋ³¹tap⁵⁵vɯ⁵⁵, khjəu³³a³³tʃhɔ̃⁵⁵baʔ³¹bə³³tap⁵⁵tan³¹e³⁵.

他　东西　　又　买　也　朋友　　　　又　玩　去

他去买东西，又去会朋友。

如果两个分句的意义是对举的，两个主语的后面都要加话题助词 nu³¹。例如：

na⁵⁵nu³¹ phu³¹nɔi³⁵baʔ³¹,ga³³nu³¹ bǎ³¹tʃham³¹.　　你是普内族，我是老挝族。

你（话）普内　　人　我（话）老挝人

na⁵⁵nu³¹ gə³³,ŋjaŋ⁵⁵nu³¹ ŋjɔ³³ə³³.　　这是我的，那是他的。

这（话）我的　那（话）他 的

（二）承接复句

分句的先后次序是固定的，不能颠倒。常用的关联词是起连接作用的"khjəu³³di³¹"。例如：

na⁵⁵xaŋ³¹tʃa³¹ban⁵³, khjəu³³di³¹eu⁵³!　　你先吃饭，然后就回去吧！

你饭　吃　先　　然后　　去

na⁵⁵bot³¹fɯʔ³¹xat³¹tʃi³³ban⁵³, khjəu³³di³¹ju³³m̥uʔ⁵⁵!　你先写作业，然后睡觉吧！

你　作业　　　做　先　　然后　　睡觉

da⁵⁵sɯ⁵⁵xen³¹baʔ³¹lom³¹ban⁵³, khjəu³³di³¹dai³¹khu³¹phəm⁵⁵təm³¹khaʔ⁵⁵meʔ⁵⁵.

学生　　　　讲　先　　然后　老师　　补充　　做　要

学生讲完，然后老师再做补充。

（三）递进复句

分句之间有的加关联词语连接，有的不加。常用的关联词语有 "ba³¹a³⁵"

"ba³¹a³⁵khjəu³³jom³⁵"。例如：

ŋjɔ³³tau³¹bɯt³¹meʔ⁵⁵m³¹tʃa³³,gu³³pɯŋ⁵⁵　na³³　thot⁵⁵lɛ³¹ban³³ŋji⁵⁵.

他 谢谢　　　　没有　我们　（宾）责怪

他不但不感谢我们，还责怪我们。

ŋjɔ³³au⁵⁵ŋji⁵⁵ja³¹ba³¹a³⁵, khjəu³³jom³⁵a³³khɯt³¹a³³en⁵⁵.　　他不但帅，而且聪明。

他 帅　不只　　还　　聪明

ŋjaŋ⁵⁵də⁷⁵⁵mu³¹bot³¹ŋji³⁵ja³¹ba³¹a³⁵, tʃho³¹ɛ³⁵kha³³khat⁵⁵.

这里　　天阴　不只　　冷　特别

这里不仅潮湿，还特别冷。

ŋjɔ³³lom³¹khɯɯt³¹ŋji³⁵ja³¹ba³¹a³⁵, khjəu³³jom³⁵a³³kan³³khɯɯt³¹.　他不但会说，还会写。

　他　说　知道　　不只　　　　　　　写　　会

（四）选择复句

分句之间有的加关联词语连接，有的不加。常用的关联词语是 "la³¹……ba³⁵（ɣ）a³⁵……la³¹"。例如：

ŋjɔ³³tho³¹la⁷⁵⁵that⁵⁵m³¹kəm³⁵, jup³¹ŋji³⁵.　他不是看电视，就是睡觉。

　他　电视　　　不看　　睡觉

na⁵⁵e⁵⁵mɛ⁷⁵⁵la³¹, ba³⁵（ɣ）a³⁵ŋjɔ³³la³¹ɛ⁵⁵mɛ⁷⁵⁵?　你去，还是他去？

　你 去 要　　　还是　　　他　　去 要

na⁵⁵la³¹kan³³də⁵⁵tʃe⁷⁵⁵, ba³⁵（ɣ）a³⁵ŋjɔ³³la³¹kan³³də⁵⁵tʃe⁷⁵⁵?

　你　写　对　　　还是　　　他　写　对

你写的对，还是他写的对？

三、偏正复句

偏句与正句之间可以不用关联词连接，但也有用关系助词连接的。偏正复句还可根据意义和语法关系再分为以下几类。

（一）因果复句

大多是原因分句在前，结果分句在后，即前因后果。常用的关联词语是 "ɛ³⁵pə³¹（ɣ）ɛ³³"。例如：

bo³¹xɔ⁵⁵li³¹ɛ³⁵pə³¹（ɣ）ɛ³³, ŋjɔ³³fan³¹jo³³tʃɔ³⁵tʃe⁷⁵⁵. 因为下雨，所以他回来晚了。

　雨　　下 因为　　　　他 慢　地去（助）

mjaŋ³¹kha³¹ɛ³⁵pə³¹（ɣ）ɛ³³, ŋjɔ³³m³¹la³⁵khɯɯt³¹.　因为有事，所以他没来。

　事情　忙 因为　　　　他 不 来

若要强调原因，原因分句也可放在结果分句之后，其关联词语放在全句的末尾。例如：

na⁵⁵sĩ³³jo³³ta³³tʃem⁵⁵, bot³¹xjen³¹m³¹kə³³ɛ³⁵pə³¹（ɣ）ɛ³³.

　你 考试　不及格　　课文　　不看 因为

考试不及格，是因为你没有好好复习。

ŋjɔ³³tʃhup³¹ba³³ta³³tʃem⁵⁵, ɭap⁵⁵a³³pla³⁵ja³¹tom³³（ɣ）ε³⁵pə³¹（ɣ）ε³³.

他 感冒 传染 上衣薄薄 穿 因为

他感冒了，是因为他穿少了。

（二）条件复句

条件偏句在前，正句在后。关联词语常用的是"khɔ⁵⁵nu³¹"。例如：

də³¹sə²⁵⁵ bo³¹xɔ⁵⁵li³¹khɔ⁵⁵nu³¹, gu³³puɯŋ⁵⁵m³¹e³⁵. 明天下雨的话，我们就不去。

明天 雨 下 的话 我们 不 去

na⁵⁵e⁵⁵lε³¹mε²⁵⁵khɔ⁵⁵nu³¹, ga³³nam³⁵bo²³¹lau³³. 你要回去的话，就通知我一声。

你 去 要 的话 我 告诉

na⁵⁵khǎ³¹khɔ⁵⁵nu³¹, xai³¹ŋε²⁵⁵khǎ³¹mε⁵³? 如果是你，你会怎样做？

你 如果 怎样 做

ŋjɔ³³e⁵⁵khɔ⁵⁵nu³¹, xai³¹ŋε²⁵⁵o²³¹li³¹mε²⁵⁵? 如果他去了，结果会怎样？

他 去 如果 怎样 结果 要

na⁵⁵to²³¹loŋ³¹khɔ⁵⁵nu³¹, ŋjɔ³³（ɣ）am⁵⁵la⁵³（ɣ）ə³³mε²⁵⁵. 只有你同意了，他才会来。

你 同意 只有 他 才 来 要

（三）让步复句

常用的关联词有："am³⁵""kha³³（ɣ）am³⁵"。例如：

də³¹sə²⁵⁵ bo³¹xɔ⁵⁵li³¹（ɣ）im³³, gu³³puɯŋ⁵⁵mjaŋ⁵⁵va³¹（ɣ）e³⁵mε²⁵⁵.

明天 雨 下 即使 我们 事情 做去 要

明天即使下雨，我们也得去干活。

na⁵⁵m³¹ma²⁵⁵（ɣ）am³⁵, ja³³e⁵⁵mε²⁵⁵. 你即使不喜欢，也得去。

你 不喜欢 即使 也去要

ŋjɔ³³a³¹ŋju²⁵⁵a³³ji⁵⁵kha³³（ɣ）am³⁵, a³³en⁵⁵. 他虽然年纪小，但是很懂事。

他 年龄 小 虽然 聪明

ŋjɔ³³bǎ³¹soŋ⁵³bǎ³¹sai⁵³kha³³（ɣ）am³⁵, khǎ³³nεn³¹ji⁵⁵lot³¹lot³¹ŋji³⁵.

他 用功 虽然 成绩 小小

他虽然很用功，但是成绩不好。

（四）转折复句

偏句在前，正句在后。常用的关联词有"ŋa⁵⁵""xjɔ⁵⁵tam³¹"。例如：

ga³³nu³¹bǎ³¹tʃham³¹ja³¹, ŋ̥a⁵⁵phu³¹nɔi³⁵tʃe³¹a³³khuɯt³¹. 我是老挝族，但是会普内话。

我（话）老挝族　　　但是普内语　说　知道

tʃə³¹sə³¹na⁵⁵tʃə⁵⁵nu³¹tʃhau³³ɛ³³jɔ⁵³, ŋ̥a⁵⁵sa³¹tʃi⁵⁵ja³¹a³³kha³¹. 这菜很好吃，但是有点咸。

菜　　这种　　　好　很好　　但是盐 一 点苦

ga³³la³¹ka³³nat³¹na²⁵⁵tʃe²⁵⁵tam³¹ la⁵⁵tʃe²⁵⁵na²⁵⁵, ŋjɔ³³xjɔ⁵⁵tam³¹m³¹la³⁵.

我 时间　约　（助）跟着 来　　　　他 然而　　不 来

我按约定的时间到了，然而他不在。

ga³³ŋjɔ³³na³³ tʃi³³tʃhɔ³¹tʃe²⁵⁵na²⁵⁵, ŋjɔ³³xjɔ⁵⁵tam³¹m³¹bu³⁵.

我 他（宾）做 帮（宾助）　　他 然而　　不 要

我帮他做好了，然而他不要了。

附录 1 普内语词表

序号	汉义	老挝普内语	老挝语
1	天	mu³¹tha³¹	thɔːŋ⁵³fa⁵³
2	太阳	mu³¹ni⁵⁵si³¹	ta³³ven³⁵
3	月亮	fa³¹la³³si³¹(xɔ̃³¹la³³si³¹)	dɯɯən³³
4	星星	u³¹kɯ⁵⁵si³¹	daːu³³
5	北斗星	u³¹kɯ⁵⁵si³¹tha³¹ə³³	daːu³³nɯə³³
6	流星	u³¹kɯ⁵⁵si³¹taꜜ³³bja⁵³	daːu³³tok⁵⁵
7	天气	mu³¹tha³¹mji⁵⁵toŋ⁵⁵(ŋjaŋ⁵⁵nu³¹)	a³³kaːt³¹
8	云	tʃɔ̃³¹tham³¹	meːk⁵³
9	乌云	tʃɔ̃³¹tham³¹a³³tu⁵⁵(a³³da³³)	meːk⁵³fə⁵³
10	阴天	mu³¹tha³¹daꜜ³³ẽ⁵⁵jɔ̃⁵³	fa⁵³mɯːt⁵³khum⁵³
11	晴天	mu³¹tha³¹a⁵⁵sɔ̃⁵⁵	fa⁵³poːŋ⁵⁵sai³⁵
12	天亮	mu³¹tha³¹pu⁵⁵ẽ⁵⁵jɔ̃⁵³(sɔ̃⁵⁵ẽ⁵⁵jɔ̃⁵³)	thɔːŋ⁵³fa⁵³tsɛŋ⁵³sa⁷⁵⁵waːŋ⁵⁵
13	天黑	mu³¹tha³¹daꜜ³³bja⁵³	thɔːŋ⁵³fa⁵³mɯːt⁵³kham⁵⁵
14	雾	tʃhə³¹lã⁵⁵	mɔːk⁵³
15	雷公（叫）	mu³¹tha³¹(mɯ⁵⁵tʃe⁷⁵⁵)	fa⁵³xɔŋ⁵³
16	闪电	mu³¹bjap³¹	fa⁵³lɛːp⁵³
17	雷击	mu³¹tʃho³¹taꜜ³³tʃe⁷⁵⁵	fa⁵³pha⁵⁵
18	风	xã⁵⁵m̥an⁵⁵	lom³⁵
19	暴风雨	mu³¹sa³¹xã⁵⁵m̥an⁵⁵	pha³⁵n̥u⁷⁵⁵fon³³/³⁵
20	旋风	xã⁵⁵xun³³	pha³⁵n̥u⁷⁵⁵muːn³³/³⁵
21	雨	bo³¹xɔ⁵⁵	fon³³
22	小雨	bo³¹xɔ⁵⁵phjup⁵⁵	fon³³poːi³³/³⁵
23	虹	tin⁵⁵lã⁵⁵tʃhu³¹	xoŋ⁵⁵kin³³nam⁵³
24	雪	tʃa³³phɯ⁵⁵	xi⁷⁵⁵ma⁷³¹
25	冰雹	xlo⁵³si³¹(tʃhə³¹si³¹)	maːk⁵³xep⁵⁵
26	火	bji³¹	fai³⁵
27	火苗	bji³¹lam⁵⁵	pɛːu³³fai³⁵
28	火星	bji³¹mep³¹	mat⁵⁵fai³⁵
29	火炭	bji³¹tʃĩ⁷⁵⁵	thaːn³³fai³⁵
30	（炊）烟	bŏ³¹khau³¹	khuɔn³⁵fai³⁵
31	火灾	bji³¹loŋ⁵⁵(bja⁵³)	ak⁵⁵khi³⁵phai³⁵

序号	汉义	老挝普内语	老挝语
32	火药	m̩uɯ⁵⁵	din³³fai³⁵
33	气	xɔ̃⁵⁵man⁵⁵	kɛːt³⁵si²³¹/aːi³³
34	蒸汽	lã⁵⁵ai³³	aːi³³nam⁵³
35	地	mji⁵⁵toŋ⁵⁵	thi⁵⁵din³³/³⁵
36	地上	mji⁵⁵toŋ⁵⁵tha³¹ə³¹	thəŋ³⁵din³³/³⁵
37	地下	mji⁵⁵toŋ⁵⁵toŋ³¹ə³¹	tai⁵³din³³/³⁵
38	地界	a³³khet³¹	khɛːt³¹dɛːn³³
39	土地	mu³¹tʃha³¹mji⁵⁵tʃa³¹	thi⁵⁵din³³/³⁵
40	山	a³³phup⁵⁵(kɯm³¹the³⁵)	phu³⁵khau³³
41	坡	kɯm³¹the³⁵	nəːn³⁵phu³⁵
42	（上）坡	kɯm³¹the³⁵(phja³¹tʃe²⁵⁵)	(khɯn⁵³)khɔːi⁵³
43	（下）坡	thau³¹thiŋ³³(loŋ³¹tʃe²⁵⁵)	(loŋ³⁵)khɔːi⁵³
44	石山	sa³¹phup⁵⁵la³¹phu⁵⁵si³¹	phu³⁵khau³³xin³³
45	土山	a³³phup⁵⁵mji⁵⁵toŋ⁵⁵	phu³⁵khau³³din³³
46	山头	kɯm³¹the³⁵tan³³	ɲɔːt⁵³khau³³/³⁵
47	山尖	kɯm³¹tʃən³⁵	san³³phu³⁵
48	山坡	kɯm³¹the³⁵	nəːn³⁵phu³⁵
49	山顶	kɯm³¹tʃən³⁵	san³³phu³⁵
50	山谷	kɯm³¹the³⁵koŋ⁵⁵ɳi⁵⁵	xup⁵⁵khau³³
51	山洼	kɯm³¹tʃən⁵⁵	san³³phu³⁵
52	高山	a³³phup⁵⁵a³³mu³³	phu³⁵khau³³san³⁵
53	大山	a³³phup⁵⁵a³³bə³¹ba²⁵⁵	phu³⁵khau³³ɲai⁵⁵
54	小山	a³³phup⁵⁵ja³¹	phu³⁵khau³³nɔːi⁵³
55	山脚	kɯm³¹the³⁵lep⁵⁵	tin³³phu³⁵
56	山背后	xja⁵⁵pjap³¹loŋ³¹(ɣ)an³⁵bja³¹sə²⁵⁵	laŋ³³khɔːi⁵³
57	岩洞	tham⁵⁵lɔ̃³¹phu³³	tham⁵³xin³³
58	荒山	lau⁵⁵on⁵⁵ja³¹phup⁵⁵	pa⁵⁵lau⁵⁵
59	树山	soŋ³¹koŋ³⁵phup⁵⁵	phu³⁵pha³³pa⁵⁵doŋ³³
60	土洞	mji⁵⁵toŋ⁵⁵thoŋ⁵⁵	tham⁵³u²³¹moŋ³⁵
61	崖	kɯm³¹the³⁵man³¹khan³¹	na⁵³pha³³
62	洞；孔	khan³¹thu²³¹	khum³³
63	（天）地	mu³¹tha³¹(mji⁵⁵toŋ⁵⁵)	fa⁵³din³³
64	（旱）地	xja⁵⁵	xai⁵⁵khau⁵³
65	河	lã⁵⁵kham³¹	me³³nam⁵³
66	小溪	lã⁵⁵kham³¹ja³¹	nam⁵³xuɔi⁵³nɔːi⁵³

续表

序号	汉义	老挝普内语	老挝语
67	海	tă³¹le³¹	tha⁷⁵⁵le³⁵
68	池塘	lũ⁵⁵kham³¹(lã⁵⁵thɯm³¹)	nɔːŋ³³nam⁵³
69	鱼塘	nu³¹tɛ⁵⁵lã⁵⁵thɯm³¹	nɔːŋ³³pa³³
70	沟	lã⁵⁵tʃa⁵⁵	xɔːŋ⁵⁵nam⁵³
71	排水沟	lã⁵⁵tʃa⁵⁵pɔi⁵⁵xja⁵⁵	thɔ⁵⁵la⁷⁵⁵baːi³³nam⁵³
72	井	nam⁵⁵bo⁵⁵	nam⁵³saŋ⁵³
73	潭	lã⁵⁵thɯm³¹a³³nɔ̃³¹	sa⁷⁵⁵nam⁵³
74	坑	kham³¹tu³¹	lum⁵⁵/khum⁵⁵
75	路	tʃa³³ba⁵³	xon³³thaːŋ³⁵
76	路边	tʃa³³ba⁵³lep³¹	khɛːm³⁵thaːŋ³⁵
77	公路	tha³¹lɯ̰³³tʃa³³/⁵⁵	thaːŋ³⁵luaŋ³³
78	小路	tʃa³³ba⁵³ja³¹	thaːŋ³⁵khɛːp⁵³
79	岔路	tʃa³³ba⁵³tʃhuɯŋ³¹na³³tʃe⁷⁵⁵	thaːŋ³⁵nɛːk⁵³
80	大路	tʃa³³ba⁵³a³³ba³³	thaːŋ³⁵n̪ai⁵⁵
81	路下	tʃa³³ba⁵³o³¹pja³¹	tai⁵³tha⁷⁵⁵non³³/³⁵
82	路上	tʃa³³ba⁵³tha³¹pja³¹	thəŋ³⁵tha⁷⁵⁵non³³/³⁵
83	路中间	tʃa³³ba⁵³koŋ⁵⁵n̪i⁵⁵	kaːŋ³³tha⁷⁵⁵non³³/³⁵
84	土	mji⁵⁵toŋ⁵⁵	din³³
85	红土	mji⁵⁵toŋ⁵⁵n̪e⁵⁵	din³³dɛːŋ³³
86	沙土	sa³¹pu³¹lɛ⁷⁵⁵(sai³¹toŋ⁵⁵)	din³³saːi³⁵
87	山地	xja⁵⁵	xai⁵⁵
88	平地	tan³³kɯŋ⁵⁵ə⁷³¹	thi⁵⁵phiaŋ³⁵
89	高处	a³³mu³³ə⁷³¹	thi⁵⁵suŋ³⁵
90	低处	a³³bep³¹ə⁷³¹	thi⁵⁵tam⁵⁵
91	远处	a³³kan⁵⁵ə⁷³¹	thi⁵⁵kai³³/³⁵
92	田	da³¹ko⁷⁵⁵(ko³³)	na³⁵khau⁵³
93	水田	da³¹xja³⁵	na³⁵nam⁵³
94	旱地（山谷地）	ko⁷⁵⁵xja³⁵	khau⁵³xai⁵⁵
95	桔子园	ma⁷³¹kĩ⁵⁵tʃham⁵⁵	suaːn³³maːk³¹kieːŋ⁵³
96	茶园	la⁵⁵tʃham⁵⁵	suaːn³³sa³⁵
97	田埂	da³¹khũ³⁵	khan³⁵na³⁵
98	荒地	ja³³pɯn⁵³toŋ⁵⁵	din³³pau⁵⁵waːŋ³³
99	深山老林	sa³³kha³¹ba⁷³¹	pa⁵⁵doŋ³³dip⁵⁵
100	石头	lã³¹phu³⁵si³¹	kɔːn⁵³xin³³
101	沙子	lu³¹sa³¹lɛ⁷⁵⁵,sai³¹	saːi³⁵

117

序号	汉义	老挝普内语	老挝语
102	尘土	khă⁵⁵la⁵⁵	khi⁵³fun⁵⁵
103	泥巴	ĩ⁵⁵pot³¹	khi⁵³tom³³
104	土块	mji⁵⁵toŋ⁵⁵phu³³	kɔːn⁵³din³³
105	水	lã⁵⁵	nam⁵³
106	洪水	lã⁵⁵thom⁵⁵tʃe⁷⁵⁵	nam⁵³thuam⁵³
107	河水	lã⁵⁵kham³¹	me³³nam⁵³
108	雨水	bo³¹xɔ⁵⁵lã⁵⁵	nam⁵³fon³³
109	水源	lã⁵⁵po⁷³¹	lɛ:ŋ⁵⁵nam⁵³
110	泡沫	lã⁵⁵kham³¹m̥ut³¹	fɔːt⁵³nam⁵³
111	水泡	lã⁵⁵kham³¹m̥ut³¹	fɔːŋ³⁵nam⁵³
112	水滴	lã⁵⁵jot³¹	jɔːt⁵³nam⁵³
113	泉水	lã⁵⁵phot⁵⁵	nam⁵³phu⁷⁵⁵
114	温泉	lã⁵⁵phot⁵⁵a³³l̥oŋ⁵⁵	nam⁵³phu⁷⁵⁵xɔːn⁵³
115	漩涡	lã⁵⁵vun⁵⁵	nam⁵³won³⁵
116	激流	lã⁵⁵lan³³	piɛːu³³nam⁵³
117	瀑布	ja³¹tha³¹lã⁵⁵	nam⁵³tok⁵⁵
118	森林	soŋ³¹koŋ³⁵	pa⁵⁵mai⁵³
119	草地	bɔ³¹dən³³tan⁵⁵	dən⁵⁵ɳa⁵³
120	窟窿	a³³thoŋ⁵⁵	xu³⁵
121	金	kham³¹	kham³⁵
122	银	phju⁵⁵	ŋən³⁵
123	钢	khaŋ³³	kha:ŋ³³
124	铜	toŋ⁵⁵	thɔːŋ³⁵
125	黄铜	toŋ⁵⁵an⁵⁵	thɔːŋ³⁵luɯəŋ³³/³⁵
126	红铜	toŋ⁵⁵ɳe⁵⁵	thɔːŋ³⁵sam³³lit³¹
127	铁	sam⁵⁵	lek⁵⁵
128	锈	ŋju⁵⁵ŋji⁵⁵	khi⁵³miaŋ⁵³
129	铝	a³³lu³³mji³³nem³¹	a³³lu³³mi³³niem⁵³
130	炭	bji³¹tʃi⁷⁵⁵	tha:n⁵⁵fai³⁵
131	矿	xe³³that⁵⁵	xɛ⁵⁵tha:t⁵³
132	煤	din³³than⁵⁵	tha:n⁵⁵xin³³
133	煤气	kjet⁵⁵din³³than⁵⁵	ket⁵⁵tha:n⁵⁵xi:n³³
134	煤矿	din³³than⁵⁵bo³¹	bɔ⁵⁵tha:n⁵⁵xi:n³³
135	煤油	nam⁵⁵man³¹kat⁵⁵	nam⁵³man³⁵ka:t³¹
136	木炭	bji³¹tʃi⁷⁵⁵	tha:n⁵⁵mai⁵³

序号	汉义	老挝普内语	老挝语
137	灶灰	khǎ⁵⁵la⁵⁵	khi⁵³thau⁵⁵
138	地方	tʃi³³xja⁵⁵ni⁵⁵xja⁵⁵	sa²⁵⁵tha:n³³thi⁵⁵
139	集市	kat⁵⁵ta³³xja⁵⁵	ta²⁵⁵la:t³¹
140	省	khuɛŋ³¹	khuɛŋ³³
141	县	mɯ³¹	mɯən³⁵
142	乡	ta³³sɛŋ³³	ta³³sɛ:ŋ³³
143	农村	son³¹nɔ̃⁵⁵bot³¹(nɔ²⁵⁵ə²⁵⁵)	son³⁵nǎ²⁵⁵bot⁵⁵
144	城市	to³¹mɯ³¹	tua³³mɯəŋ³⁵
145	区	khet³⁵	khe:t³¹
146	街道	tʃa³³ba⁵³	tha²⁵⁵non³³
147	村寨	khoŋ³¹	mu⁵⁵ba:n⁵³
148	老村寨	khoŋ³¹kau³⁵	ba:n⁵³kau⁵⁵
149	新村寨	khoŋ³¹sɯ⁷³¹	ba:n⁵³mai⁵⁵
150	家庭	jum⁵⁵tu³¹	khɔ:p⁵³khuɔ³⁵
151	家	tʃɔ̃⁵⁵	ŋɯən³⁵
152	桥	toŋ³¹tʃam⁵⁵	khuɔ³⁵
153	棺材	sɔ̃⁵⁵sɯ⁵⁵taŋ³¹kham³¹	lo:ŋ³⁵sop⁵⁵
154	坟墓	sɔ̃⁵⁵sɯ⁵⁵khan³¹tu³¹thom³³xja³⁵	lum⁵⁵faŋ³³sop⁵⁵
155	学校	xoŋ³¹xjen³¹	xo:ŋ³ŋie:n³⁵
156	幼儿园	xoŋ³¹xjen³¹a⁵⁵nu²⁵⁵ban³³	xo:ŋ³⁵ŋie:n³⁵a³³nu²⁵⁵ba:n³³
157	中学	xoŋ³¹xjen³¹mat³¹tha²⁵⁵jom³¹	xo:ŋ³⁵ŋie:n³⁵mat³³tha²³³nom³⁵
158	小学	xoŋ³¹xjen³¹pa²⁵⁵thom³¹	xo:ŋ³⁵ŋie:n³⁵pa²⁵⁵thom³³
159	大学	ma²⁵⁵xa²⁵⁵vi²⁵⁵tha²⁵⁵ŋja³¹lai³¹	ma²⁵⁵xa²⁵⁵vi²⁵⁵tha²⁵⁵n̩a³⁵lai³
160	饭馆	xan⁵⁵a³³xan³³	xa:n⁵³a³³xa:n³³
161	宾馆	xoŋ³¹xem³¹	xo:ŋ³⁵ŋɛ:m³⁵
162	医院	xoŋ³¹mo³³	xo:ŋ³⁵mɔ³³/³⁵
163	寺庙	fat³¹,vat³¹	vat³³
164	法院	san⁵³	sa:n³³pa²⁵⁵sa³⁵son³⁵
165	军营	tha³¹xan³³khai⁵⁵	kha:i⁵³tha²⁵⁵xa:n³³
166	监狱	a³³kho⁷³¹oŋ³¹xja⁵⁵	khuk³¹/khum⁵⁵khaŋ³³
167	商店	a³³kɯŋ³¹koŋ³¹ja³⁵	xa:n³⁵sap⁵⁵pha⁷³¹sin³³kha⁵³
168	公司	bo³³li³¹sat⁵⁵	bɔ⁵⁵li²⁵⁵sat⁵⁵
169	世界	mɯ³¹lum³³	lo:k⁵³
170	国家	a³³m̩ɯ⁵⁵	pa²⁵⁵the:t⁵³sa:t⁵³
171	泰国	thai³¹mɯ⁵⁵	pa²⁵⁵the:t⁵³thai³⁵

续表

序号	汉义	老挝普内语	老挝语
172	中国	xo⁵⁵m̥ɯ⁵⁵	pa⁷⁵⁵theːt⁵³tsiːn³³
173	美国	a³¹me³¹li⁷⁵⁵ka³³m̥ɯ⁵⁵	a³³me³⁵li⁷⁵⁵ka³³
174	老挝	lau³¹mɯ⁵⁵	pa⁷⁵⁵theːt⁵³laːu³⁵
175	缅甸	pha³³ma⁵⁵m̥ɯ⁵⁵	pa⁷⁵⁵theːt⁵³pha²³¹ma⁵³
176	越南	vet³¹nam³³m̥ɯ⁵⁵	pa⁷⁵⁵theːt⁵³weːt⁵³naːm³³
177	万象	veŋ³¹tʃan³³	vieŋ³⁵tsan³³
178	南塔	nam⁵⁵tha³¹	luaŋ³³nam⁵³tha³⁵
179	琅勃拉邦	loŋ³¹pha⁷⁵⁵baŋ³³	luaŋ³³pha²³¹baːŋ³³
180	万荣	van³¹veŋ³¹	vaŋ³⁵vieŋ³⁵
181	勐欣	mɯ³¹sĩ³³	mɯən³⁵siŋ³³
182	会塞	xɔi³⁵sai³¹	xuɔi⁵³saːi³⁵
183	勐龙	mɯ³¹loŋ³¹	mɯən³⁵lɔːŋ³⁵
184	南通村	ban⁵⁵nam³³thoŋ³³	baːn⁵³nam⁵³thuŋ³⁵
185	师范学院	saŋ⁵⁵khu³¹	vi⁷⁵⁵tha⁷⁵⁵ɲa³⁵lai³⁵khu³⁵
186	首都	na⁷⁵⁵khon³¹loŋ⁵³	na⁷⁵⁵khɔːn³⁵luaŋ³³
187	身体	a³³m̥ɔ³⁵	xaːŋ⁵⁵kaːi
188	头	a³³tu³¹	ŋua³⁵
189	头皮	a³³tu³¹ḷu²³¹	naŋ³³ŋua³⁵
190	头发	sam⁵⁵khɯŋ⁵⁵	phom³⁵
191	头旋	to³¹vin³³	tsɔːm³³khuan³⁵
192	头壳	a³³jau³¹tu³¹	ka⁷⁵⁵doːk³¹ŋua³⁵
193	辫子	sam⁵⁵khɯŋ⁵⁵phet³¹	phom³³pia³³
194	秃头	a³³tu³¹a³³lon⁵⁵	ŋua³³laːn⁵³
195	头皮屑	tǎ³¹ka³¹	laŋ³⁵khɛ³⁵
196	额头	bɯ̌³³khoŋ⁵⁵	na⁵³phaːk³¹
197	眉毛	tʃi⁵⁵ku⁵⁵m̥ut³¹	khiu⁵³
198	睫毛	a³³bja³³m̥ut³¹	khon³³ta³³
199	眼睛	a³³bja³³	ta³³
200	眼珠	bji³³si³¹	nuɔi⁵⁵ta³³
201	眼白	a³³bja³³a³³pa³³	ta³³khaːu³³
202	眼皮	a³³bja³³ḷu²³¹	naŋ³³ta³³
203	眼泪	bǎ³³lã⁵⁵	nam⁵³ta³³
204	鼻子	lǎ³³kɔ̃⁵⁵	daŋ³³
205	鼻孔	lǎ³³kɔ̃⁵⁵thoŋ⁵⁵	ŋu³⁵daŋ³³
206	鼻屎	ɲap³¹kɯ³³	khi⁵³muːk⁵³xɛːŋ⁵³

续表

序号	汉义	老挝普内语	老挝语
207	鼻涕	n̥ap³¹lã⁵⁵	nam⁵³muːk⁵³
208	鼻毛	lǎ³³kɔ̃⁵⁵m̥ut³¹	khon³³daŋ³³
209	脓鼻涕	n̥ap³¹ŋju³⁵	khji⁵³muːk⁵³khun⁵³
210	清鼻涕	n̥ap³¹kɯŋ³⁵	khi⁵³muːk⁵³sai³³
211	胸脯	a³³jaŋ⁵⁵	na⁵³ək⁵⁵
212	耳朵	a³³nɔ̃³¹	ŋu³³
213	耳屎	a³³nɔ̃³¹ĩ³¹	khi⁵³ŋu³³
214	耳廓	a³³nɔ̃³¹pha³¹	bai³³ŋu³³
215	耳孔	a³³nɔ̃³¹thoŋ³⁵	ŋu³⁵ŋu³³ᐟ³⁵
216	耳脓	lǎ³¹jau³⁵	nam⁵³nɔːŋ³³ŋu³³
217	耳洞	lǎ³¹thoŋ³⁵	ŋu³³bɔːŋ⁵⁵
218	个子	a³³mɔ̃⁵⁵	ŋup⁵³xaːŋ⁵⁵ᐟ³³
219	大个子	a³³mɔ̃⁵⁵a³³bə³¹	ŋup⁵³xaːŋ⁵⁵ᐟ³³ nai⁵⁵
220	小个子	a³³mɔ̃⁵⁵a⁵⁵ji⁵⁵	ŋup⁵³xaːŋ⁵⁵ᐟ³³nɔːi⁵³
221	后颈窝	lĩ⁵⁵bo⁷³¹	ŋɔːn⁵⁵
222	脖子	a⁵⁵lĩ⁵⁵	khɔ³⁵
223	前脖子	a⁵⁵lĩ⁵⁵thoŋ³¹phan³¹bǎ³¹ka³¹sə⁷³¹	lam³⁵khɔ³⁵suɔn⁵⁵na⁵³
224	喉咙	a⁵⁵lĩ⁵⁵thoŋ⁵⁵ə⁷⁵⁵	lam³⁵khɔ³⁵suɔn⁵⁵nai³⁵
225	脖子后面	a⁵⁵lĩ⁵⁵li³¹khɔ⁵⁵sə⁷⁵⁵	lam³⁵khɔ³⁵suɔn⁵⁵laŋ³⁵
226	咽	khoŋ³¹ba⁷⁵⁵	khɔ³⁵xɔi³³
227	脸	bǎ³³ka³¹	na⁵³
228	面颊	bji³³ka³¹si³¹	bai³³na⁵³
229	嘴	man³¹poŋ³¹	paːk³¹
230	嘴唇	man³¹khɔ³³	xim³⁵paːk³¹
231	胡子	man³¹m̥ut³¹	nuɔt³¹
232	连鬓胡	sam⁵⁵khɯŋ⁵⁵tʃe³³	tsɔːn³³
233	汗毛	a³³m̥ut³¹	khon³³naːu³³
234	下巴	man³¹pji³⁵	khaːŋ³⁵kǎ⁷⁵⁵tai³³
235	肩膀	pu³¹xum⁵⁵	ba⁵⁵lai⁵⁵
236	背	lǎ³³khɔ⁵⁵	laŋ³³
237	腋	kət³¹kǎ³¹le³⁵	khi⁵³ŋe⁵³
238	胸	ŋjɔ̃⁵⁵kha³¹	na⁵³ok⁵⁵
239	乳房	nu⁵⁵si³¹(lɨ̃⁵⁵si³¹)	nom³⁵
240	奶汁	l̥ɨ̃⁵⁵	nam⁵³nom³⁵
241	肚子	pǎ³¹poŋ³³	thɔːŋ⁵³

序号	汉义	老挝普内语	老挝语
242	肚脐	u³¹tʃha³³lu³³	să²⁵⁵dɯ³³
243	腰	a³³tʃo³¹	ɛːu³³
244	脊背	nu³³tʃən³³tʃa³³	kǎ²⁵⁵duːk³¹san³³laŋ³³
245	屁股	ĩ³¹thoŋ³⁵	xu³⁵thǎ⁷³¹vaːn³⁵
246	腿	a³³poŋ⁵⁵	kha³³
247	大腿	a³³phja³¹	kok⁵⁵kha³³
248	膝盖	bǎ³¹tu³³si³¹	ŋua³³khau⁵⁵
249	小腿	man³¹kɔ̃³³	na⁵³khɛŋ³³
250	腿肚子	kap³¹m̥u³¹	khǎ²⁵⁵nɔŋ³³
251	脚	lǎ³¹khɯ³⁵	tiːn³³
252	脚后跟	bǎ³³toŋ³¹si³¹	son⁵³tiːn³³
253	脚踝	tʃham⁵⁵bja³³ si³¹	ta³³tiːn³³
254	脚印	la³¹phja³⁵	xɔːi³⁵tiːn³³
255	脚底	phɔ³¹va³¹ĩ³¹thoŋ³⁵	fa⁵⁵tiːn³³
256	脚趾	la³¹ŋju³⁵khɯ⁵⁵	niu⁵³tin³³
257	脚趾甲	li³¹siŋ³¹ khɯ⁵⁵	lep³³tiːn³³
258	胳膊	lũ³¹tʃum³¹	kok⁵⁵khɛːn³³
259	胳膊肘	li³¹si³¹toŋ³¹	khɔ⁵³sɔːk³¹
260	手	lǎ³¹pu³¹	mɯ³⁵
261	腕关节	lǎ³¹pu³¹lɔ̃³³	khɔ⁵³mɯ³⁵
262	手腕	li³¹ŋju⁵⁵lɔ̃³³	khɔ⁵³niu⁵³mɯ³⁵
263	手指	li³¹ŋju⁵⁵	niu⁵³mɯ³⁵
264	手背	lǎ³¹va³¹lǎ³¹khɔ⁵⁵	laŋ³³mɯ³⁵
265	手筋	lǎ³¹ŋju⁵⁵a³³ku³¹tʃa⁵⁵	en³³mɯ³⁵
266	拇指	lǎ³¹ŋju⁵⁵ba³¹	po⁵³mɯ³⁵
267	食指	lǎ³¹ŋju⁵⁵	niu⁵³si⁵³
268	中指	lǎ³¹ŋju⁵⁵	niu⁵³kaːŋ³³
269	无名指	lǎ³¹ŋju⁵⁵	niu⁵³naːŋ³⁵
270	小指	li³¹ŋju⁵⁵ja³¹	niu⁵³kɔːi⁵³
271	指甲	lĩ³¹sĩ³¹	lep³³mɯ³⁵
272	右手	la³¹m̥jen³¹pu³¹	mɯ³⁵khua³³
273	左手	la³¹kam³⁵pu³¹	mɯ³⁵saːi⁵³
274	拳	la³¹kui³¹(lɔ̃³³tʃhup³¹)	kam³³pan⁵³
275	手掌	la³¹va³¹	fa⁵⁵mɯ³⁵
276	掌纹	la³¹tʃa³⁵	laːi³⁵mɯ³⁵

续表

序号	汉义	老挝普内语	老挝语
277	手茧	la³¹va³¹toŋ³¹lan³³	fa⁵⁵mɯ³⁵
278	手心	lǎ³¹pu³¹koŋ⁵⁵ŋi⁵⁵	tsai³³ka:ŋ³³mɯ³⁵
279	上腭	kǎ³³lin⁵³	phe³⁵da:n³³pa:k³¹
280	肛门	i³¹khoŋ³¹	ŋu³⁵thǎ⁷⁵⁵va:n³⁵
281	臀部	i³¹thoŋ⁵⁵phum⁵⁵	sa⁷⁵⁵pho:k⁵³
282	男生殖器	l̥e³³lɛ⁷⁵⁵,bǎ³¹lɛ⁷⁵⁵	a⁷⁵⁵vai³⁵n̪a⁷⁵⁵va⁷⁵⁵phe:t⁵³sa:i³⁵
283	睾丸	lǎ³¹u⁵⁵si³¹	ma:k³¹an³³tha⁷⁵⁵
284	精液	bǎ³¹khuan³¹lǎ⁵⁵	nam⁵³a⁷⁵⁵su⁷⁵⁵tsi⁷⁵⁵
285	女生殖器	ba³¹to³³	a⁷⁵⁵vai³⁵n̪a⁷⁵⁵va⁷⁵⁵phe:t⁵³n̪iŋ³⁵
286	月经	ba³¹sɯ⁷³¹	pa⁷⁵⁵tsam³³dən³³
287	胎盘	a³³tʃhɔ³¹(ji³¹lɔi³⁵)	xok³¹ɛ⁵⁵nɔ:i⁵³
288	脐带	u³¹tʃha³¹lu³³	sa⁷⁵⁵dɯ³³
289	皮肤	a³³l̥u³¹	phiu³³naŋ³³
290	皱纹	bǎ³¹lai³¹	xɔ:i³⁵ti:n³³ka³³
291	雀斑	a³³da³³	fa⁵³
292	痘痘	jo³³si³¹	tum⁵⁵siu³³
293	青春痘	jo³³si³¹ba⁷³¹	siu³³khɯn⁵³sa:u³³
294	酒窝	vat³¹jo³³ɯ⁵⁵tʃe⁷⁵⁵	kɛ:m³⁵bɔŋ⁵⁵
295	麻子	bǎ³¹ka³¹a³³plai³¹	na⁵³la:i³⁵
296	腮	bǎ³¹ka³¹si³¹	kɛ:m⁵³
297	痣	mɛ³³da³³si³¹	khi⁵³mɛ:ŋ³⁵van³⁵
298	疮	pat⁵⁵tĩ³¹	xɔ:i³⁵ba:t³¹phe³³kau⁵⁵
299	疤	a³³m̥ɔ⁵⁵toŋ⁵⁵tʃa⁵⁵	xɔ:i³⁵pɛ:u⁵³
300	癣	tʃhi⁵⁵ka⁷⁵⁵	khi⁵³ka:k³¹
301	狐臭	kət³¹klai³⁵pat³¹	khi⁵³tau⁵⁵
302	疟疾	phja³¹that⁵⁵that⁵⁵tʃe⁷⁵⁵	khai⁵³ma³³la³³lia³⁵
303	风湿	pa⁵⁵dɔŋ³¹khɔ³³	pa⁷⁵⁵dʊj³³klɯ⁵³
304	感冒	tʃhup³¹ba³³	pen³³wat⁵⁵
305	红眼病	lo⁷⁵⁵ta³³deŋ³³	lo:k⁵³ta³³dɛ:ŋ³³
306	火眼	a³³bja³³a³³ŋe⁵⁵	lo:k⁵³ta³³dɛ:ŋ³³
307	肉	tʃũ³¹kɯŋ³¹	si:n⁵³
308	血	sɯ⁷³¹	lɯə:t⁵³
309	血管	sɯ⁷³¹a³³ku³¹tʃa³⁵	sen⁵³lɯə:t⁵³
310	筋	a³³ku³¹tʃa³⁵	en³³
311	脑髓	a³³do³¹	sa⁷⁵⁵mɔ:ŋ³³

123

序号	汉义	老挝普内语	老挝语
312	骨头	a³³jau³¹	ka²⁵⁵duːk³⁵
313	脊椎骨	nu³³tʃən³³jau³¹	ka²⁵⁵duːk³¹san³³laŋ³³
314	肋骨	a³³jau³¹puɯŋ³⁵	khoːŋ³⁵ka²⁵⁵duːk³⁵ək⁵⁵
315	骨节	a³³jau³¹tɔ⁵⁵na³³ja⁵⁵	khɔ⁵³tɔ⁵⁵ka²⁵⁵duːk³¹
316	牙齿	să³¹phje³¹	kheːu⁵³
317	牙龈	kă³³lin⁵³	ŋɯək⁵³
318	牙根	să³¹phje³¹tʃhe³⁵	xaːk⁵³kheːu⁵³
319	臼齿	să³¹phje³¹toŋ³³soŋ³³	kok⁵⁵kheːu⁵³
320	犬牙	să³¹phje³¹a³³jən³³	kheːu⁵³fe³³
321	门牙	să³¹phje³¹a³³lɯŋ⁵⁵	kheːu⁵³tat⁵⁵
322	舌头	a³³la⁵⁵	liːn⁵³
323	舌尖	a³³la⁵⁵tĩ³¹tĩ³³	paːi³³liːn⁵³
324	舌根	a³³la⁵⁵tʃo³³tʃa⁵⁵	kok⁵⁵liːn⁵³
325	小舌	khoŋ³¹ba³³xja³³tu³¹	liːn⁵³kai⁵⁵
326	人中	la³³kə̃⁵⁵tʃa⁵⁵	xɔːm⁵⁵daŋ³³
327	肺	a³³m̩ap⁵⁵	pɔːt⁵³
328	心脏	mji⁵⁵tʃhu³¹si³¹	xuɔ³³tsai³³
329	肝	a⁵⁵sĩ³¹	tap⁵⁵
330	肾	khai³¹lã³³si³¹	maːk⁵³¹khai⁵³laŋ³³/³⁵
331	脾	a³³phjen⁵⁵	maːm⁵³
332	胆	bŭ³¹kɯ³⁵	bi³³
333	胃	poŋ³³ba³³	kă²⁵⁵phɔ²⁵⁵
334	肠子	a³³u⁵⁵	lam³⁵sai⁵³
335	膀胱	ɛ³¹pu³¹si³¹	phok⁵⁵n̩iau⁵⁵
336	大肠	a³³u⁵⁵ba³³	lam³⁵sai⁵³kɛ⁵⁵
337	小肠	a³³u³¹ja³¹	lam³⁵sai⁵³ɔːn⁵⁵
338	阑尾	sai⁵⁵tĩ³³	sai⁵³tiŋ⁵⁵
339	屎	ĩ³¹	a³³tsom³³
340	尿	ĩ³¹tʃhum⁵⁵lã⁵⁵	pat⁵⁵sa²⁵⁵va⁷³¹
341	屁	ĩ³¹kha³¹	tot⁵⁵
342	汗	bɔ³¹xut³¹lã⁵⁵	ŋɯa⁵⁵
343	痰	tʃhau³¹khue³¹	khi⁵³kă²⁵⁵thɔ²⁵⁵
344	口水	man³¹lã⁵⁵	nam⁵³tɯai⁵⁵
345	唾沫	khan³¹	nam⁵³laːi³⁵
346	浓	a³³um⁵⁵	nam⁵³nɔːŋ³³

序号	汉义	老挝普内语	老挝语
347	污垢	ĩ³¹ŋjã³¹	khi⁵³khai³⁵
348	寿命	a³³khɔ⁵⁵	si³⁵vit⁵⁵
349	尸体	sɔ³³suɯ³³	sop⁵⁵
350	声音	a³³the³³	siaŋ³³
351	人	sɔ⁵⁵	khon³⁵
352	民族	a³³ba⁷³¹	son³⁵phau⁵⁵
353	汉族	xo⁵⁵ba⁷³¹	son³⁵phau⁵⁵xɔ⁵³
354	克木族	kuɯm⁵⁵mu⁷⁵⁵ba⁷³¹	son³⁵phau⁵⁵kuɯm³³mu⁷⁵⁵
355	黑傣族	thai³¹dam³³ba⁷³¹	son³⁵phau⁵⁵tai³⁵dam³³
356	傣族	luɯ⁵⁵ba⁷³¹	son³⁵phau⁵⁵tai³⁵
357	佤族	va⁵⁵ba⁷³¹	son³⁵phau⁵⁵wa⁵³
358	苗族	mju³⁵ba⁷³¹	son³⁵phau⁵⁵moŋ⁵³
359	泰族	thai³¹ba⁷³¹	son³⁵phau⁵⁵thai³⁵
360	阿卡族	a³³kha³¹ba⁷³¹	son³⁵phau⁵⁵a³³kha⁵⁵
361	克伦族	ka³³leŋ³¹ba⁷³¹	son³⁵phau⁵⁵kǎ⁷³¹liaŋ⁵³
362	瑶族	i⁵⁵mjen³¹ba⁷³¹	son³⁵phau⁵⁵iu³³mian³¹
363	北方人	pha⁷³¹nuɯ³¹ba⁷³¹	khon³⁵pha:k⁵³nuɯə³³
364	南方人	pha⁷³¹tai⁵⁵ba⁷³¹	khon³⁵pha:k⁵³tai⁵³
365	美国人	a³¹me³¹li⁷⁵⁵ka³¹(ɣ)e³³sɔ̃⁵⁵	khon³⁵a³³me³⁵li⁷⁵⁵ka³³
366	日本人	ŋji³³pun⁵⁵(ɣ)e³³sɔ̃⁵⁵	khon³⁵n̪i⁵⁵pun⁵⁵
367	英国人	aŋ⁵⁵kjit⁵⁵(khjit⁵⁵)e³³sɔ̃⁵⁵	khon³⁵aŋ³³kit⁵⁵
368	韩国人	kau⁵⁵li⁵³(ɣ)e³³sɔ̃⁵⁵	khon³⁵kau⁵³li³³
369	云南人	ju⁵⁵nan⁵³(ɣ)e³³sɔ̃⁵⁵	khon³⁵jun³³na:n³¹
370	老人	ja³¹ma³¹ja³¹to⁷³¹	khon³⁵sa³³la³⁵
371	成年人	sɔ̃⁵⁵tʃa⁷³¹	a³³vu⁷⁵⁵so³³
372	年轻人	ji³¹pu³¹ji³¹kat⁵⁵	n̪au³⁵vai³⁵
373	小孩儿	ja³¹kat⁵⁵	dek⁵⁵n̪ɔ:i⁶³
374	婴孩	jǎ³¹ne⁵⁵ja³¹	tha³⁵lok³³
375	小男孩	kǎ³¹phja³¹ja³¹	dek⁵⁵sa:i³⁵
376	小女孩	khǎ³¹bja⁵³ja³¹	dek⁵⁵n̪iŋ³⁵
377	老头儿	ja³¹mɔ³¹ka³¹phja³¹	phɔ⁵⁵thau⁵³
378	老太太	ja³¹mɔ³¹kha³¹bja⁵³	me³³thau⁵³
379	男人	kǎ³¹phja³¹	phu⁵³sa:i³⁵
380	妇女	khǎ³¹bja⁵³	phu⁵³n̪iŋ³⁵
381	小伙子	jǎ³¹kha³¹	phu⁵³ba:u⁵⁵

序号	汉义	老挝普内语	老挝语
382	小姑娘	jǎ³¹bji³¹	phu⁵³saːu³³
383	伴郎	loŋ³¹	phɯɯn⁵⁵tsau⁵³baːu⁵⁵
384	伴娘	loŋ³¹	phɯɯn⁵⁵tsau⁵³ saːu³³
385	新郎	jǎ³¹kha³¹	tsau⁵³baːu⁵⁵
386	新娘	jǎ³¹bji³¹	tsau⁵³ saːu³³
387	未婚妻	a³³khu³¹	khu⁵⁵man⁵³(phu⁵³ɲiŋ³⁵)
388	未婚夫	a³³khu³¹	khu⁵⁵man⁵³(phu⁵³saːi³⁵)
389	订婚	thǎ³¹kha⁵⁵sət⁵⁵a³³bja⁵³	man⁵³saːu³³
390	已婚男子	jum⁵⁵si⁵⁵	khon³⁵tɛːŋ⁵⁵ɲaːn³⁵lɛːɯ⁵³
391	爷爷	mu⁵⁵mɔ³¹	pu⁵⁵
392	奶奶	ma⁵⁵mɔ³¹	ɲa⁵⁵
393	外祖父	xu⁵³(a³¹fu⁷³¹)	ta³³
394	外祖母	phji⁵³	ɲaːi³⁵
395	曾祖父	mu⁵⁵mɔ³¹	pu⁵⁵thuɔt⁵³
396	曾祖母	ma⁵⁵mɔ³¹	ɲa⁵⁵thuɔt⁵³
397	曾孙	a³³an³¹	laːn³³thuɔt⁵³
398	侄子	a³³an³¹kǎ³¹phja³¹	laːn³³saːi³⁵
399	侄女	a³³an³¹khǎ³¹bja⁵³	laːn³³saːu³³
400	父亲	mu⁵⁵	phɔ⁵⁵/biʔ⁵⁵da³³
401	母亲	baʔ⁵⁵	me⁵⁵/maˀ³⁵da³³
402	父母	baʔ⁵⁵mu⁵⁵	phɔ⁵⁵me⁵⁵
403	岳父	jǎ³¹pha³¹	phɔ⁵⁵thau⁵³
404	岳母	jǎ³¹baʔ⁵⁵	me⁵⁵thau⁵³
405	公公	jǎ³¹pha³¹	phɔ⁵⁵pu⁵⁵
406	婆婆	jǎ³¹baʔ⁵⁵	me⁵⁵ɲa⁵⁵
407	长辈	jǎ³¹ma³¹ja³¹toʔ³¹lam⁵⁵	lun⁵³a³³vu⁷⁵⁵so³³
408	晚辈	ji³¹pu³¹ji³¹kat⁵⁵lam⁵⁵	lun⁵³num⁵⁵nɔːi⁵³
409	亲家公	sĩ⁵⁵tʃa³³	phɔ⁵⁵dɔːŋ³³
410	亲家母	siŋ⁵⁵tʃa³³a³³baʔ⁵⁵	me⁵⁵ dɔːŋ³³
411	儿子（泛称）	a³³ja³¹kǎ³¹phja³¹	luːk⁵³saːi³⁵
412	儿子（亲称）	ji³¹pjoŋ³⁵	luːk⁵³saːi³⁵
413	儿媳（泛称）	a³³ju³³	luːk⁵³sǎ⁵⁵phai⁵³
414	儿媳（亲称）	(gu³³)a³³ju³³	luːk⁵³sǎ⁵⁵phai⁵³
415	大儿子	ji³¹pjoŋ³⁵xu³¹e⁵⁵mɔ̃³³	luːk⁵³saːi³⁵kok⁵⁵
416	大儿媳	a³¹ju³³baʔ³¹	luːk⁵³phai⁵³ɲai⁵⁵

续表

序号	汉义	老挝普内语	老挝语
417	二儿子	ji³¹pjoŋ³⁵thi³¹soŋ⁵⁵mɔ̃⁵⁵	lu:k⁵³sa:i³⁵phu⁵³thi³⁵sɔ:ŋ³³
418	二儿媳	a³¹ju³³thi³¹soŋ⁵⁵mɔ̃⁵⁵	lu:k⁵³phai⁵³phu⁵³thi³⁵sɔ:ŋ³³
419	老幺（小儿子）	a³¹ju³³pjoŋ³⁵nu³¹lin³³mɔ̃⁵⁵	lu:k⁵³sa:i³⁵la⁵³
420	老幺（小女儿）	a³³ji³¹bji³¹nu³¹lin³³mɔ̃⁵⁵	lu:k³⁵³sa:u³³la⁵³
421	女儿（泛称）	a³³ji³¹bji³¹	lu:k⁵³sa:u³³
422	女儿（亲称）	a³³ji³¹bji³¹	lu:k⁵³sa:u³³
423	女婿	a³³khəi³³(jǎ³¹ba³¹)	lu:k⁵³khə:i³³
424	孙子	a⁵⁵an³¹kǎ³¹phja³¹	la:n³³sa:i³⁵
425	孙儿媳	a⁵⁵an³¹ə⁷³¹a³³kha³¹ba⁷³¹	la:n³³phai⁵³
426	子孙	a³³ja³¹a³³an³¹puɯ⁵⁵	lu:k⁵³la:n³³
427	孙女儿	a⁵⁵an³¹ji³¹bji³¹	la:n³³sa:u³³
428	孙女婿	a⁵⁵an³¹ji³¹bji³¹(ɣ)ə⁷³¹a³³mju⁵⁵	la:n³³khə:i³³
429	哥哥	a⁵⁵xu³¹ja³¹ka³¹phja³¹	a:i⁵³
430	嫂子	a³¹tʃhu³³	ɯai⁵³phai⁵³
431	弟弟	a³³phe⁵⁵(a⁵⁵nu³¹ja³¹ka³¹phja³¹)	nɔ:ŋ⁵³sa:i³⁵
432	弟妹	juɯ̃³¹ba⁷³¹	nɔ:ŋ⁵³phai⁵³
433	姐姐	a⁵⁵xu³¹ja³¹kha³¹bja⁵³	ɯai⁵³
434	姐夫	a⁵⁵soŋ³¹	a:i⁵³khə:i³³
435	妹妹	nu³¹ja³¹jǎ³¹bji³¹	nɔ:ŋ⁵³sa:u³³
436	大姐	(xu³¹bji³¹xu³¹ɛ⁵⁵mɔ̃⁵⁵)xu³¹ja³¹kha³¹bja⁵³ko⁷⁵⁵ɛ⁷⁵⁵	ɯai⁵³ɲai⁵⁵
437	二姐	xu³¹ja³¹kha³¹bja⁵³thi³¹soŋ³³mɔ̃⁵⁵	ɯai⁵³phu⁵³thi³⁵sɔ:ŋ³³
438	妹夫（姐呼妹夫）	mɔ̃³¹tʃhi³⁵	na⁵³khə:i³³
439	妹夫（兄呼妹夫）	mɔ̃³¹tʃhi³⁵	a³³khə:i³³
440	兄弟	xu³¹ja³¹nu³¹ja³¹	a:i⁵³nɔ:ŋ⁵³
441	兄弟姐妹	pji³³nɔ̃³⁵	a:i⁵³ɯai⁵³nɔ:ŋ⁵³
442	伯父	ɯ⁵³kǎ³¹phja³¹	luŋ³⁵
443	伯母	ɯ⁵³khǎ³¹bja⁵³	pa⁵³
444	叔父	a³³vɔ̃⁵⁵	a:u³³
445	婶母	a³³kho⁷³¹	a³³phai⁵³
446	大姨母（母之姐）	ɯ⁵³kǎ³¹phja³¹	pa⁵³
447	大姨父（母之姐夫）	ɯ⁵³khǎ³¹bja⁵³	luŋ³⁵
448	小姨母（母之妹）	mɯ⁵⁵ja³¹	na⁵³sa:u³³
449	小姨父（母之妹夫）	a³³tʃhɛ⁵⁵	na⁵³khə:i³³
450	大舅父（母之兄）	ɯ⁵³kǎ³¹phja³¹	luŋ³⁵
451	大舅母（母之嫂）	ɯ⁵³khǎ³¹bja⁵³	pa⁵³

序号	汉义	老挝普内语	老挝语
452	小舅父（母之弟）	a^{33}tʃhɛ^{55}ja^{31}	na^{53}ba:u^{55}
453	小舅母(母之弟妹)	ji^{33}ba^{255}	na^{53}phai^{53}
454	大姑母（父之姐）	ɯ^{53}kǎ^{31}phja^{31}	pa^{53}
455	大姑父(父之姐夫)	ɯ^{53}khǎ^{31}bja^{53}	luŋ^{35}
456	小姑母（父之妹）	a^{55}mɯ^{55}	a^{33}
457	小姑父(父之妹夫)	a^{55}vɔ^{55}	a:u^{33}khɔ:i^{33}
458	丈夫	a^{55}mju^{55}	sa^{33}mi^{35}/phuɔ^{33}
459	妻子	a^{33}khǎ^{31}ba^{255}	phan^{35}lǎ^{255}ɳa^{35}/mia^{35}
460	大老婆	a^{33}khǎ^{31}ba^{255}xu^{31}mɔ^{35}	mia^{35}luaŋ^{33}
461	小老婆	kha^{31}ba^{255}a^{33}ja^{31}	mia^{35}nɔ:i^{53}
462	继母	mɯ^{53}	me^{55}sɯ:p^{31}
463	继父	vɔ^{55}	phɔ^{55}sɯ:p^{31}
464	寡妇	bǎ^{31}tʃhau^{31}ba^{231}	me^{55}ma:i^{53}
465	鳏夫	bǎ^{31}tʃhau^{31}	phɔ^{55}ma:i^{53}
466	养子	lu^{231}kjep^{55}jǎ^{31}kha^{31}	lu:k^{53}bun^{33}tham^{35}(sa:i^{35})
467	养女	lu^{231}kjep^{55}jǎ^{31}bji^{31}	lu:k^{53}bun^{33}tham^{35}(ɳiŋ^{35})
468	干爸爸	mu^{55}	phɔ^{55}bun^{33}tham^{35}
469	干妈妈	ba^{255}	me^{55} bun^{33}tham^{35}
470	干儿子	a^{33}jǎ^{31}pjoŋ^{35}	lu:k^{53}sa:i^{35}bun^{33}tham^{35}
471	干女儿	a^{33}jǎ^{31}bji^{31}	lu:k^{53}sa:u^{33}bun^{33}tham^{35}
472	表哥	a^{33}phɛ^{35}	a:i^{53}
473	堂哥	a^{33}phɛ^{35}	a:i^{53}
474	表姐	a^{33}xu^{31}ja^{33}khǎ^{31}bja^{53}	ɯai^{53}
475	堂姐	a^{33}xu^{31}ja^{33}khǎ^{31}bja^{53}	ɯai^{53}
476	表弟	a^{33}nu^{31}ja^{31}kǎ^{31}phja^{31}	nɔ:ŋ^{53}sa:i^{35}
477	堂弟	a^{33}nu^{31}ja^{31}kǎ^{31}phja^{31}	nɔ:ŋ^{53}sa:i^{35}
478	表妹	a^{33}nu^{31}ja^{31}khǎ^{31}bja^{53}	nɔ:ŋ^{53}sa:u^{33}
479	堂妹	nu^{31}ja^{31}jǎ^{31}bji^{31}	nɔ:ŋ^{53}sa:u^{33}
480	弟兄们	gu^{33}bja^{53}pɯŋ^{55}	ɳa:t^{53}ti^{255}phi^{55}nɔ:ŋ^{53}
481	情夫	ja^{31}kha^{31}ba^{231}	fɛ:n^{35}/su^{53}ba:u^{55}
482	情妇	ja^{31}bji^{31}ba^{231}	fɛ:n^{35}/su^{53}sa:u^{33}
483	后代	jǎ^{31}pu^{31}ja^{31}kat^{55}bɔ^{31}li^{31}sɯ^{231}	dek^{55}mai^{55}ɳai^{55}lun^{35}
484	亲戚	gu^{33}bja^{53}	tha^{35}ɳa:t^{53}
485	家人	thɯŋ^{31}jum^{55}toŋ^{55}	khɔ:p^{53}khuɔ^{35}
486	亲属	gu^{33}bja^{53}tʃɔ^{35}	tha^{35}ɳa:t^{53}

序号	汉义	老挝普内语	老挝语
487	老表	fu³¹ja³¹nu³¹ja³¹	phi⁵⁵nɔːŋ⁵³
488	老爷	jă³¹pha⁷³¹	phɔ⁵⁵pu⁵⁵
489	双胞胎	tʃhɔ³¹phoŋ³⁵	feːt³¹
490	姓	a³³tʃɔ⁵⁵	naːm³⁵să⁷⁵⁵kun³³
491	长子（名称）	ji³¹pjoŋ³⁵xu³¹ɛ⁵⁵mɔ̃⁵⁵	luːk⁵³saːi³⁵kok⁵⁵
492	次子（名称）	ji³¹pjoŋ³⁵thi³¹sɔ̃³³ɛ⁵⁵mɔ̃⁵⁵	luːk⁵³saːi³⁵phu⁵³thi³⁵sɔːŋ³³
493	三子（名称）	ji³¹pjoŋ³⁵thi³¹sam³³ɛ⁵⁵mɔ̃⁵⁵	luːk⁵³saːi³⁵phu⁵³thi³⁵saːm³³
494	四子（名称）	ji³¹pjoŋ³⁵thi³¹si³³ɛ⁵⁵mɔ̃⁵⁵	luːk⁵³saːi³⁵phu⁵³thi³⁵si⁵⁵
495	五子（名称）	ji³¹pjoŋ³⁵thi³¹xa³⁵ɛ⁵⁵mɔ̃⁵⁵	luːk⁵³saːi³⁵phu⁵³thi³⁵xã⁵³
496	六子（名称）	ji³¹pjoŋ³⁵thi³¹xɔ⁷⁵⁵ɛ⁵⁵mɔ̃⁵⁵	luːk⁵³saːi³⁵phu⁵³thi³⁵xok⁵⁵
497	七子（名称）	ji³¹pjoŋ³⁵thi³¹tʃet⁵⁵ɛ⁵⁵mɔ̃⁵⁵	luːk⁵³saːi³⁵phu⁵³thi³⁵tset⁵⁵
498	八子（名称）	ji³¹pjoŋ³⁵thi³¹pet³⁵ɛ⁵⁵mɔ̃⁵⁵	luːk⁵³saːi³⁵phu⁵³thi³⁵pɛːt⁵³
499	九子（名称）	ji³¹pjoŋ³⁵thi³¹kau³⁵ɛ⁵⁵mɔ̃⁵⁵	luːk⁵³saːi³⁵phu⁵³thi³⁵kau⁵³
500	长女（名称）	a³³ji³¹bji³¹xu³¹ɛ⁵⁵mɔ̃⁵⁵	luːk⁵³saːu³³khon³⁵thi³⁵nɯŋ³³
501	次女（名称）	a³³ji³¹bji³¹sɔ̃³³ɛ⁵⁵mɔ̃⁵⁵	luːk⁵³saːu³³khon³⁵thi³⁵sɔːŋ³³
502	三女（名称）	a³³ji³¹bji³¹sam³³ɛ⁵⁵mɔ̃⁵⁵	luːk⁵³saːu³³khon³⁵thi³⁵saːm³³
503	四女（名称）	a³³ji³¹bji³¹si³³ɛ⁵⁵mɔ̃⁵⁵	luːk⁵³saːu³³khon³⁵thi³⁵si⁵⁵
504	五女（名称）	a³³ji³¹bji³¹xa³⁵ɛ⁵⁵mɔ̃⁵⁵	luːk⁵³saːu³³khon³⁵thi³⁵xã⁵³
505	高个	sɔ̃⁵⁵a³³mu³³	khon³⁵suŋ³³
506	矮子	sɔ̃⁵⁵bon⁵⁵ja⁷³¹	khon³⁵tia⁵³
507	百姓	khɔ̃³¹ba³¹pɯŋ⁵⁵	la⁵³să⁷³³dɔːn³³
508	士兵	thă³¹xan⁵⁵	tha⁷⁵⁵xaːn³³
509	大商人	kam³¹tʃa³¹ba⁷³¹	nak³³thu⁷⁵⁵la⁷⁵⁵kit⁵⁵
510	小商贩	kam³¹tʃa³¹ba³¹	phɔ⁵⁵kha⁵³nɔːi⁵³
511	老板	thau³⁵kɛ⁵⁵	thau⁵³kɛ⁵⁵
512	老板娘	thau³⁵kɛ⁵⁵	thau⁵³kɛ⁵⁵n̠iŋ³⁵
513	医生	daɪ³¹mu³³	ɖaːn⁷³mɔ̃⁷³
514	学生	da⁵⁵sɯ⁵⁵xen³¹ba⁷³¹	nak³³n̠ieːn³⁵
515	同学	da⁵⁵sɯ⁵⁵xen³¹tʃhɔ̃³⁵	phɯan⁵⁵xuam³³n̠ieːn³⁵
516	牧师	a³³tʃan³³	phɔ⁵⁵mɔ̃³³
517	老师	dai³¹khu³¹	naːi³⁵khu³⁵
518	会计	ban³¹si³¹kam³¹ba⁷³¹	nak³³ban³³si³⁵
519	木匠	sɔ̃⁵⁵mai³³	saːŋ⁵⁵mai⁵³
520	泥瓦匠	sɔ̃⁵⁵kɔ⁵⁵	saːŋ⁵⁵kɔ⁵⁵saːŋ⁵³
521	市长	tʃau⁵³na⁷⁵⁵khɔːn³⁵	tsau⁵³na⁷⁵⁵khɔːn³⁵

序号	汉义	老挝普内语	老挝语
522	头人	a³³dai³¹	phu⁵³nam³⁵
523	总理	nai³¹jo⁷³¹	na³⁵ɳok³³lat³³tha⁷⁵⁵mon³⁵ti³³
524	校长	mot⁵⁵khu³¹	am³³nuɔi³¹ka:n³³xo:ŋ³⁵ ɲie:n³⁵
525	县长	tʃau⁵⁵muɯ³¹	tsau⁵³muɯaŋ³⁵
526	乡长	mu⁵⁵ta³¹sɛŋ³³	phɔ⁵⁵ta³³se:ŋ³³
527	村长	dai³¹man³³	na:i³⁵ba:n⁵³
528	警察	tam⁵⁵luat⁵⁵	tam⁵⁵luat⁵³
529	巫师	bjau⁵⁵ba⁷³¹	phɔ⁵⁵mɔ³³
530	和尚	pha⁷⁵⁵	pha⁷⁵⁵soŋ³³
531	尼姑	mɛ³³si³¹	mɛ⁵⁵si³⁵
532	乞丐	pa⁵⁵tʃa³¹ba⁷³¹	khon³⁵khɔ³³tha:n³⁵
533	贼	sɔ³⁵⁵khau³¹	kha⁷⁵⁵mo:i³⁵
534	朋友	a³³tʃhɔ⁵⁵	mu⁵⁵phuan⁵⁵
535	群众	sɔ³⁵⁵puɯŋ⁵⁵	fu³³son³⁵
536	瞎子	sɔ³⁵⁵a³³bja³³a³³pɔ⁷⁵⁵	khon³⁵ta³³bɔːt³¹
537	斜眼子	sɔ³⁵⁵a³³bja³³a³³sɔn³³	khon³⁵ta³³le⁵⁵
538	豁嘴子	sɔ³⁵⁵man³¹toŋ⁵⁵	khon³⁵pa:k³¹vɛ:ŋ⁵⁵
539	六指	sɔ³⁵⁵li³¹ɳju³⁵a³³tʃɛ³³	khon³⁵muɯ³⁵vai³⁵
540	齆鼻子	sɔ³⁵⁵lǎ³¹kɔ³³a³³ŋjɔ³³	khon³⁵daŋ³³do:ŋ⁵⁵
541	聋子	sɔ³⁵⁵la³¹pɔ³¹	khon³⁵ŋu³³nuak⁵³
542	秃子	sɔ³⁵⁵a³³tu³¹a³³lon⁵⁵	khon³⁵ŋua³³la:n⁵³
543	驼子	sɔ³⁵⁵la⁵⁵kho⁵⁵a³³gɔi³³	khon³⁵laŋ³³khot⁵⁵
544	傻子	sɔ³⁵⁵jǎ³¹tʃɔ³¹	khon³⁵ŋo⁵⁵
545	疯子	sɔ³⁵⁵a³³pɔt⁵⁵	khon³⁵phji³³ba⁵³
546	结巴	sɔ³⁵⁵la³¹ka³¹la³¹ka⁵³	khon³⁵pa:k⁵³pham⁵³
547	哑巴	sɔ³⁵⁵tʃaŋ³¹ba⁷³¹	khon³⁵bai⁵³
548	骗子	sɔ³⁵⁵kat³¹ba⁷⁵⁵	khon³⁵khji⁵³tsu⁷⁵⁵
549	胖子	sɔ³⁵⁵a³³lui⁵⁵	khon³⁵uan⁵³
550	土匪	sɔ³⁵⁵khau³¹	tso:n³³thɔ:ŋ⁵³thin⁵⁵
551	歪嘴	sɔ³⁵⁵man³¹kue³¹	khon³⁵pa:k⁵³bieu⁵³
552	猎人	sɔ³⁵⁵soŋ³¹koŋ⁵⁵kua³¹ba⁷³¹	nak³³la⁵⁵sat⁵⁵
553	房主	tʃɔ³³sĩ³³	tsau⁵³khɔ:ŋ³³ŋuan³⁵
554	客人	ĩ⁵⁵tʃɔ³³	khɛ:k³¹
555	媒人	mɛ⁵⁵suɯ⁵⁵	mɛ⁵⁵suɯ⁵⁵
556	陌生人	sɔ³⁵⁵m³¹tʃa⁷⁵⁵na⁷⁵⁵khuɯt³¹	khon³⁵pe:k⁵³na⁵³

续表

序号	汉义	老挝普内语	老挝语
557	懒鬼	sɔ̃⁵⁵bɛ³¹	khon³⁵khi⁵³khaːn⁵³
558	勤奋人	sɔ̃⁵⁵pep⁵⁵	khon³⁵khǎ⁵⁵n̩an³³
559	小气人	sɔ̃⁵⁵n̩an³¹(sɔ̃⁵⁵thi³¹)	khon³⁵khi⁵³thi⁵⁵
560	大好人	sɔ̃⁵⁵mjen³¹	khon³⁵di³³
561	大烟鬼	ja³¹mɔ̃³⁵ĩ³¹	khon³⁵khi⁵³ja³³
562	地主	mji⁵⁵ton⁵⁵sɨ̃⁵⁵	tsau⁵³khɔːŋ³³thi⁵⁵din³³
563	敌人	sat⁵⁵tu³¹	sat⁵⁵tu³³
564	单身汉	ji̯³¹bji³¹ji̯³¹kha³¹	khon⁵soːt³¹
565	党员	sɔ̃⁵⁵ma³³si⁵⁵pha⁵⁵	sa⁵⁵ma³⁵sik⁵⁵phak³³
566	代表	to³³then³¹	to³³thɛːn³⁵
567	工人	sɔ̃⁵⁵mɔ³³	khon³⁵ŋaːm³⁵
568	干部	a³³dai³¹	tsau⁵³naːi³⁵
569	公务员	khɔ̃³¹lu³¹	kha⁵³laːt⁵³sa³³kaːn³³
570	大官	khɔ̃³¹lu³¹dai³¹	kha⁵³laːt⁵³sa³³kaːn³³la⁵⁵dap⁵⁵suŋ³³
571	小官	khɔ̃³¹lu³¹dai³¹	kha⁵³laːt⁵³sa³³kaːn³³la⁵⁵dap⁵⁵tam⁵⁵
572	管家	tʃɔ̃⁵⁵lo³¹ba³¹	phu⁵³duː³¹lɛ³⁵ŋɯan³⁵
573	父母家	ba³³mu³³ə³¹tʃɔ³³	ŋɯan³⁵phɔ⁵⁵me⁵⁵
574	儿子家	ŋju³¹pju³⁵ə³¹tʃɔ³³	ŋɯan³⁵luːk⁵³saːi³⁵
575	女儿家	a³³ja³¹ji³¹ə³¹tʃɔ³³	ŋɯan³⁵luːk⁵³saːu³³
576	富翁	sɔ̃⁵⁵xɔ̃³³	sɛːt⁵³thi³³
577	穷人	sɔ̃⁵⁵ja³¹	khon³⁵tson³³
578	孤儿	ji̯³¹tʃhau³¹ja³¹	dek⁵⁵kam⁵⁵pha⁵³
579	坏人	sɔ̃⁵⁵bɯn⁵⁵ba³¹	khon³⁵xaːi⁵³
580	怪人	sɔ̃⁵⁵a³³tɔ̃⁵⁵	khon³⁵pɛːk⁵³na⁵³
581	跛子[瘸子]	sɔ̃⁵⁵toŋ³¹pe³¹	khon³⁵ŋɔi⁵⁵
582	伙伴	mjaŋ³¹va³¹ba³¹tʃhɔ³¹	xun⁵³suɔn⁵⁵
583	牧童	sai̯⁵⁵ja³¹loŋ³¹ja³¹pɔ⁵⁵ba³¹	dek³³liɛŋ⁵³sat⁵⁵
584	熟人	sɔ̃⁵⁵a³³tʃa⁵⁵na³³khɯt³¹	khon³⁵ŋu⁵³tsak⁵⁵
585	师傅	na⁵⁵pat⁵⁵	nak³¹paːt⁵³a³³tsaːn³³
586	徒弟	lu³¹sit⁵⁵	luːk⁵³sit⁵⁵
587	算命先生	bjau⁵⁵ba³¹	mɔ³³duː³³
588	银匠	phju⁵⁵ti³¹ba³¹	saːŋ⁵⁵ti³³ŋən³⁵
589	篾匠	ja³¹a³³	saːŋ⁵⁵tsak⁵⁵saːn³³
590	铜匠	toŋ⁵⁵ti³¹ba³¹	saːŋ⁵⁵thɔːŋ³⁵
591	厨师	phɔ³³khua³¹	phɔ⁵⁵khua³⁵

131

序号	汉义	老挝普内语	老挝语
592	长工	mjaŋ³¹va³¹ba³¹	khon³⁵ŋaːn³⁵
593	司机	o⁷⁵⁵to⁷⁵⁵khap⁵⁵ba³¹	khon³⁵khap⁵⁵lot³³
594	卜卦者	tham³¹nai³¹kə⁷³¹ba³¹	phu⁵³tham³⁵naːi³⁵
595	凶手	sɔ̃⁵⁵sat³¹ba⁷³¹	khaːt⁵³ta⁷⁵⁵kɔːn³³
596	英雄	pha⁷⁵⁵e⁷⁵⁵	pha⁷⁵⁵eːk⁵³
597	寨邻	o³¹jum³⁵tha³¹jum³⁵ba³¹tʃhɔ³¹	baːn⁵³kai⁵³ŋuan³⁵khieŋ³⁵
598	小偷	sɔ̃⁵⁵khau³¹	kha⁷⁵⁵moːi³¹
599	同伴	a³³tʃhɔ̃⁵⁵ba⁷³¹	mu⁵⁵phɯən⁵⁵
600	团员	să³³ma³⁵si⁷⁵⁵	sa³³ma³⁵sik⁵⁵
601	土司	mu³¹sa³¹mji³⁵sa³¹sĩ³⁵	tsau⁵³thin⁵⁵tsau⁵³thaːn³³
602	外国人	xju³¹mɯ³⁵e³³sɔ̃⁵⁵	saːu³⁵taːŋ⁵⁵saːt³³
603	本地人	gau⁵³khoŋ³¹ɛ³³sɔ̃⁵⁵	khon³⁵thɔːŋ⁵³thin⁵⁵
604	牛	jo³¹m̥jaŋ³⁵	ŋua³⁵khuai³⁵
605	黄牛	m̥jaŋ³⁵	ŋua³⁵
606	黄牛犊	m̥jaŋ³⁵ja³¹	ŋua³⁵nɔːi⁵³
607	公黄牛	m̥iaŋ³⁵la³¹	ŋua³⁵thək⁵⁵
608	母黄牛	m̥jaŋ³⁵a³³ba³³	ŋua³⁵me⁵⁵
609	水牛	jo³¹	khuai³⁵
610	水牛粪	jo³¹ĩ³¹	khi⁵³khuai³⁵
611	黄牛粪	m̥jaŋ³⁵ĩ³¹	khi⁵³ŋua³⁵
612	水牛角	jo³¹tʃhau³⁵	khau³³khuai³⁵
613	水牛蹄	jo³¹bji³¹khjip⁵⁵(li³¹khjip⁵⁵)	kiːp³¹tiːn³³khuai³⁵
614	毛	a⁵⁵m̥ut³¹	khon³³
615	尾巴	toŋ³¹m̥jen³¹	xaːŋ³³sat⁵⁵
616	豹子	sa³¹la³¹a³³ja³¹	sɯə³³daːu³³
617	狐狸	xan⁵³thoŋ⁵⁵	ma³³tsiŋ⁵³tsɔːk³¹
618	骡子	lɔ³¹	lɔ³⁵
619	马	mu³¹	ma⁵³
620	马驹	mu³¹ja³¹	ma⁵³nɔːi⁵³
621	公马	mu³¹la³¹	ma⁵³to³³phu⁵³
622	母马	mu³¹a³³ba³¹	ma⁵³me⁵⁵
623	马鬃	nu³³tʃən⁵⁵m̥ut³¹	khon³³phɛːŋ³³ma⁵³
624	马粪	mu³¹ĩ³¹	khi⁵³ma⁵³
625	马蹄	mu³¹bə̆³¹kap⁵⁵	kəːp³¹tiːn³³ma⁵³
626	山羊	tʃhɯɯt³¹	bɛ⁵³

续表

序号	汉义	老挝普内语	老挝语
627	绵羊	$k\varepsilon^{231}$	$k\varepsilon^{255}$
628	羊毛	$t\int hut^{31}mut^{31}$	$khon^{33}b\varepsilon^{53}$
629	羊粪	$t\int hut^{31}\tilde{i}^{31}$	$khi^{53}b\varepsilon^{53}$
630	羊羔	$t\int hut^{31}a^{255}ja^{31}$	$b\varepsilon^{53}n\mathfrak{o}i^{53}$
631	肥料	pui^{33}	pui^{33}/fun^{55}
632	驴	la^{33}	la^{35}
633	公驴	$la^{31}a^{55}\ t\int hut^{31}$	$la^{35}phu^{53}$
634	母驴	$la^{31}a^{33}ba^{33}$	$la^{35}m\varepsilon^{33}$
635	骆驼	ut^{55}	$u:t^{31}$
636	猎狗	$ma^{53}phan^{31}$	$ma^{33}pha:n^{35}$
637	猪	va^{31}	mu^{33}
638	公猪	$va^{31}to\eta^{31}t\int h\tilde{\mathfrak{o}}^{33}$	$mu^{33}phu^{53}$
639	母猪	$va^{31}a^{33}ba^{33}$	$mu^{33}m\varepsilon^{55}$
640	小母猪	$va^{31}a^{33}ba^{33}ja^{31}$	$mu^{33}m\varepsilon^{55}n\mathfrak{o}:i^{53}$
641	猪崽	$va^{31}ja^{31}$	$mu^{33}n\mathfrak{o}:i^{53}$
642	种猪	$mu^{53}phan^{31}$	$mu^{33}phan^{35}$
643	猪粪	$va^{31}\tilde{i}^{31}$	$khi^{53}mu^{33}$
644	猪仔	$va^{31}ja^{31}$	$mu^{33}n\mathfrak{o}:i^{53}$
645	猪皮	$va^{31}\mathfrak{l}o^{31}$	$na\eta^{33}mu^{33}$
646	饲料	$xo^{53}a^{33}xan^{53}$	$\eta ua^{33}a^{33}xa:n^{33}$
647	狗	khu^{31}	ma^{33}
648	公狗	$khu^{31}to^{231}$	$ma^{33}phu^{53}$
649	母狗	$khu^{31}a^{33}ba^{33}$	$ma^{33}m\varepsilon^{55}$
650	疯狗	$khu^{31}p\mathfrak{o}t^{55}$	$ma^{33}v\mathfrak{o}^{53}$
651	狗崽	$khu^{31}ja^{31}$	$ma^{33}n\mathfrak{o}:i^{53}$
652	猫	mji^{33}	$m\varepsilon:u^{35}$
653	公猫	$mji^{33}to^{231}$	$m\varepsilon:u^{35}phu^{53}$
654	母猫	$mji^{33}a^{33}ba^{33}$	$m\varepsilon:u^{35}m\varepsilon^{55}$
655	小猫	$mji^{33}ja^{31}$	$m\varepsilon:u^{35}n\mathfrak{o}:i^{53}$
656	阉猪	$va^{31}to\eta^{31}$	$mu^{33}t\mathfrak{o}:n^{33}$
657	野兽	$so\eta^{31}ko\eta^{55}sat^{31}$	$sat^{55}pa^{55}$
658	兔子	$ka^{255}tai^{55}$	$k\check{a}^{255}ta:i^{55}$
659	鸡	xja^{33}	kai^{55}
660	公鸡	$xja^{33}pha^{31}$	$kai^{55}phu^{53}$
661	母鸡	$xja^{33}ba^{33}$	$kai^{55}m\varepsilon^{55}$

133

序号	汉义	老挝普内语	老挝语
662	小母鸡	xja³³a³³ba³¹ja³¹	kai⁵⁵mɛ⁵⁵nɔːi⁵³
663	雏鸡	xja³³ja³¹	kai⁵⁵nɔːi⁵³
664	鸡冠子	xja³³tə³¹bot⁵⁵	xɔːn³³kai⁵⁵
665	阉鸡	kai³³tɔn⁵⁵	kai⁵⁵tɔːn³³
666	翅膀	a³³toŋ⁵⁵	piːk⁵³
667	羽毛	a³³m̩ut³¹	khon³³sat⁵⁵
668	鸡毛	xja³³m̩ut³¹	khon³³kai⁵⁵
669	蛋	xja³³u³³	khai⁵⁵
670	鸭子	kap³¹	pet⁵⁵
671	公鸭	kap³¹pha³¹	pet⁵⁵to³³phu⁵³
672	母鸭	kap³¹ba³³	pet⁵⁵to³³mɛ⁵⁵
673	鸽子	nɔ²⁵⁵kaŋ³¹kɛ³¹	nok³³kaːŋ³³kɛ⁵³
674	鹅	xan³³	xaːn⁵⁵
675	大雁	xan³³pa³³	xaːn⁵⁵pa⁵⁵
676	老虎	să³¹la³¹	sɯə³³
677	龙	pjaŋ³³xu³³(tʃaŋ⁵⁵n̩am⁵⁵)	maŋ³⁵kɔːn³³
678	狮子	sa³¹la³¹ba³¹	siŋ³³to³¹
679	爪子	li³¹sĩ³¹	lep³³sat⁵⁵
680	猴子	dap³¹ba³¹	liːŋ³⁵
681	熊	am⁵⁵	mi³³
682	大象	xja³¹baʔ³¹	saːŋ⁵³
683	野猫	a³¹xoŋ³⁵	mɛːu³⁵pa⁵⁵
684	野猪	u³¹thoŋ³⁵	mu³³pa⁵⁵
685	鹿	tʃhat⁵⁵	kuaŋ³³
686	麂子	xɔ⁵⁵poŋ³¹	faːn³⁵
687	母麂子	xɔ⁵⁵poŋ³¹a³³ba³³	faːn³⁵to³³mɛ⁵⁵
688	小麂子	xɔ⁵⁵poŋ³¹ja³¹	faːn³⁵nɔːi⁵³
689	水獭	lã⁵⁵sam⁵⁵	naːk³¹nam⁵³
690	豪猪	xɔ⁵⁵tʃu³¹	to³³mɛːn⁵³
691	老鼠	xɔ⁵⁵tam³¹(xo³³tam³¹)	nu³³
692	田鼠	da³¹xja³⁵xɔ⁵⁵tam³¹(xo³³tam³¹)	nu³³na³⁵
693	松鼠	xɔ⁵⁵tuʔ³¹	kă²⁵⁵ŋɔːk⁵³
694	飞鼠	vaŋ⁵⁵ve³¹	i⁵⁵baːŋ⁵⁵
695	竹鼠	xu⁵⁵phji³¹	to³³on⁵³
696	狼	xan⁵⁵thoŋ⁵⁵	ma³³nai³⁵

续表

序号	汉义	老挝普内语	老挝语
697	狼崽	xan⁵⁵thoŋ⁵⁵ja³¹	lu:k⁵³ma³³nai³⁵
698	穿山甲	tɔ̃³¹khɯ³¹	ket⁵⁵din³³
699	鸟	xja⁵³	nok³³
700	鸟窝	xja⁵³pam³¹	ŋaŋ³⁵nok³³
701	老鹰	tʃan⁵⁵	nok³³in³³si³⁵
702	猫头鹰	tʃan⁵⁵ja³¹	nok³¹khau⁵³mɛ:u³⁵
703	蝙蝠	pua⁵³ja³¹	tsia³³
704	燕子	tʃə²⁵⁵kɯ²⁵⁵ja³¹	nok³³ɛ:n⁵⁵
705	麻雀	tʃə²⁵⁵tʃə²⁵⁵ja³¹	nok³³ka⁵⁵tsɔ:k³¹
706	山麻雀	tʃə²⁵⁵tʃə²⁵⁵ja³¹	nok³³ka⁵⁵tsɔ:k³¹pa⁵⁵
707	家麻雀	tʃə²⁵⁵tʃə²⁵⁵ja³¹	nok³³ka⁵⁵tsɔ:k³¹ba:n⁵³
708	小谷雀	tʃə²⁵⁵tʃə²⁵⁵ja³¹	nok³³kă⁵⁵tsɔ:k³¹
709	黑头翁鸟	xen³¹pĩ⁵⁵plo³³	nok³³ŋua³³dam³³
710	布谷鸟	xen³¹	nok³³khuak³⁵
711	鹭鸶	lã⁵⁵xja⁵³	nok³³n̪a:ŋ³⁵
712	鸽	no²⁵⁵kaŋ³¹kɛ³¹	nok³³ka:ŋ³³kɛ³³
713	鹌鹑	no²⁵⁵kă⁵⁵tha³³	nok³³ka²⁵⁵tha³⁵
714	乌鸦	u⁵⁵va³¹	i⁵⁵ka³³
715	野鸡	xɯ⁵⁵ŋje³¹	kai⁵⁵pa⁵⁵
716	鹦鹉	tʃe³¹ven³³	nok³³kɛ:u⁵³
717	蛇	ɯ⁵⁵	ŋu³⁵
718	蟒	ɯ⁵⁵ba³¹	ŋu³⁵la:m³³kham³⁵
719	蟒蛇	ɯ⁵⁵ba³¹	ŋu³⁵lɯam³³
720	乌龟	u³³tʃha³³u³¹ba³¹	tau⁵⁵
721	青蛙	pha³¹	kop⁵⁵
722	蝌蚪	lũ³⁵pjo³³	to³³ŋɯɔk⁵³
723	蜻蜓	ku³¹m̥up⁵⁵ba³³	mɛ:ŋ³⁵bi⁵³
724	蜥蜴	khǎ³¹jɔ̃³⁵	tsi⁵⁵ko²⁵⁵
725	壁虎	kap⁵⁵kɛ³⁵ja³¹	tsi⁵⁵tsiam⁵³
726	蝎子	mɛŋ³¹ŋot⁵⁵	mɛ:ŋ³⁵ŋɔ:t³¹
727	蟋蟀	tʃi³³lit⁵⁵	tsĩ³³nai³⁵
728	癞蛤蟆	pɯt⁵⁵	khan³⁵kha:k⁵³
729	蛹	a³³u³¹	dak⁵⁵dɛ⁵³
730	青蛙蛋	pha³¹u³³	khai⁵⁵kop⁵⁵
731	鱼	ŋju³¹tɛ³⁵	pa³³

135

序号	汉义	老挝普内语	老挝语
732	鳞	ŋju³¹te³⁵a³³ khɛt³¹	ket⁵⁵pa³³
733	鱼鳃	fan³¹fɯm³¹	fan³⁵fɯm³⁵pa³³
734	白鱼	ŋju³¹te³⁵a³³pa³³	pa³³kha:u³³
735	鱼籽	ŋju³¹te³⁵u³³	khai⁵⁵pa³³
736	虾	loŋ⁵⁵that⁵⁵	kuŋ⁵³
737	大虾	loŋ⁵⁵that⁵⁵a³³bə³¹	kuŋ⁵³ɲai⁵⁵
738	螃蟹	u³³tʃha³³	pu³³
739	泥鳅	l̥oŋ³³phu³⁵si³¹	pa³³sɔ:n⁵³
740	鳝鱼	jen⁵⁵	ian⁵⁵
741	蚌	bǔ³³tʃhɔ⁵⁵	xɔ:i³³
742	螺蛳	bǔ³³tʃhɔ⁵⁵	xɔ:i³³tsu⁵³
743	臭虫	u³¹tʃi⁵⁵	mɛ:ŋ³⁵khɛ:ŋ³⁵
744	虫	u³³thoŋ³¹	nɔ:n³³
745	跳蚤	tɔ̃³¹xan³¹	mat⁵⁵
746	虱	u³³phjaŋ⁵⁵	ŋai³⁵
747	头虱	sən³³	ŋau³³
748	牛虱子	mu³¹si³¹	min³⁵
749	鸡虱子	xja³³u³³phjaŋ⁵⁵	ŋai³⁵kai⁵⁵
750	虮子	sən⁵⁵u³³	khai⁵⁵ŋau³³
751	昆虫	ŋjam³¹	mɛ:ŋ³⁵mai⁵³
752	苍蝇	xa⁵⁵pin⁵⁵	mɛ:ŋ³⁵van³⁵
753	牛虻	u³³tʃap³¹	to³³lɯək⁵³
754	蛆虫	lə³¹thoŋ³ja³¹	nɔ:n³³mɛ:ŋ³⁵van³⁵
755	蛔虫	khan³³te⁵⁵	me⁵⁵thɔ:ŋ⁵³
756	孑孓	lɔ̃⁵⁵u³³thoŋ³¹	nɔ:n³³nam⁵³
757	孔雀	koŋ³³kot⁵⁵	nok³³ɲ̥aŋ³⁵
758	竹虫	xɔ̃³³u³¹	duɔŋ⁵³me⁵³
759	蚊子	xa⁵⁵pin⁵⁵	ɲ̥uŋ³⁵
760	蜘蛛	kap³¹blɔm³⁵	mɛ:ŋ³⁵mum³⁵
761	蜘蛛网	kap³¹blɔm³⁵ m̥up⁵⁵	ɲai³⁵mɛ:ŋ³⁵mum³⁵
762	蜈蚣	u³³sən⁵⁵	khi⁵³kep⁵⁵
763	蚂蟥	xat³¹ta⁷³¹	pi:ŋ³³
764	蟑螂	tʃi⁵⁵lo⁷³¹kap³¹	mɛ:ŋ³⁵sa:p³¹
765	蚯蚓	khan³³te⁵⁵	me⁵⁵thɔ:ŋ⁵³kom³³
766	蚂蚁	xat³¹sa³⁵	mot³³

序号	汉义	老挝普内语	老挝语
767	红蚁	xat³¹sa³⁵(mot³¹som³⁵)	mot³³som⁵³
768	白蚁	xu³¹bjin³¹	puɔk³¹
769	小丘	să³¹phup⁵⁵	tsɔːm³³puɔk³¹
770	萤火虫	tʃaŋ³¹xɛ³¹	xiŋ⁵⁵xɔːi⁵³
771	蝉	u³³te⁷³¹	tsak⁵⁵tsan⁵⁵
772	蜂	pja³¹	phəŋ⁵³
773	马蜂窝	bǎ³¹kan³⁵phu⁵⁵	ŋaŋ³⁵tɔ⁵⁵
774	小蜜蜂	bja³¹bǎ³¹sap³¹	mɛ⁵⁵mim⁵³
775	大土蜂	ku³¹tu³⁵bja³¹	tɔ⁵⁵din³³
776	葫芦蜂	bǎ³¹kan³⁵plai³¹	tɔ⁵⁵ŋua³³sɯa³³
777	黄土蜂	kan³⁵sa³¹toŋ³¹kən³¹	tɔ⁵⁵lɯaŋ³³
778	蜂蛹	bǎ³¹tap³¹	phəŋ⁵³ma⁵³
779	蜂房	pja³¹phu³⁵	ŋaŋ³⁵phəŋ⁵³
780	蜂蜜	pja³¹tʃhau⁵⁵lã⁵⁵	nam⁵³phəŋ⁵³
781	蜂箱	pja³¹khoŋ³¹	khi⁵³phəŋ⁵³
782	蜂刺	toŋ³¹tʃɯ³³	lai³⁵tɔ⁵⁵
783	蝗虫	ŋjam³¹ŋju³⁵	tak⁵⁵tɛːn³³nuɔːt³¹naːu³⁵
784	蚱蜢	mu³⁵kǎ³³te⁷⁵⁵	tak⁵⁵tɛːn³³
785	螳螂	tʃhoŋ³¹koŋ³¹bleu⁵³	tak⁵⁵tɛːn³³tam³³khau⁵³
786	飞蛾	xa⁵⁵pjin⁵⁵tlɔ⁵⁵	ka⁷⁵⁵bɯa⁵³kaːŋ³³khɯːn³⁵
787	蝴蝶	xa⁵⁵pjin⁵⁵tlɔ⁵⁵	ka⁷⁵⁵bɯa⁵³
788	树	tʃĩ⁵⁵	ton⁵³mai⁵³
789	大树	tʃĩ⁵⁵ba³³	ton⁵³mai⁵³ɲai⁵⁵
790	树枝	tʃĩ⁵⁵ka³¹	kiŋ⁵⁵mai⁵³
791	干木头	tʃĩ⁵⁵tən³¹a³³kɯ⁵⁵	thɔːn³³mai⁵³xɛːŋ⁵³
792	树根	tʃĩ⁵⁵tʃhe³³	xaːk³¹mai⁵³
793	树杈	tʃĩ⁵⁵ɣa³¹	ŋa³³mai³³
794	树干	a³³tʃĩ⁵⁵	lam³⁵ton⁵³
795	树皮	tʃĩ⁵⁵khap³¹	pɯɔːk⁵³mai⁵³
796	树梢	tʃĩ⁵⁵tu³¹tĩ³³	paːi³³
797	根须	tʃhĩ⁵⁵tʃhe⁵⁵ja³¹	xaːk⁵³fɔːi³³
798	树叶	tʃĩ⁵⁵pha³¹	bai³³mai⁵³
799	树种	tʃĩ⁵⁵tʃə⁵⁵	phan³⁵mai⁵³
800	树苗	tʃĩ⁵⁵tʃo³³	bjia⁵³mai⁵³
801	树林	soŋ³¹kɔ̌³⁵	pa⁵⁵mai⁵³

137

续表

序号	汉义	老挝普内语	老挝语
802	棕树	ton³⁵pam³¹	ton⁵³paːm³³
803	叶子	tʃĩ⁵⁵pha³¹	bai³³mai⁵³
804	茶子树	la⁵⁵tʃĩ⁵⁵	ton⁵³sa³⁵
805	椰子树	ma⁷³¹phau⁵⁵tʃĩ⁵⁵	ton⁵³maːk⁵³phaːu⁵³
806	橄榄树	să³¹kut⁵⁵tʃĩ⁵⁵	ton⁵³maːk⁵³kɔːk⁵³
807	苹果树	ma⁷³¹pom³¹tʃĩ⁵⁵	ton⁵³ɛp⁵⁵pən⁵³
808	松树	tə⁷³¹jən³¹tʃĩ⁵⁵	ton⁵³peːk³¹
809	榕树	ku²⁵⁵sit⁵⁵tʃĩ⁵⁵	ton⁵³pho³⁵
810	桔子树	ma⁷³¹kjĩ³⁵pap³¹	ton⁵³maːk³¹kian⁵³
811	桃树	kan³¹lum³¹si³¹pap³¹	ton⁵³maːk³¹khaːi³⁵
812	石榴树	khan³¹phi³¹la³¹pap³¹	ton⁵³maːk³¹tap³³thim³⁵
813	芭蕉树	xa⁵⁵si³¹pap³¹	ton⁵³kuai⁵³
814	菌子	ɱu⁵⁵	xet⁵⁵
815	草	bɔ³¹pap³¹	ton⁵³ɲa⁵³
816	草根	tʃĩ⁵⁵tʃhe⁵⁵	xaːk⁵³ɲa⁵³
817	茅草	li⁵⁵tʃi⁵⁵	ɲa⁵³kha³⁵
818	草地	da³¹xja³⁵	thoŋ⁵⁵ɲa⁵³
819	狗尾草	khɯ³¹toŋ³¹men³¹bɔ³¹	ɲa⁵³xaːŋ³³ma³³
820	稻草	kɔ³⁵jau³³	faːŋ³⁵khau⁵³
821	竹子	khja⁵⁵tʃĩ⁵⁵	mai⁵³phai⁵⁵
822	金竹	khja⁵⁵pha⁷⁵⁵tʃau⁵⁵	phai⁵⁵kham³⁵
823	甜竹	xa³¹tʃhau³⁵põ³⁵	phai⁵⁵waːn³³
824	竹梢	xa³¹põ³⁵jət⁵⁵	ɲɔːt⁵³phai⁵⁵
825	竹节	xa³¹põ³⁵lõ³³	khɔ⁵³mai⁵³phai⁵⁵
826	竹筒	a³³poŋ³¹	pɔːŋ⁵³mai⁵³phai
827	竹笋	xã⁵⁵mjit³¹	nɔ⁵⁵mai⁵³
828	笋叶	xã³⁵mjit³¹khap³¹(xlo³¹pha³¹)	kaːp³¹nɔ⁵⁵mai⁵³
829	笋壳	xã³¹põ³⁵khap³¹	pɯak³¹nɔ⁵⁵mai⁵³
830	苦笋	xã⁵⁵kha³¹	nɔ⁵⁵khom³³
831	甜笋	mjit³¹tʃhau³⁵	nɔ⁵⁵waːn³³
832	刺竹笋	xã⁵⁵pən⁵⁵kha³¹	nɔ⁵⁵naːm³³
833	藤子	din³³ɲi⁵⁵	waːi³³
834	山麻杆	pan⁵⁵	paːn⁵⁵
835	刺儿	tʃhu³¹	naːm³³
836	水果	si³¹si³¹loŋ³¹si³¹	maːk³¹mai⁵³

续表

序号	汉义	老挝普内语	老挝语
837	核儿	a³¹ɲi⁵⁵	met³³maːk³¹mai⁵³
838	桃子	kan³¹lu³¹si³¹	maːk³¹khaːi³⁵
839	李子	ma²³¹man³⁵si³¹	maːk³¹man⁵³
840	梨子	ma²³¹tʃʰoŋ³¹si³¹	maːk³¹tsɔŋ³³
841	西瓜	tĩ⁵⁵blu³¹si³¹	maːk³¹mo³⁵
842	桔子	ma²³¹kjĩ³⁵si³¹	maːk³¹kiaŋ⁵³
843	荔枝	pjĩ³¹lin³¹lon³⁵	maːk³¹lin⁵³tsi⁵⁵
844	龙眼	lam³¹ŋjai³¹si³¹	maːk³¹lam³¹ɲai³¹
845	柚子	ma²³¹pu²⁵⁵si³¹	maːk³¹som⁵³o³³
846	菠萝	ma²³¹khle²⁵⁵si³¹	maːk³¹nat³³
847	葡萄	ma²³¹a³¹ŋon³¹si³¹	maːk³¹a³³ŋun⁵⁵
848	杨梅	ma²³¹ŋjaŋ³³məi⁵³si³¹	maːk³¹ja:ŋ³⁵məi³⁵
849	板栗	kə²⁵⁵kəm⁵⁵si³¹	maːk³¹kɔ⁵⁵
850	酸角	ma²³¹kham⁵³si³¹	maːk³¹khaːm³³
851	香蕉	xã³³si³¹	kuɔi⁵³xɔːm³³
852	野芭蕉	xã³³le³¹si³¹	kuɔi⁵³pa⁵⁵
853	芭蕉花	tu⁵³si³¹	pi³³kuɔi⁵³
854	芭蕉叶	lă³³pha³¹	tɔːŋ³³kuɔi⁵³
855	芭蕉根	xã³³si³¹tʃʰɛ³⁵	xaːk⁵³kuɔi⁵³
856	芒果	ma²³¹mu³³si³¹	maːk³¹muaŋ⁵⁵
857	甘蔗	poŋ³¹tʃʰau³⁵	ɔːi⁵³
858	向日葵	le²⁵⁵tɔ̃³¹ven³¹vat³¹	dɔːk³¹ta³³ven³⁵
859	木瓜	kjau³³sə³³pau⁵³si³¹	maːk³¹ŋuŋ⁵⁵
860	山竹	mɔ̃³¹khut⁵⁵si³¹	maːk³¹man³⁵khut³³
861	椰子	ma²³¹phau³⁵si³¹	maːk³¹phaːu⁵³
862	橄榄	si³¹ku²⁵⁵si³¹	maːk³¹kɔːk³¹
863	石榴	pla³³si³¹	maːk³¹tap³¹thim³⁵
864	榴莲	thu²⁵⁵len³¹si³¹	thu²⁵⁵lian³⁵
865	紫米	xaŋ³¹da³³	khau⁵³kam⁵⁵
866	种子	a³³si³¹	met³³pan³⁵phəːt⁵³
867	谷种	ko³³tʃʰə⁵⁵,ko³³si³¹	phan³⁵khau⁵³
868	秧	khau³³ka³⁵	ton⁵³ka⁵³
869	稻穗	ko³³ɲam³³	ŋuaŋ³⁵khau⁵³
870	水稻	da³¹xja³⁵ko³³	khau⁵³
871	谷子	ko³³lum³³	khau⁵³puɯaːk³¹

序号	汉义	老挝普内语	老挝语
872	谷粒	ko³³lum³³si³³	met³¹khau⁵³pɯaːk³¹
873	米	ko³³	khau⁵³
874	米粒	ko³³si³¹	met³¹khau⁵³
875	瘪谷	ko³³khap³¹	khau⁵³liːp⁵³
876	秕子	ko³³si³¹khap³¹	met³³liːp⁵³
877	碎米	tʃhən⁵⁵kɯ³¹	khau⁵³xak⁵⁵
878	米糠	ka³³pɯ⁵³kha⁷³¹	khi⁵³kɛːp³¹
879	细糠	ka³³pɯ⁵³a³³dap³¹ja³¹	xam³⁵ɔːn³³
880	旱谷	xja⁵⁵ko³³	khau⁵³ŋai⁵⁵
881	玉米	nam⁵⁵pjum³¹	khau⁵³phoːt⁵³
882	玉米须	nam⁵⁵pjum³¹a³³xjət⁵⁵	mɔːi³³khau⁵³phoːt⁵³
883	玉米花	nam⁵⁵pjum³¹tɔ³³	dɔːk³¹khau⁵³phoːt⁵³
884	花	mji³³vat⁵⁵	dɔːk³¹mai⁵³
885	芽儿	xã³³mjit³¹a³³din⁵³ja³¹	nɔ⁵⁵ɔːn⁵⁵
886	空心树	tʃĩ⁵⁵khoŋ³¹khɔ⁵⁵lon⁵⁵	mai⁵³khoːn³³nai³⁵
887	扫把花	poŋ³¹kha³¹tʃĩ³⁵	ton⁵³dɔːk³¹n̪u³⁵
888	棉花	tʃə̃³¹pat⁵⁵	faːi⁵³
889	蔬菜	kɔ̃³¹pha³¹	phak⁵⁵
890	白菜	kɔ̃³¹ba³³a³³pa³³	phak⁵⁵kaːt³¹khaːu³³
891	菠菜	pha⁷³¹bɔi³³leŋ³¹	phak⁵⁵boːi³³leŋ³⁵
892	包菜	kɔ̃³¹ba³³sum³¹	phak⁵⁵ka⁷⁵⁵lam⁵⁵pi³³
893	花菜	kǎ³³lam³³dɔ⁷⁵⁵	phak⁵⁵ka⁷⁵⁵lam⁵⁵pi³³dɔːk³¹
894	青菜	kɔ̃³¹ba³³ŋju³⁵	phak⁵⁵kaːt³¹khaːu³³
895	香菜，芫荽	kɔ̃³¹ba³³xom³⁵	phak⁵⁵pɔːm⁵³
896	蕨菜	pha⁷⁵⁵kut³⁵kɔ̃³¹	phak⁵⁵kuːt³¹
897	韭菜	ku³¹pha³¹	phak⁵⁵sǎ³⁵lɛːp³¹
898	苋菜	a³³xɔm⁵⁵kɔ̃³¹	phak⁵⁵xom⁵⁵
899	苦菜	kɔ̃³¹pha³¹a⁵⁵kha³¹	phak⁵⁵khom³³
900	臭菜	kɔ̃³¹nam³⁵	phak⁵⁵kha⁷⁵⁵
901	野芹菜	soŋ³¹phji³⁵kɔ̃³¹	phak⁵⁵si³⁵pa⁵⁵
902	茄子	ma⁷³¹khə³¹si³¹	maːk³¹khɯa³³
903	野茄子	ma⁷³¹khə³¹nja⁵⁵	maːk³¹khɯa³³pa⁵⁵
904	豆	lɔ̃³¹pat⁵⁵si³¹	maːk³¹thua⁵⁵
905	豆角	lɔ̃³¹pat⁵⁵a⁵⁵m̪u⁵⁵	thua⁵⁵fak⁵⁵n̪aːu³⁵
906	西红柿	ma⁷³¹khə³⁵tʃə̃⁵⁵pan⁵⁵si³¹	maːk³¹len⁵⁵

续表

序号	汉义	老挝普内语	老挝语
907	萝卜	toŋ³¹u³³si³¹	phak⁵⁵kaːt³¹ŋua³³
908	胡萝卜	ka³³lot⁵⁵	khe³³lɔt³¹
909	红辣椒	lɔ̌³¹phji⁵⁵si³¹ŋe⁵⁵	maːk³¹phet⁵⁵dɛ:ŋ³³
910	绿辣椒	lɔ̌³¹phji⁵⁵tʃum³¹si³¹	maːk³⁵phet⁵⁵khiau³³
911	葱	a³³xom⁵⁵	ton⁵³xɔːm³³
912	葱叶	a³³xom⁵⁵pha³¹	bai³³ton⁵³xɔːm³³
913	蒜	pha⁷³¹them³¹si³¹	ka³³thiːam³⁵
914	姜	xã⁵⁵si³¹	khiːŋ³³
915	野山姜	man⁵⁵sat³¹	kha⁵⁵
916	芹菜	pha⁷³¹si³¹kɔ̌³¹	phak⁵⁵si³⁵
917	土豆	va⁷³¹ī⁵⁵mɯ³¹	man³⁵flaŋ⁵⁵
918	蚕豆	(lɔ̌³³pat⁵⁵)lɔ̌³³ŋju⁵⁵pat⁵⁵	thua⁵⁵pɛ:p³¹
919	茎	a⁵⁵ga³¹	kan⁵³
920	芋头	gɔi³⁵mɯ³¹(pjum³¹mɯ³¹)	phɯaːk³¹
921	魔芋	ku³¹jɔ⁷⁵⁵si³¹	ŋua³³duk⁵⁵
922	木薯	man³³m̩ɯ³¹	man³⁵ton⁵³
923	山药	soŋ³¹koŋ³⁵m̩ɯ³¹	man³⁵pa⁵⁵
924	红薯	tʃhe⁵⁵ko³³mɯ³¹	man³⁵daːŋ⁵³
925	地瓜	m̩ɯ³¹kjeu³³si³¹	man³⁵phau³⁵
926	南瓜	tī³³nam⁵⁵si³¹	maːk³¹ɯ⁷⁵⁵
927	冬瓜	toŋ³¹khɔ³¹si³¹	maːk³¹toːn⁵⁵
928	黄瓜	sɔ̌³¹khɔ³¹si³¹	tɛːŋ³³kua³³
929	苦瓜	ma⁷³¹xɔi³⁵	maːk³¹xɔːi⁵⁵
930	丝瓜	ī⁵⁵jap³¹si³¹	maːk³¹buːap³¹
931	柠檬	ma⁷³¹tʃom³⁵si³¹	maːk³¹naːu³⁵
932	洋丝瓜	flã⁵⁵sə³¹khɔ³¹si³¹	maːk³¹su³⁵
933	香瓜	a³³pɔ⁷³si³¹	tɛːŋ³³xɔːm³³
934	丝瓜瓢	ī⁵⁵jap⁵⁵m̩up³¹	ŋai³⁵maːk³¹buːap³¹
935	黄豆	lɔ̌³¹kua³¹si³¹	thua⁵⁵lɯaŋ³⁵
936	红豆	lɔ̌³¹koŋ³¹si³¹ŋe³⁵	tua⁵⁵dɛːŋ³³
937	绿豆	lɔ̌³¹khua³³a³³ŋju⁵⁵	thua⁵⁵khiːau³³
938	黑豆	lɔ̌³¹koŋ³¹si³¹da³³	thua⁵⁵dam³³
939	豇豆	lɔ̌³³pat⁵⁵a³³m̩u⁵⁵	thua⁵⁵fak⁵⁵n̩aːu³⁵
940	豌豆	van³³tlə⁵⁵si³¹	thua⁵⁵nɔ:i⁵³
941	豌豆尖	van³³tlə⁵⁵kɔ̌³¹	thua⁵⁵nɔːi⁵³

141

序号	汉义	老挝普内语	老挝语
942	豆芽	lɔ³¹khua³³li³¹	thua⁵⁵ŋɔːk⁵³
943	花生	pat³¹thum³³	thua⁵⁵din³³
944	葫芦	lɔ⁵⁵tɕi⁵⁵si³¹	maːk³¹nam⁵³
945	芝麻	ŋ̊am³¹	ŋa³⁵
946	荸荠	ma⁷⁵⁵ŋjeu⁵⁵si³¹	maːk³¹xɛːu⁵³
947	烟叶	xja⁵⁵khuan³¹pha³¹	bai³³ja³³suːp³¹
948	香茅草	si³¹khai³¹	si³³khai³⁵
949	咖啡	ka³¹phɛ³³	ka³³fe³⁵
950	木耳	m̥u³¹kla⁷³¹	xet⁵⁵ŋ̊u³³nu³³
951	香菇	m̥u⁵⁵xom⁵⁵	xet⁵⁵xɔːm³³
952	大红菌	m̥u⁵⁵ŋɛ⁵⁵a³³bɔ³¹tʃɔ³⁵	xet⁵⁵dɛːŋ³³nai⁵⁵
953	青苔	lɔ⁵⁵ju³¹	khai³⁵nam⁵³
954	蘑菇	m̥u⁵⁵	xet⁵⁵
955	鸡棕菌	m̥u⁵⁵lu⁵⁵tu⁷³¹phju⁵⁵	xet⁵⁵xɔːn³³kai⁵⁵
956	奶浆菌	m̥u⁵⁵nan³¹	xet⁵⁵nɔːŋ³⁵
957	牛肝菌	bi³¹tʃi⁷⁵⁵m̥u⁵⁵	xet⁵⁵thaːn⁵⁵
958	莲花	dɔ⁷⁵⁵bua³¹vat⁵⁵	dɔːk³¹bua³³
959	草药	phum⁵⁵mɯ³¹tʃhi³¹	ja³³sa⁷⁵⁵muːn³³phai³⁵
960	饭	tʃɔ³¹sɔ³¹	a³³xaːn³³
961	早饭	da³¹sɔ³³m̥jan⁵⁵	a³³xaːn³³sau⁵³
962	午饭	ni³¹koŋ⁵⁵m̥jaŋ⁵⁵	a³³xaːn³³thiaŋ⁵⁵
963	晚饭	khɯt³¹thɔ³³m̥jaŋ⁵⁵	a³³xaːn³³jen³³
964	糯米	xaŋ³¹m̥jiŋ³¹	khau⁵³niau³³
965	米粉	peŋ³⁵	pɛːŋ⁵³
966	硬米	xaŋ³¹kɛn³¹	khau⁵³khɛːŋ³³
967	饮食	tʃa³¹sɔ³¹	khɔːŋ³³kin³³
968	粥（稀饭）	xaŋ³¹pot³¹	khau⁵³tom⁵³(tsoːk⁵⁵)
969	冷饭	a³³tʃa³¹a³³tʃi⁷⁵⁵	a³³xaːn³³jen³³
970	冷水	lã⁵⁵tʃi⁷⁵⁵	nam⁵³jen³³
971	面粉	peŋ³⁵	pɛːŋ⁵³mi⁵⁵
972	馒头	sa³³la³³pau³¹	sa³³la³³pau³³
973	糍粑	khau³⁵pa³³pa³³	khau⁵³tsi⁵⁵pa³³pa³³
974	面条	mji³³	mi⁵⁵
975	面包	kau³⁵nom⁵³paŋ³³	khau⁵³nom³³paŋ³³
976	卷粉（米干）	khau⁵⁵sɔi³¹	khau⁵³sɔːi⁵³

序号	汉义	老挝普内语	老挝语
977	米线	khau⁵⁵pun³⁵	khau⁵³pun⁵³
978	米汤	xaŋ³¹pot³¹lã³⁵	nam⁵³tom⁵³khau⁵³
979	汤圆	xaŋ³¹ni⁵⁵tap³¹	khau⁵³nom³³wa:n³³
980	肉	tʃɯ²³¹kɯŋ³¹	si:n⁵³
981	腊肉	si⁵⁵(ɣ)am³¹si³¹	si:n⁵³dɔ:ŋ³³ta:k³¹xɛ:ŋ⁵³
982	瘦肉	tʃɯ²³¹kɯŋ³¹sot⁵⁵	si:n⁵³mu³³sot⁵⁵
983	肥肉	tʃɯ²³¹kɯŋ³¹a³³si⁵⁵a³³tit³¹	si:n⁵³tit⁵⁵nam⁵³man³⁵
984	牛肉	m̥jaŋ³⁵sa³¹	si:n⁵³ŋua³⁵
985	羊肉	tʃhɯt³¹sa³¹	si:n⁵³bɛ⁵³
986	猪肉	va³¹sa³¹	si:n⁵³mu³³
987	麂子肉	xɔ⁵⁵poŋ³¹sa³¹	si:n⁵³fa:n³⁵
988	鸡肉	xja³³sa³¹	si:n⁵³kai⁵⁵
989	鸡蛋	xja³³u³³	khai⁵⁵kai⁵⁵
990	鸭蛋	kap³¹u³³	khai⁵⁵pet⁵⁵
991	蛋白	xja³³u³³a³³pa³³	khai⁵⁵kha:u³³
992	蛋黄	xja³³u³³a³³an⁵⁵	khai⁵⁵lɯɯŋ³³
993	蛋壳	xja³³u³³khap³¹	pɯak³¹khai⁵⁵
994	蛋糕	khau⁵⁵nom³¹khe⁷⁵⁵	khau⁵³nom³³khek³³
995	羊奶	tʃhɯt³¹lũ³⁵	nom³⁵kɛ⁷⁵⁵
996	牛奶	m̥jaŋ³⁵lũ³⁵	nom³⁵ŋua³⁵
997	腌菜	kɔ̃³¹pha³¹tʃhen³⁵	phak⁵⁵ka:³¹dɔ:ŋ³³
998	酸菜	kɔ̃³¹ba³³tʃhen³⁵	phak⁵⁵ka:t³¹som⁵³
999	酸竹笋	xɔ̃⁵⁵mjit³¹tʃhen³⁵	nɔ⁵⁵mai⁵³som⁵³
1000	盐	sa³¹	kɯa³³
1001	糖	nam³⁵tan³³	mam⁵³ta:n³³
1002	白糖	nam³⁵tan³³sai³¹	mam⁵³ta:n³³sa:i³¹
1003	红糖	poŋ³¹tʃhau³⁵	nam⁵³ɔ:i⁵³
1004	辣椒	lɔ̃³¹phji³⁵si³¹	ma:k³¹phet⁵⁵
1005	胡椒	phji⁷⁵⁵thai³¹	phik³¹thai³¹
1006	食用油	nam³⁵man³¹phɯt⁵⁵	nam⁵³man³⁵phɯ:t⁵³
1007	干巴	tʃã³¹kɯŋ³¹kɯ³³	si:n⁵³xɛ:ŋ⁵³
1008	干鱼	ŋju³¹tɛ³⁵khu³³	pa³³xɛ:ŋ⁵³
1009	醋	a³³tʃhen⁵⁵lã⁵⁵	nam⁵³som⁵³sa:i³³su³⁵
1010	酱	nam³⁵sot⁵⁵	nam⁵³sɔt³³
1011	酱油	tʃĩ⁵⁵tʃaŋ⁵⁵lã⁵⁵	nam³⁵sã⁷⁵⁵iu⁵³

序号	汉义	老挝普内语	老挝语
1012	味精	peŋ³⁵nua³³	pɛːŋ⁵³nua³⁵
1013	啤酒	bja³³	bia³³
1014	米酒	ku³³tʃhən⁵⁵ti³¹kha³⁵	lau⁵³khau⁵³saːn³³
1015	腐乳	tə⁵⁵xu³¹tʃhen³⁵	tau⁵³ŋu⁵³dɔːŋ³³
1016	豆豉	lə̌³³khua³³pup³¹	thua⁵⁵nau⁵⁵
1017	菜汤	kɔ̃³¹kɔ⁵⁵lã⁵⁵	nam⁵³kɛːŋ³³
1018	酒	tă³¹kha³⁵	lau⁵³
1019	白酒	tă³¹kha³⁵	lau⁵³khaːu³³
1020	甜酒	bə̌³¹tʃa³¹	lau⁵³waːn³³
1021	酒糟	tʃi³¹tʃau³³	ɲɛ⁵⁵lau⁵³
1022	茶	la⁵⁵	sa³⁵
1023	纸烟	xja⁵⁵khuan³¹jo³³	ja³³phan³⁵
1024	烟丝	xja⁵⁵khuan³¹	ja³³sen⁵³
1025	药	tʃhi³¹	ja³³
1026	药丸	tʃhi³¹met⁵⁵	ja³³met³¹
1027	油（做饭的）	a³³si⁵⁵	nam⁵³man³⁵phɯːt³¹
1028	温水	lã⁵⁵lum⁵⁵	nam⁵³un⁵⁵
1029	热水	lã⁵⁵loŋ⁵⁵	nam⁵³xɔːn⁵³
1030	冰水	lã⁵⁵tʃi³³	nam⁵³jen³³
1031	凉水	lã⁵⁵tʃi³³	nam⁵³jen³³
1032	开水	lã⁵⁵tʃhu⁵⁵	nam⁵³tom⁵³
1033	植物油	nam³⁵man³¹phuɯt⁵⁵	nam⁵³man³⁵phɯːt³¹
1034	猪油	va³¹si³⁵	nam⁵³man³⁵mu³³
1035	猪食	va³¹tʃa³³	a³³xaːn³³mu³³
1036	马料	mu³¹tʃa³³	a³³xaːn³³ma⁵³
1037	柚木	mai³⁵sa⁷³¹	mai⁵³sak⁵⁵
1038	橡胶木	jan³¹phla³¹tʃi⁵⁵	mai⁵³jaːŋ³³pha³⁵la³³
1039	线	mai³³khɯɯŋ⁵⁵	sen⁵³mai³³
1040	红线	khɯɯŋ⁵⁵ɲe⁵⁵	mai³³dɛːŋ³³
1041	黑线	khɯɯŋ⁵⁵da³³	mai³³dam³³
1042	白线	khɯɯŋ⁵⁵pa³³	mai³³khaːu³³
1043	绿线	khɯɯŋ⁵⁵ɲju⁵⁵	mai³³khiau³³
1044	黄线	khɯɯŋ⁵⁵an⁵⁵	mai³³lɯaŋ³³
1045	蓝线	khɯɯŋ⁵⁵si³¹fa³⁵	thua³³si³³fa⁵³
1046	毛线	khɯɯŋ³⁵	mai³³phom³⁵

续表

序号	汉义	老挝普内语	老挝语
1047	棉线	tʃɔ³¹pat⁵⁵khɯɯŋ⁵⁵	sen⁵³faːi⁵³
1048	布	nam⁵⁵	phɛːn⁵⁵phɛ³⁵
1049	棉布	nam⁵⁵bu⁵⁵	pha⁵³faːi⁵³
1050	白布	nam⁵⁵pa³³	pha⁵³khaːu³³
1051	黑布	nam⁵⁵da³³	pha⁵³dam³³
1052	花布	nam⁵⁵plai³¹	pha⁵³laːi³⁵
1053	织布	nam⁵⁵ja³¹	pha⁵³tam⁵⁵
1054	染布	nam⁵⁵mji³¹ɲi³¹	pha⁵³ɲɔːm⁵³si³³
1055	染线	khɯɯŋ⁵⁵mji³¹ɲi³¹	mai³³ɲɔːm⁵³si³³
1056	顶针	lot³⁵si³¹khɯɯŋ³⁵ja³¹	pɔːk³¹niu⁵³
1057	上衣	l̥ap⁵⁵nu³¹l̥ap⁵⁵	sɯɯə⁵³san⁵³nɔːk⁵³
1058	衣服	ka³¹sə³¹tum³³sə³¹	sɯɯə⁵³pha⁵³
1059	长衣	l̥ap⁵⁵la³¹pjoŋ³¹m̥u³³	sɯɯə⁵³khɛːn³³n̥aːu³⁵
1060	短衣	l̥ap⁵⁵la³¹pjoŋ³¹a³³bon⁵⁵	sɯɯə⁵³khɛːn³³san⁵³
1061	毛衣	l̥ap⁵⁵dan³³	sɯɯə⁵³mai³³phom³⁵
1062	棉衣	ŋam⁵⁵bu⁵⁵l̥ap⁵⁵	sɯɯə⁵³pha⁵³faːi⁵³
1063	雨衣	bo³¹xɔ⁵⁵l̥ap⁵⁵	sɯɯə⁵³kan⁵³fon³³
1064	衣领	li³⁵khɔ³³	khɔ³⁵sɯɯə⁵³
1065	衣袖	l̥ap⁵⁵la³¹pjoŋ³¹	khɛːn³³sɯɯə⁵³
1066	衣襟	sut³¹nɔn³¹	sut³¹nɔːn³⁵
1067	前衣摆	l̥ap⁵⁵bə̆⁵⁵ka³¹sə⁷⁵⁵ɛ³³n̥ɛ³¹	sai³³sɯɯə⁵³thaːŋ³⁵na⁵³
1068	后衣摆	l̥ap⁵⁵lɔ⁵⁵khɔ³³pja³¹sə⁷⁵⁵ɛ³³n̥ɛ³¹	sai³³sɯɯə⁵³thaːŋ³⁵laŋ³³
1069	扣子	ma⁷³¹tɔm⁵⁵si³¹	ka⁷⁵⁵dum³³sɯɯə⁵³
1070	口袋	tai³¹ja³¹	thoŋ³³
1071	衣袋	tai³¹ja³¹	thoŋ³³
1072	裤子	teu⁵⁵	soːŋ⁵³
1073	长裤	teu⁵⁵la³¹pjoŋ³¹a⁵⁵m̥u³³	soːŋ⁵³kha³³n̥aːu³⁵
1074	裤袋	teu⁵⁵tai³¹ja³¹	thoŋ³³soːŋ⁵³
1075	裤腿	teu⁵⁵la³¹pjoŋ³¹	kha³³soːŋ⁵³
1076	裤腰	teu⁵⁵tu³¹	ŋua³³soːŋ⁵³
1077	裤裆	teu⁵⁵la³¹pjoŋ³¹	kha³³soːŋ⁵³
1078	棉絮	tʃɔ³¹pat⁵⁵	faːi⁵³
1079	西装	sut³¹sa⁵³kon³³	sut³¹sa³³kon³³
1080	领带	ka³¹la³¹vat⁵⁵	ka³³la³³vat⁵⁵
1081	篾席	khja³⁵toŋ³¹khu³³	taŋ⁵⁵mai⁵³phai⁵⁵

序号	汉义	老挝普内语	老挝语
1082	裙子	ȶi³¹ka³¹	khǎ²⁵⁵poːŋ⁵⁵
1083	包头巾	tǒ³¹pap⁵⁵	pha⁵³phan³⁵ŋua³³
1084	腰带（瑶族）	ŋam⁵⁵a⁵⁵ʨo³¹suɯ⁷³¹sə³¹	pha⁵³mat³³ɛːu³³
1085	帽子	tǒ³¹soŋ³¹ja³¹	muaːk³¹
1086	裤带	ka³¹ʧap³¹kut⁵⁵sə³¹	khem³³khat⁵⁵
1087	荷包	phju³⁵dai³¹ja³¹a³³plai³¹	kha²⁵⁵pau³³dɔːk³¹laːi³⁵
1088	筐	khoŋ³¹kap⁵⁵	ka²⁵⁵taː⁵⁵sai⁵⁵kɯɯŋ⁵⁵sai⁵³
1089	袜子	ȶi³³soŋ³¹	thoŋ³³tiːn³³
1090	手套	lǎ³¹pu³¹soŋ³¹sə³¹	thoŋ³³mɯ³⁵
1091	鞋	bǒ³¹khap³¹	kə:p³¹
1092	鞋带	bǒ³¹khap³¹ŋɛ³¹	saːi³³kə:p³¹
1093	皮鞋	a⁵⁵lu³¹bǒ³¹khap³³	kə:p³¹naŋ³³
1094	雨鞋	kəp⁵⁵bo²⁵⁵	kə:p³¹bo:k³¹
1095	草鞋	kɔ⁵⁵jau³¹bǒ³¹khap³¹	kə:p³¹xet³¹duai⁵³na⁵³
1096	球鞋	bǒ³¹khap³¹kʝi⁷³³la³¹	kə:p³¹ki⁷³³laˑ³⁵
1097	拖鞋	kəp⁵⁵tep³¹	kə:p³¹tɛ⁷⁵⁵
1098	凉鞋	bǒ³¹khap³¹saŋ³³lan³³	kə:p³¹saŋ³³laːn³⁵
1099	布鞋	nam⁵⁵bu⁵⁵bǒ³¹khap³¹	kə:p³¹pha⁵³
1100	斗笠	soŋ³¹khɔ³³	kup⁵⁵
1101	梳子	tu³¹ʧha³³	wi³³
1102	耳环	lan³¹	tum⁵³ŋu³³
1103	项链	sai³³khɔ³³	sɔːi⁵³khɔ³⁵
1104	刷子	van³³ʧai³³	pɛːŋ³³thu³³
1105	哨子	ma²⁵⁵vit⁵⁵	maːk³¹wiːt³¹
1106	戒指	la³³pjo²⁵⁵	wɛːn³³
1107	手镯	ŋap³¹tan⁵⁵	pɔːk³¹khɛːn³³
1108	手表	la³¹ka³³si³¹	mo:ŋ³⁵
1109	围裙	ȶi³³ka³¹	si:n⁵³
1110	花筒裙	ȶi³¹ka³³plai³³	si:n⁵³tɛːm⁵³
1111	龙袍	ʧau⁵⁵si³¹vit⁵⁵ə³³ḷap⁵⁵	sɯa⁵³ka²⁵⁵sat⁵⁵
1112	发夹	kʝi⁵⁵kap³¹	ki:p³¹ni:p³¹phom³³
1113	挎包	fa³¹sa³¹sə³¹	ka²⁵⁵pau³³phaːi³⁵
1114	背包	fa³¹sa³¹sə³¹	ka²⁵⁵pau³³phaːi³⁵thaːŋ³⁵laŋ³³
1115	大背包	fa³¹sa³¹sə³¹	ka²⁵⁵pau³³saːi³³phaːi³⁵ɲai⁵⁵
1116	小银包	phju⁵⁵tai⁵⁵ja³¹	ka²⁵⁵pau³³dəːn³³thaːŋ³⁵

续表

序号	汉义	老挝普内语	老挝语
1117	钱包	phju⁵⁵tai³¹ja³¹	ka⁷⁵⁵pau³³ŋən³⁵
1118	枕头	tu⁷³¹khu³³	mɔːn³³
1119	席子	pha⁵⁵sə⁵⁵	pha⁵³sɯa⁵⁵
1120	竹席	tu³¹phu⁵⁵	sɯa⁵⁵ma⁵³phai⁵⁵
1121	毛巾	bji³³bŭ³¹tʃet⁵⁵	pha⁵³set³¹tua³³
1122	手绢	bji³³bŭ³¹tʃet⁵⁵ja³¹	pha⁵³set³¹na⁵³
1123	围巾	bji³³bŭ³¹tʃet⁵⁵a³³li⁵⁵pap³¹sə³¹(phɛ³¹phan³¹khɔ³³)	pha⁵³phan³⁵khɔ³⁵
1124	褥子	pha⁵⁵sə³³ja³³	sɯa⁵⁵lep⁵⁵
1125	毯子	phen³¹	pha⁵³xom⁵⁵
1126	纱布	nam⁵⁵bu⁵⁵	pha⁵³faːi⁵³baːŋ³³baːŋ³³
1127	尿布	pap³¹tʃhɔ⁵⁵	pha⁵³ɔːn⁵³dek⁵⁵nɔːi⁵³
1128	镜子	ven³³	ven⁵⁵
1129	被子	phen³¹	pha⁵³xom⁵⁵
1130	床被	khɔ³¹tam³⁵	pha⁵³pu³³nɔːn³⁵
1131	床垫	pha³³sə⁵⁵	pha⁵³sɯa⁵⁵thɔːn³³
1132	蚊帐	sut⁵⁵	muŋ⁵³
1133	（针）尖儿	(kă³¹tʃap³¹)lin⁵⁵ja³¹	paːi³³khem³³
1134	针	kă³¹tʃap³¹	khem³³
1135	房子	tʃɔ⁵⁵	ŋɯaːn³⁵
1136	地基	tʃɔ⁵⁵bep⁵⁵	xaːk³¹thaːn³³ ŋɯaːn³⁵
1137	房顶	jum³³mu⁵³	laŋ³³kha³⁵
1138	房檐	tʃai³¹kha³¹	saːi³⁵kha³⁵
1139	屋里	thoŋ³³ə⁷⁵⁵	nai³⁵xɔːŋ⁵³
1140	走廊	tʃɔ⁵⁵thoŋ³³ɛ⁷⁵⁵to³¹xja³⁵	sɔːŋ⁵⁵thaːŋ³⁵ɲaːŋ⁵⁵nai³⁵ŋɯaːn³⁵
1141	瓦	din³³khɔ³³	din³³khɔ⁵⁵
1142	砖	din³³tʃi⁵⁵si³¹	din³³tsi⁵⁵
1143	瓷砖	ka³³lo³¹	ka³³lo³¹
1144	土坯	mji⁵⁵toŋ⁵⁵si³¹	kɔːn⁵³din³³
1145	墙角	a³³tʃɛ³³	mum³⁵phaŋ³³
1146	瓦房	si³¹pe⁷³¹tʃɔ³⁵	ŋɯaːn³⁵muŋ³⁵din³³khɔ³³
1147	草房	li⁵⁵tʃi⁵⁵ tʃɔ³⁵	ŋɯaːn³⁵muŋ³⁵ɲa⁵³
1148	砖房	xən³¹kɔ³³	ŋɯaːn³⁵kɔ⁵⁵
1149	土坯房	mji⁵⁵toŋ⁵⁵tʃɔ³⁵	ŋɯaːn³⁵din³³
1150	木房	tɔ³¹pjen³³tʃɔ³⁵	ŋɯaːn³⁵mai⁵³
1151	竹子房	ŋjam³¹si³⁵tʃɔ³⁵	ŋɯaːn³⁵mai⁵³phai⁵⁵

序号	汉义	老挝普内语	老挝语
1152	厨房	xən³¹kho³¹	ŋɯaːn³⁵khua³⁵
1153	厕所	xoŋ⁵⁵nam³⁵	ŋɔːŋ⁵³nam⁵³
1154	卧室	jup³¹xja³⁵	ŋɔːŋ⁵³nɔːn³⁵
1155	客厅	tʃɔ³⁵thoŋ³³	ŋɔːŋ⁵³loːŋ⁵⁵
1156	堂屋	tʃɔ³⁵thoŋ³³	ŋɔːŋ⁵³xap³¹kheːk³¹
1157	楼房	tɯ⁷³⁵a³³khan³¹	tɯk⁵⁵a³³khaːn³⁵
1158	平房	vi³¹la³¹tʃɔ³⁵	ŋɯaːn³⁵vin³⁵la³⁵
1159	楼上	tha³¹khan³⁵	san⁵³thəŋ³⁵
1160	楼下	o³¹khan³⁵	san⁵³lum⁵⁵
1161	粮仓	ko³³tʃi³³	lau⁵³khau⁵³
1162	牛圈	m̩jaŋ³⁵klo⁷⁵⁵	khɔːk³¹ŋua³⁵
1163	猪圈	va³¹klo⁷⁵⁵	khɔːk³¹mu³³
1164	马圈	mu³¹klo⁷⁵⁵	khɔːk³¹ma⁵³
1165	羊圈	tʃhɯt³¹klo⁷⁵⁵	khɔːk³¹bɛ⁵³
1166	鸡圈	xja³³klo⁷⁵⁵	xɔːk³¹khai⁵⁵
1167	狗窝	khɯ³¹klo⁷⁵⁵	khɔːk³¹ma³³
1168	鸡窝	xja³³u³³khoŋ³¹	lok³¹kai⁵⁵
1169	鸡笼	xja³³khoŋ³¹kap³¹	sum⁵³kai⁵⁵
1170	竹片笆	xã³¹poŋ³¹tʃham⁵⁵	ŋua⁵³mai⁵³phai⁵⁵
1171	篾笆	la³¹phɔ³³, nɛ³¹tʃha³¹	mai⁵³tɔːk³¹
1172	墙	tʃam⁵⁵pja⁵⁵	fa³³
1173	木棍	tʃi⁵⁵tən³³	mai⁵³khɔːn³⁵
1174	木头	tʃi⁵⁵	tʰai⁵³
1175	木板	ka⁷⁵⁵dan³³	kä⁷⁵⁵daːn³³
1176	柱子	jum⁵⁵ɿ⁵⁵,tʃɔ⁵⁵ɿ⁵⁵	sau³³ŋuaːn³⁵
1177	门	lä³³kɔ³³	pa⁷⁵⁵tu³³
1178	门板	lä³³kɔ³³phɛ³¹	baːn³³ pa⁷⁵⁵tu³³
1179	门闩	lai³¹	kɔːn³³ pa⁷⁵⁵tu³³
1180	门栓	lai³¹	kɔːn³³ pa⁷⁵⁵tu³³
1181	门框	lä³³kɔ³³poŋ⁵⁵	voŋ³⁵kop⁵⁵pa⁷⁵⁵tu³³
1182	大门	lä³³kɔ³³ba³³	pa⁷⁵⁵tu³³ɲai⁵⁵
1183	小门	lä³³kɔ³³ja³¹	pa⁷⁵⁵tu³³nɔːi³¹
1184	双开门	lä³³kɔ³³ɲit³¹lap³¹	pa⁷⁵⁵tu³³sɔːŋ³³baːn³³
1185	窗子	poŋ³³jem³³	pɔːŋ⁵⁵jiam³⁵
1186	火炉	bji³¹pum⁵⁵	tau³³fai³⁵

续表

序号	汉义	老挝普内语	老挝语
1187	大梁	tʃɔ⁵⁵khjĩ³¹	mai⁵³khɛ:ŋ³⁵ŋɯa:n³⁵
1188	椽子	tʃĩ⁵⁵sai³¹kha³¹tin³³	mai⁵³sa:i³⁵kha³⁵
1189	楼梯	kă²⁵⁵tʃam⁵⁵	khan⁵³dai³³
1190	梯子	kă²⁵⁵tʃam⁵⁵tʃham³¹	khan⁵³dai³³
1191	台阶	kă²⁵⁵tʃam⁵⁵khan⁵⁵	khan⁵³khan⁵³dai³³
1192	脸盆	aŋ⁵⁵bă³³kap³¹phɔ³¹xja³⁵	a:ŋ⁵⁵la:ŋ³⁵na⁵³
1193	凉棚	xja⁵⁵tʃɔ⁵⁵	tu:p³¹phak³³phɔ:n⁵⁵
1194	篱笆	tʃɔ⁵⁵tʃham⁵⁵	ŋua⁵³ŋɯa:n³⁵
1195	狗食槽	khɯ³¹tɔ³¹kham³¹	xa:ŋ³⁵khau⁵³ma³³
1196	猪食槽	va³¹tɔ³¹kham³¹	xa:ŋ³⁵khau⁵³mu³³
1197	窑	tau³¹	tau³³phau³³
1198	（火塘上的）烘架	kha³¹lan³⁵	san⁵³ja:ŋ⁵³si:n⁵³
1199	火塘	bjĩ³¹pum³⁵	tau³³fai³⁵
1200	竹竿	xă³¹poŋ³¹la⁷³¹	sau³³mai⁵³phai⁵⁵
1201	灶	tau³¹	tau³³fai³⁵ ŋɯa:n³⁵khua³⁵
1202	窖	o³¹khan³⁵xu⁵⁵	ŋɔ:ŋ⁵³tai⁵³din³³
1203	园子	tʃham⁵⁵	suan³³khua³⁵
1204	谷仓	ko³³tʃi⁵⁵	sa:ŋ³³khau⁵³phɔ:t⁵³
1205	米仓	ko³³tʃi⁵⁵	sa:ŋ³³khau⁵³
1206	屋旁	tʃaŋ⁵⁵thɔ⁵⁵	kha:ŋ⁵³ ŋɯa:n³⁵
1207	菜园	kɔ³¹pha³¹tʃham³⁵	suɔa³³phak⁵⁵
1208	门口	tʃam³¹bă³¹ka³¹	na⁵³ ŋɯa:n³⁵
1209	东西	a⁵⁵kɯŋ³³	khɯaŋ⁵⁵khɔ:ŋ³⁵
1210	竹篾饭桌	xaŋ³¹phən³⁵phe³¹	pha³⁵khau⁵³mai⁵³phai⁵⁵
1211	竹编凳子	xaŋ³¹poŋ³¹toŋ³¹khu³³	taŋ⁵⁵mai⁵³phai⁵⁵
1212	木凳	tʃĩ⁵⁵toŋ³¹khu³³	taŋ⁵⁵mai⁵³
1213	床	a⁵⁵tĩ⁵⁵	tiaŋ³³nɔ:n³⁵
1214	摇篮	tʃum³³plɛ⁵⁵	pe³³
1215	麻袋	tai³¹pan³⁵	pau³³pa:n⁵⁵
1216	木马	toŋ³¹khu⁵⁵a³¹m̥u⁵⁵	taŋ⁵⁵ma⁵³
1217	箱子	ka²⁵⁵pau³¹dən³³than³¹	kă²⁵⁵pau³³də:n³³tha:ŋ³⁵
1218	皮箱	ka²⁵⁵pau³¹dən³³thaŋ³¹	kă²⁵⁵pau³³də:n³³tha:ŋ³⁵naŋ³⁵
1219	木箱	xip⁵⁵	kă²⁵⁵pau³³də:n³³tha:ŋ³⁵mai⁵³
1220	柜子	tu³⁵	tu⁵³
1221	衣柜	tu³⁵a⁵⁵kɯŋ³¹kan³³xja⁵⁵	tu⁵³sɯa³⁵pha⁵³

149

序号	汉义	老挝普内语	老挝语
1222	洗衣粉	sa²³¹bu³³fun³³	să²⁵⁵bu³³fun⁵⁵
1223	香皂	sa²³¹bu³³	să²⁵⁵bu³³
1224	肥皂	sa²³¹bu³³	să²⁵⁵bu³³luɑŋ³³
1225	牙膏	sa³¹phɛ³¹si³⁵	ja³³si³³khɛːu⁵³
1226	剃须刀	man³¹m̪ut³¹khut³¹sə³¹	miːt³¹kon³³nuaːt³¹
1227	衣架	thɔ̃³¹jo³¹tam³⁵	san⁵³taːk³¹khuɑŋ⁵⁵
1228	鞍子	toŋ³¹khu³³	an³³naŋ⁵⁵
1229	板子	tɔ̃³¹pjen³⁵	kă²⁵⁵daːn³³
1230	扁担	pa³¹tam³⁵	mai⁵³khaːn³⁵
1231	刨花	kop³¹	kop⁵⁵mai⁵³
1232	玻璃	kjeu³⁵	kɛːu⁵³
1233	抽屉	lin⁵⁵sa²³¹	lin⁵³sak³³
1234	木筏	phɛ³¹	phɛ³⁵
1235	扫帚	ĩ⁵⁵tʃet³¹tu⁵⁵	n̪u³⁵kuaːt³¹
1236	柴	bji³¹thum³³	fɯːn³⁵
1237	火石	bji³¹ti³¹phu³³	ŋiːn³³lek⁵⁵fai³⁵
1238	火绒	sə³⁵phuɯŋ³¹	suɑ⁵³phəːŋ³⁵
1239	火柴	bji³¹ti³¹san³¹	mai⁵³khiːt³¹fai³⁵
1240	火镰	bji³¹tʃap³¹	mai⁵³khiːp³¹thaːn⁵⁵
1241	垃圾	ĩ³³tʃet³¹	khi⁵³n̪uɯ⁵³
1242	竹火把	bji³¹toŋ³¹	tă²⁵⁵bɔŋ³³
1243	锅	bŭ⁵⁵khuã⁵⁵	mɔ⁵³
1244	铁锅	sam⁵⁵bŭ⁵⁵khuã⁵⁵	mɔ⁵³lek⁵⁵
1245	木饭勺	xaŋ³¹tʃo²⁵⁵sə³¹	mai⁵³daːm⁵³tak⁵⁵khau⁵³
1246	铁锅铲	khu³¹tam³⁵ba³¹	tsɔŋ³³lek⁵⁵
1247	盖子	a³³kap⁵⁵	fa³³
1248	锅盖	bŭ⁵⁵khuã⁵⁵kap⁵⁵	fa³³mɔ⁵³
1249	锅刷	bŭ³³khuã⁵⁵tʃo³³sə³¹	fɔːi³³phat⁵⁵mɔ⁵³
1250	刀	m̪jaŋ³³ja³¹	miːt³¹
1251	剃刀	man³¹m̪ut³¹khut³¹sə³¹	miːt³¹koːn³³
1252	铡刀	mjit⁵⁵sɛm³³	miːt³¹tat⁵⁵
1253	菜刀	kɔ̃³¹pha³¹kɔ⁵⁵sə³¹m̪jaŋ³³	miːt³¹tɛːŋ⁵⁵kin³³
1254	柴刀	bĭ³¹pha³³sə³¹m̪jaŋ³³	pha⁵³pha⁵⁵fɯːn³⁵
1255	拐棍	tʃũ³¹kɔ̃³⁵	mai⁵³thau⁵³
1256	盒子	a⁵⁵kap⁵⁵	kɔŋ⁵⁵

续表

序号	汉义	老挝普内语	老挝语
1257	剪刀	mjit⁵⁵sɛm³¹	miːt³¹tat⁵⁵
1258	砧板	tɤ̃³³põ⁵⁵	khiaŋ³³
1259	刀鞘	ɲjaŋ³³pat³¹	faːk⁵⁵miːt³¹
1260	刀口	ɲjaŋ³³thɔ̃³⁵	khom³⁵miːt³¹
1261	刀背	ɲjaŋ³³ɬam⁵⁵	san³³miːt³¹
1262	刀把儿	ɲjaŋ³³phu³³	dam⁵³miːt³¹
1263	刀鞘背带	ɲjaŋ³³pat⁵⁵ɲɛ³¹	saːi³³fak⁵⁵miːt³¹
1264	勺子	khu³¹tam³⁵	buaŋ⁵⁵
1265	碗	kho³¹	tuai⁵³
1266	盘子	kho³¹phlɛ³³	tsaːn³³
1267	叉子	sɔm⁵³	sɔːm⁵³
1268	筷子	thu³¹tam³⁵	mai⁵³thu⁵⁵
1269	筷筒	thu³¹tam³⁵kap³¹	kă⁷⁵⁵ta⁵⁵sai⁵⁵mai⁵³thu⁵⁵
1270	瓶子	lã⁵⁵tĩ³³	tuk⁵⁵nam⁵³
1271	热水瓶	fĩ⁷⁵⁵	kă⁷⁵⁵tik⁵⁵nam⁵³xɔːn⁵³
1272	罐子	ŋjɯŋ³³	xai³³
1273	酸菜罐	kɔ̃³¹ba³¹tʃhen⁵⁵	phak⁵⁵kaːt³¹dɔːŋ³³
1274	甑子	bɯ̃³¹soŋ³¹	mɔ⁵³nɯŋ⁵³khau⁵³
1275	甑盖	bɯ̃³¹soŋ³¹kap⁵⁵	fa³³mɔ⁵³nɯŋ⁵³
1276	饭篓	xaŋ³¹tip⁵⁵	tip⁵⁵khau⁵³
1277	碗篓	kho³¹kan³³xja³⁵	thi⁵⁵vaŋ³⁵tsaːn³³
1278	酒杯	thɤ̃³¹kha³⁵kho³¹	kɛːu⁵³lau⁵³
1279	水桶	lã⁵⁵thaŋ³³	thaŋ³³nam⁵³
1280	水竹筒	lã⁵⁵poŋ³¹	baŋ⁵³nam⁵³mai⁵³phai⁵⁵
1281	竹饭盒	xaŋ³¹toŋ³¹	kɔŋ⁵⁵khau⁵³mai⁵³phai⁵⁵
1282	竹茶杯	la⁵⁵kho³¹xã³¹poŋ³¹	tsɔːk³¹mai⁵³phai⁵⁵
1283	茶杯	la⁵⁵kho³¹	tsɔːk³¹sa³⁵
1284	茶壶	bla⁵⁵si³¹	ka³³nam⁵³sa³⁵
1285	瓢	khu³¹kap⁵⁵	bɔːi³³tak⁵⁵nam⁵³
1286	葫芦瓢	phlu³⁵si³¹khu³¹kap⁵⁵	bɔːi³³nam⁵³tau⁵³
1287	铁三角架	sam⁵⁵khuŋ⁵⁵si³¹	khiaŋ⁵³sam³³kha³³
1288	火钳	bjĩ³¹tʃhap⁵⁵	lek⁵⁵khjiːp³¹thaːn⁵⁵
1289	吹火筒	ɲut⁵⁵poŋ³¹	baŋ⁵³pau⁵⁵fai³⁵
1290	打火机	bjĩ³¹ti³¹	kap⁵⁵fai³⁵lom³⁵
1291	电池	ten⁵⁵thoŋ³¹lot⁵⁵	thaːn⁵⁵fai³⁵saːi³³

序号	汉义	老挝普内语	老挝语
1292	水碓	koŋ³¹phat³¹nam⁵³	koŋ³³phat³³nam⁵³
1293	挖耳勺	a⁵⁵na³¹ khuat⁵⁵sə³¹	mai⁵³ɲɛ⁵⁵x̃u³³
1294	背带（背小孩用）	a⁵⁵po⁵⁵	pha⁵³tsia⁵⁵
1295	眼镜	ven³³ta³³	si⁵⁵ta³³
1296	烟斗	kɔ²⁵⁵si³¹	kɔːk³¹ja³³
1297	水烟筒	xja³³kjəu³³poŋ³¹	baŋ⁵³ja³³suːp³¹
1298	陀螺	fluŋ⁵³si³¹	maːk³¹kha:ŋ⁵⁵
1299	钉子	l̥e²⁵⁵tʃap⁵⁵	lek⁵⁵ta³³pu³³
1300	铁线	sam⁵⁵ja³¹mat⁵⁵sə³³	lek⁵⁵luaːt³¹
1301	灯	tən³³	tǎ²⁵⁵kiaŋ³³
1302	灯笼	tən³³	khoːm³⁵fai³⁵
1303	斧头	khuan³³bo²⁵⁵	khuaːn³³
1304	小斧子	khuan³³bo²⁵⁵ja³¹	khuaːn³³nɔːi⁵³
1305	大斧头	khuan³³bo²⁵⁵ba³³	khuaːn³³ɲai⁵⁵
1306	钉耙	tʃha³³tʃhɔ̃⁵⁵	khaːt³¹
1307	钻子	le²⁵⁵sa²⁵⁵van³³	sa²⁵⁵waːn⁵⁵
1308	锤子	tu⁵⁵la³¹	khoːn⁵³ti³³
1309	凿子	u³³so²⁵⁵	siu⁵⁵
1310	粪箕	ĩ⁵⁵tʃet³¹tʃɔ²⁵⁵sə³¹	kǎ²⁵⁵pɛ²⁵⁵khi⁵³ɲua⁵³
1311	粪	kha⁵⁵la⁵⁵	pui³³
1312	鸡屎	xja³³ĩ³¹	khi⁵³kai⁵⁵
1313	篓子	ĩ³³tʃet³¹khoŋ³¹kap³¹	kǎ²⁵⁵ta⁵⁵sai⁵⁵khi⁵³ɲua⁵³
1314	扣绳	ɲe³¹thum³¹	pum⁵⁵sɯaːk³¹
1315	提篮	khoŋ³³kap⁵⁵ɲjam³¹sə³¹	kǎ²⁵⁵ta⁵⁵xiu⁵³
1316	篮子	khoŋ³³kap⁵⁵	kǎ²⁵⁵ta⁵⁵
1317	香	thup³¹	thuːp³¹
1318	蜡烛	bjǎ³³soŋ³³	thieːn³⁵khai³³
1319	水笕	lã⁵⁵pe³¹	nam⁵³lin³⁵
1320	伞	tʃõ⁵⁵	khan³⁵xom⁵⁵
1321	钥匙	ka²⁵⁵tʃɛ³¹san³¹	kun³³tse³³
1322	棍子	tam⁵⁵tʃɯ³¹	mai⁵³thau⁵³
1323	拐杖	tʃoŋ³¹koŋ³⁵	mai⁵³ɲan³³
1324	马鞍	mu³¹toŋ³¹khu³³	an³³ma⁵³
1325	牛鼻圈	jo³³lu⁵⁵toŋ⁵³	sɯaːk³¹khau³⁵khuaːi³⁵
1326	牛绳	m̥jaŋ³⁵ɲe³¹	sɯaːk³¹mat³¹ŋua³⁵

续表

序号	汉义	老挝普内语	老挝语
1327	船	loŋ⁵⁵	ŋɯa³⁵
1328	膏药	paŋ³³sa⁵⁵ma⁵⁵	ja³³tit⁵⁵baːt³¹
1329	织布机	nam³⁵ja³¹sə³³	khɯa⁵⁵tam⁵⁵phɛːn⁵⁵
1330	纺线机	bji³¹lo⁷⁵⁵	khɯa⁵⁵pan⁵⁵faːi⁵³
1331	棕皮	pam³³kho⁷³¹	pɯaːk³¹ paːm³³
1332	锯子	ləi³³	lɯaːi⁵⁵
1333	鼻尖绳	jo³³lu⁵⁵toŋ⁵³ŋɛ³¹	sɯaːk³¹khau³⁵
1334	犁	khan³¹thai³¹	khan³⁵thai³³
1335	犁铧	thai⁵⁵si³¹	thai³³
1336	抹桌布	bjə̌³³tʃet⁵⁵to⁷⁵⁵pat⁵⁵sə³³	pha⁵³set³³to⁷⁵⁵
1337	竹凳	khja³⁵toŋ³¹khu³³	taŋ⁵⁵mai⁵³phai⁵⁵
1338	农药	ja³¹kha³⁵mɛŋ³¹mai³¹	ja³³kha⁵³sat⁵⁵tu³³phɯːt³¹
1339	小铁锅	kji⁵⁵soŋ³³ja³³	mɔ⁵³nɔːi⁵³
1340	大铁锅	kji⁵⁵soŋ³³ba³³	mɔ⁵³ɲai⁵⁵
1341	衣物箱	xjip⁵⁵	xiːp³¹sai⁵⁵sɯa⁵³pha⁵³
1342	石板	la³¹phu³³lap⁵⁵	phɛːn⁵⁵xiːn³³
1343	锥子	lu⁷³¹sa³³van⁵⁵	să⁷⁵⁵waːn⁵⁵
1344	蒸笼	xã³¹soŋ³¹bŭ⁵⁵khuã⁵⁵	mɔ⁵³nɯaŋ⁵³
1345	大蒸笼	xã³¹soŋ³¹bŭ⁵⁵khuã⁵⁵ba³³	mɔ⁵³nɯaŋ⁵³ɲai⁵⁵
1346	小蒸笼	xã³¹soŋ³¹bŭ³³khuã⁵⁵ja³¹	mɔ⁵³nɯaŋ⁵³nɔ⁵³
1347	铁墩	sam⁵⁵tən³³	theŋ⁵⁵lek⁵⁵
1348	铁锹	le⁷³¹sa⁷⁵⁵liŋ⁵⁵	lek⁵⁵khut⁵⁵
1349	铁砂	lu⁷³¹van³³	luːk³¹waːn⁵⁵
1350	耙	tʃha³³tʃhaŋ³⁵	khaːt³¹
1351	耙齿	tʃha³³tʃhaŋ³⁵sa³¹phe³¹	khɛːu⁵³khaːt⁵³
1352	坛子	jɯŋ³³	ŋai³³
1353	陷阱	khan³¹tu³¹toŋ³⁵(va³³)	kap⁵⁵dak⁵⁵
1354	锄头	ka⁷⁵⁵tʃo⁷⁵⁵	tsok⁵⁶
1355	锉子	khã⁵⁵si³¹	lek⁵⁵sa⁷⁵⁵bai³³
1356	钳子	khjim³¹	khiːm³⁵
1357	绳子	ŋe³¹	sɯaːk³¹
1358	楔子	a³³tʃhap³¹	lim⁵³
1359	背篓	ka⁷⁵⁵tɔi⁵⁵	sɔːŋ³⁵phai³⁵
1360	背篓带	ka⁷⁵⁵tɔi⁵⁵ŋe³¹	saːi³³sɔːŋ³⁵phai³⁵
1361	大谷箩	khoŋ³¹kap³¹ba³³	buŋ³³ɲai⁵⁵

序号	汉义	老挝普内语	老挝语
1362	箩	khoŋ³¹kap³¹	buŋ³³
1363	镰刀	kjiu³¹	kiau⁵⁵
1364	脚杵	thoŋ³¹kan³³	sa:k³¹khok³³ti:n³³
1365	脚臼	mat³¹ʧhum⁵⁵	bɔ:ŋ⁵⁵khok³³ɲai⁵⁵
1366	盐臼	sa³¹thoŋ³¹khɔ³¹	khok³³kɯa³³
1367	手杵	thoŋ³¹kan³⁵ja³¹	sa:k³¹ khok³nɔ:i⁵³
1368	筛子	khun³¹ʧhɔ³¹	khəŋ⁵⁵(xɔ:n³⁵xam³⁵)
1369	簸箕	ku²⁵⁵ja⁵⁵	duŋ⁵³fat⁵⁵khau⁵³
1370	撮箕	sam⁵⁵ɻ³³ʧet³¹ʧo²⁵⁵sə³³	kǎ²⁵⁵pe²⁵⁵tak⁵⁵khi⁵³ɲ.ɯə⁵³
1371	纺锤	khun⁵⁵pan⁵⁵xja⁵⁵	kɛn³³la³³pan⁵⁵fa:i⁵³
1372	颜料	nam³⁵si⁵³	met³¹si³³
1373	椅子	kau³³i³⁵	taŋ⁵⁵i⁵³/ kau⁵³i⁵³
1374	竹桌	khja⁵⁵to²⁵⁵	to²⁵⁵mai⁵³phai⁵⁵
1375	桌子	to²⁵⁵	to²⁵⁵
1376	磨刀石	slo²⁵⁵si³¹	ŋi:n³³lap³¹mji:t³¹
1377	枪	si³³ɲat⁵⁵	pɯ:n³³
1378	硝	bji³¹ti³¹phu³³	ŋi:n³³lek⁵⁵fai³⁵
1379	火药枪	pɯn³¹kep⁵⁵	pɯn³³kɛp⁵⁵
1380	子弹	lu²⁵⁵si³³	lu:k³¹pɯ:n³³
1381	矛	xɔ²⁵⁵	ŋɔ:k³¹
1382	弩	si³³ɲa²⁵⁵	tha²⁵⁵nu³¹
1383	弓	jɔ³¹ŋɛ³¹xja⁵³pə³³sə³¹	khan³⁵tha²⁵⁵nu³¹
1384	箭	bja³¹	lu:k³¹sɔ:n³³
1385	弹弓	lǒ³¹pu⁵⁵si³¹	kǎ²⁵⁵thun⁵⁵
1386	鸟笼	xja⁵³khoŋ³¹	kho:ŋ³³nok³³
1387	毒药	toŋ³¹sən³¹ʧhi³¹	ja³³phit³³
1388	渔网	khu³¹	ŋɛ³³
1389	鱼钩	xjɔ̄⁵⁵	khɔ³³bet⁵⁵
1390	鱼笼	khi²³¹ɻ̄⁵⁵pat³¹	khɔŋ⁵³sai⁵⁵pa³³
1391	笔	bji²⁵⁵	bik⁵⁵
1392	钢笔	pa²⁵⁵ka³³	pa:k³¹ka³³
1393	铅笔	sɔ⁵³dam³³	sɔ³³dam³³
1394	毛笔	khu³¹kan³¹	khu⁵⁵kan³³
1395	墨汁	nam⁵⁵mə²⁵⁵	nam⁵³mək³³
1396	墨水	nan³⁵mə²⁵⁵	nam⁵³mək³³

续表

序号	汉义	老挝普内语	老挝语
1397	书	pɔp⁵⁵	puɯm⁵³
1398	笔记本	pɔp⁵⁵kan³³sə³¹	puɯm⁵³ban³³thuɯk³³
1399	书包	pɔp⁵⁵fa³¹	thoŋ³³puɯm⁵³
1400	字	da⁵⁵suɯ⁵⁵ba⁷³¹	naŋ³³suɯ³³
1401	黑板	ka⁷⁵⁵dan³¹	ka⁷⁵⁵da:n³³dam³³
1402	粉笔	sɔ³³khau⁵³	sɔ³³kha:u³³
1403	信	da⁵⁵suɯ⁵⁵pha³¹	tsot⁵⁵ma:i³³
1404	话	a³³taŋ³¹a³³the³⁵	pha³⁵sa³³/kham³⁵vau⁵³
1405	传说	ni⁵⁵ɛ⁵⁵khau⁵⁵	tam⁵⁵na:n³⁵
1406	故事	khau⁵⁵	ni⁷⁵⁵tha:n³⁵
1407	笑话	gau³⁵taŋ³¹	vau⁵³ɲɔ:k³¹ɲai³⁵
1408	谜语	kham³¹thɔi³¹	kham³⁵thuai³⁵
1409	算盘	lu⁷⁵⁵khjit⁵⁵	lu:k³¹khit³³
1410	歌	muɯ⁵⁵tɔ̃³¹	bot⁵⁵phe:ŋ³⁵
1411	诗	bɔ⁷³¹na⁵⁵son⁵⁵na⁵⁵sɔ³³	su⁷⁵⁵pha³⁵sit⁵⁵
1412	鼓	thum³¹	kɔ:ŋ³³
1413	铓锣	loŋ³¹mu³⁵ba³¹	khɔ:ŋ⁵³ɲai⁵⁵
1414	锣	loŋ³¹mu³⁵si³¹	khɔ:ŋ⁵³
1415	钹	tʃhiŋ³¹	siŋ⁵⁵
1416	直箫	khui⁵⁵	khui⁵⁵ɲa:u³⁵
1417	牛角	jo³¹tʃhau³⁵	khau³³khuai³⁵
1418	笛子	pji⁵⁵(khui³³)	pi⁵⁵
1419	芦笙	tʃhen³¹	pi⁵⁵nam⁵³tau⁵³
1420	唢呐	pji³³sɔ⁵⁵na³³	pi⁵⁵sɔ³³na³¹
1421	铃	ma⁷⁵⁵ka⁷⁵⁵liŋ⁵⁵	ka⁷⁵⁵diŋ³³
1422	钢琴	pje³³no³³	pe³³a³³no³¹
1423	喇叭	kje³³	kɛ³³
1424	图章	ka³¹	ka³³pa⁷⁵⁵thap³¹
1425	图画	a³³xup⁵⁵	pha:p⁵³va:t⁵³
1426	牌	phai³³	phai⁵³
1427	手印	la³¹tʃam³⁵	xɔ:i³⁵niu⁵³muɯ³⁵
1428	请帖	ba⁷⁵⁵sən³¹	bat⁵⁵sə:n³⁵
1429	舞蹈	jən³³sə³¹	ten⁵³lam³⁵
1430	风筝	vau³³	va:u⁵⁵
1431	秋千	tʃum³³plɛ⁵⁵	o:n³³sa³⁵

155

序号	汉义	老挝普内语	老挝语
1432	鞭炮	fai³¹dɔ²⁵⁵	baŋ⁵³fai³⁵dɔːk³¹
1433	神	the³¹va²⁵⁵da³¹	the³¹va²⁵⁵da³³
1434	妖精	dat³¹	phi³³saːt³¹
1435	鬼	dat³¹	phi³³
1436	灵魂	thi³¹³¹khɔ̃³¹la⁵⁵	vin³¹n̥aːn³¹
1437	佛	pha²⁵⁵tʃau³⁵	pha²⁵⁵phut³¹tha²⁵⁵tsau⁵³
1438	罪	phjit³¹sɔ³¹	khuam³⁵phit⁵⁵
1439	痕迹	la³¹phja⁵⁵	xɔːŋ⁵⁵xɔːi³⁵
1440	影子	a³³xup³¹	ŋau³⁵
1441	梦	jup³¹ba⁷³¹	khuam³⁵fan³³
1442	法术	kha³¹tha³¹	a³³khom³⁵
1443	纸钱	phju³³	ka²⁵⁵dːt³¹ŋən³⁵
1444	脾气；性格	la³¹ba³³	a³³lom³⁵
1445	运气	bun⁵⁵	soːk³¹kaːp³¹
1446	力气	a³³ŋjiɁ³¹a³³xai⁵⁵	kam⁵⁵laŋ³⁵vaŋ³⁵sa³⁵
1447	福气	ven³¹bun⁵⁵	bun³³vaːt³¹sa²⁵⁵na³³
1448	祖先；祖宗	a³³tʃə³⁵	ban³³pha²⁵⁵bu³³lut³¹
1449	天堂	mu³¹tha³¹lin³³	sa²⁵⁵wan³³
1450	地狱	mɔ⁵⁵na³³xɔ²⁵⁵	na³⁵lok³³
1451	灾难	a³³um³³	phai³⁵phi²⁵⁵bat⁵⁵
1452	精神	tă³¹khɔ̃⁵⁵la⁵⁵	tsit⁵⁵vin³⁵n̥aːn³⁵
1453	机会	ŋjam³¹	o³³kaːt³¹
1454	事情	mjaŋ³¹	kaːn³³ŋaːn³⁵
1455	名字	a³³mji⁵⁵	sɯ⁵⁵
1456	小孩儿名字	ja³¹kat⁵⁵a³³mji⁵⁵	sɯ⁵⁵dek⁵⁵nɔːi⁵³
1457	成人名字	sɔ̃⁵⁵bə³¹a³³mji⁵⁵	sɯ⁵⁵phu⁵³n̥ai⁵⁵
1458	年龄	a³¹ŋju²⁵⁵	a³³n̥u²⁵⁵
1459	生意	kha³³khai⁵³	kaːn³³kha⁵³khaːi³³
1460	感情	tau³¹ŋji⁵⁵a³³m̥en³³	khuam³⁵n̥u⁵³sɯk⁵⁵di³³di³³
1461	风俗	a³³xjit⁵⁵a³³khoŋ³¹	xiːt³¹khɔːŋ³⁵
1462	文化	vat³¹tha⁷³¹na³¹tham³¹	vat⁵⁵tha²⁵⁵na³⁵tham³⁵
1463	道理	tau³¹ba⁷³¹kjeu³⁵ba⁷³¹	xeːt³¹phon³³
1464	本事	khuɯt³¹ɛ³⁵tʃə⁵⁵	khuam³⁵sa³³maːt³¹
1465	生日	kət⁵⁵tʃe²⁵⁵ji⁵⁵ni³¹	van³⁵kəːt³¹
1466	礼物	a⁵⁵fa⁷³¹	khɔːŋ³³khon³³

序号	汉义	老挝普内语	老挝语
1467	礼貌	a⁵⁵m̥en³¹a³³m̃ɔ̃³³	ma³⁵la²⁵⁵n̥aːt³¹
1468	计划	phjen³¹kan³³	vaːŋ³⁵phɛːn⁵⁵
1469	问题	ban³³xa⁵³	ban³³xa³³
1470	秘密	vat³¹sə³¹am³³sə³¹	khuam³⁵lap³¹
1471	希望	tau³¹ɛ⁵⁵tʃə³⁵	khuam³⁵van³³
1472	痛苦	da⁵⁵ba³³da⁵⁵	khuam³⁵tsep⁵⁵puɔːt³¹
1473	幸福	khuam³¹sou⁷³¹	mi³⁵khuam³⁵suk⁵⁵
1474	滋味	lot⁵⁵sat⁵⁵	lot³³saːt³¹
1475	语言	a³³tʃe³¹	pha³⁵sa³³
1476	老挝语	bǎ³¹tʃham³¹tʃe³¹	pha³⁵sa³³laːu³⁵
1477	傣语	lɯ⁵⁵ba³¹tʃe³¹	pha³⁵sa³³tai³⁵
1478	泰语	phu⁵⁵thai³¹tʃe³¹	pha³⁵sa³³thai³⁵
1479	谎话	kat³¹tɔ̃³¹	kham³⁵vau⁵³khi⁵³tua²⁵⁵
1480	好处	m̥jen³¹ɛ⁵⁵tʃə⁵⁵	pa²⁵⁵n̥oːt³¹
1481	用处	sai⁵⁵xja⁵⁵pjen⁵⁵xja⁵⁵	pa²⁵⁵n̥oːt³¹sai⁵³sɔːi⁵⁵
1482	东方	mu³¹ni⁵⁵ɔ⁷³¹pja³¹	thit³³ta³³ven³⁵ɔːk³¹
1483	西方	mu³¹ni⁵⁵ta³¹pja³¹	thit³³ta³³ven³⁵tok⁵⁵
1484	中间	koŋ³³n̥i⁵⁵	khəŋ⁵⁵kaːŋ³³
1485	中心	sun³³kaŋ³³	sun³³kaːŋ³³
1486	周围	na⁵⁵tʃa³¹la³¹ə²⁵⁵	bɔ⁵⁵li²⁵⁵veːn³⁵
1487	左边	la³¹kam³⁵pja³¹	daːŋ⁵³saːi⁵³
1488	右边	la³¹m̥jen³¹pja³¹	daːŋ⁵³khua³³
1489	前边	bǒ³³ka³¹pja³¹	daːŋ⁵³na⁵³
1490	后边	la⁵⁵khɔ³³pja³¹	daːŋ⁵³laŋ³³
1491	外边	ŋu⁵³pja³¹	daːŋ⁵³nɔːk³¹
1492	里边	thoŋ³³pja³¹	khaːŋ⁵³nai³⁵
1493	附近	a³³di⁵⁵ja³¹	kai⁵³kai⁵³
1494	隔壁	xoŋ⁵⁵na⁵⁵that⁵⁵ə³¹	ŋɔːŋ⁵³that⁵⁵pai³³
1495	对面	ɛ⁵⁵pja⁷³¹la⁵⁵pja⁷³¹	koŋ³³kan³³kham⁵³
1496	上边	tha³¹pja³¹	khaːŋ⁵³thəŋ³⁵
1497	下边	o³¹pja³¹	khaːŋ⁵³lum⁵⁵
1498	底下	ĩ³³klo²³³	thaːŋ³⁵kɔːŋ³¹
1499	半路	tʃa³³ba⁵³thǒ³¹tən³¹	khəŋ⁵⁵kaːŋ³³
1500	前边	bǒ³³ka³¹pja³¹	daːŋ⁵³na⁵³
1501	后边	la⁵⁵khɔ³³pja³¹	daːŋ⁵³laŋ³³

序号	汉义	老挝普内语	老挝语
1502	天上	mu³¹tha³¹lin³³	thən³⁵sa²⁵⁵wan³³
1503	山上	kuɯn³¹the³⁵tan³³	thən³⁵phu³⁵khau³³
1504	心里	la³¹ba³³thoŋ³¹	ŋua³³tsai³³
1505	田边	da³¹ŋja⁵⁵lep³¹	khɛːm³⁵na³⁵
1506	角儿	a³³tʃe³³	muːm³⁵
1507	（桌子）上	(tɔ²⁵⁵)tha³¹ə²⁵⁵	khaːŋ⁵³thən³⁵(tɔ²⁵⁵)
1508	（桌子）下	(tɔ²⁵⁵)ĩ³¹thoŋ⁵⁵ə²⁵⁵	khaːŋ⁵³lum⁵⁵(tɔ²⁵⁵)
1509	时候，时间	la³¹ka³³mu⁵⁵	ve³⁵la³⁵
1510	今天	ŋj(ŋj)am⁵⁵ni³³	muɯ⁵³ni⁵³
1511	昨天	mji⁵⁵ni³³	vaːm³⁵ni⁵³
1512	前天	xu³¹ni³³	muɯ⁵³suɯːn³⁵
1513	明早	ŋjam⁵⁵sə²⁵⁵	sau⁵³ni⁵³
1514	明天	də³¹sə²⁵⁵	muɯ⁵³uɯːn⁵⁵
1515	后天	phat³¹sə²⁵⁵	muɯ⁵³xuɯ³⁵
1516	大后天	ŋet³¹ni³³tʃan⁵⁵khɔ⁵⁵	sɔːŋ³³van³⁵tɔ⁵⁵pai³³
1517	昨晚	bǔ⁵⁵khuɯt⁵⁵tɔ̃³³	muɯ⁵³khuɯːn³⁵
1518	今晚	ŋjam⁵⁵khuɯt³¹tɔ̃³³	khuɯːn³⁵ni⁵³
1519	明晚	də³¹sə³³khuɯt³¹tɔ̃³³	tɔːŋ³³kham⁵⁵muɯ⁵³uɯːn⁵⁵
1520	白天	ni³³kũ⁵⁵	kaːŋ³³ven³⁵
1521	早晨	da³¹sə²⁵⁵	tɔːn³³sau⁵³
1522	早上	ŋjam⁵⁵sə²⁵⁵	ɲam³³sau⁵³
1523	中午	ni³³koŋ⁵⁵	suːaŋ⁵⁵kaːŋ³³ven³⁵
1524	下午	khuɯt³¹thã³³	tɔːn³³baːi⁵⁵
1525	傍晚	khuɯt³¹thã³³mu³¹ni³⁵ta³³tʃa³¹	khaːi⁵³lɛːŋ³⁵
1526	晚上	khuɯt³¹koŋ³⁵	kaːŋ³³khuɯːn³⁵
1527	整晚	thuɯŋ³¹khuɯn³¹	thaŋ³⁵khuɯːn³⁵
1528	三更半夜	khuɯt³¹koŋ³⁵thĩ³³lə²⁵⁵	thiaŋ⁵⁵khuɯːn³⁵
1529	两天以后	ŋet³¹ni³³tʃa³³an³³bja⁵³	sɔːŋ³³van³⁵tɔ⁵⁵ma³⁵
1530	日，天	ji³³ni³³	muɯ⁵³，van³⁵
1531	每天	su³³muɯ³⁵	thuk³³van³⁵
1532	（一）夜	thi³¹khuɯt³¹	nuɯŋ³³khuɯːn³⁵
1533	每夜	su³³khuɯt³¹	thuk³³khuɯːn³⁵
1534	初一	van³¹thi³³nuɯŋ⁵⁵	van³⁵thi³⁵nuɯŋ³³
1535	初二	van³¹thi³³sɔ̃⁵³	van³⁵thi³⁵sɔːŋ³³
1536	初三	van³¹thi³³sam³³	van³⁵thi³⁵saːm³³

续表

序号	汉义	老挝普内语	老挝语
1537	初四	van³¹thi³³si³⁵	van³⁵thi³⁵si⁵⁵
1538	初五	van³¹thi³³xã³⁵	van³⁵thi³⁵xa⁵³
1539	初六	van³¹thi³³xɔʔ⁵⁵	van³⁵thi³⁵xok⁵⁵
1540	初七	van³¹thi³³tʃet⁵⁵	van³⁵thi³⁵tset⁵⁵
1541	初八	van³¹thi³³pet³⁵	van³⁵thi³⁵pɛːt³¹
1542	初九	van³¹thi³³kau³⁵	van³⁵thi³⁵kau⁵³
1543	初十	van³¹thi³³sip⁵⁵	van³⁵thi³⁵sip⁵⁵
1544	十一日	van³¹thi³³sip⁵⁵et⁵⁵	van³⁵thi³⁵sip⁵⁵et⁵⁵
1545	十二日	van³¹thi³³sip⁵⁵sɔ̃³³	van³⁵thi³⁵sip⁵⁵sɔːŋ³³
1546	十三日	van³¹thi³³sip⁵⁵sam³³	van³⁵thi³⁵sip⁵⁵saːm³³
1547	十四日	van³¹thi³³sip⁵⁵si⁵⁵	van³⁵thi³⁵sip⁵⁵si⁵⁵
1548	十五日	van³¹thi³³sip⁵⁵xã³⁵	van³⁵thi³⁵sip⁵⁵xa⁵³
1549	十六日	van³¹thi³³ sip⁵⁵xɔʔ⁵⁵	van³⁵thi³⁵sip⁵⁵xok⁵⁵
1550	十七日	van³¹ thi³³sip⁵⁵tʃet⁵⁵	van³⁵thi³⁵sip⁵⁵tset⁵⁵
1551	十八日	van³¹ thi³³sip⁵⁵pet³⁵	van³⁵thi³⁵sip⁵⁵pɛːt³¹
1552	十九日	van³¹ thi³³sip⁵⁵kau³⁵	van³⁵thi³⁵sip⁵⁵kau⁵³
1553	二十日	van³¹thi³³sau³¹	van³⁵thi³⁵saːu³⁵
1554	二十一号	van³¹thi³³sau³¹et⁵⁵	van³⁵thi³⁵saːu³⁵et⁵⁵
1555	二十二日	van³¹thi³³sau³¹sɔ̃³³	van³⁵thi³⁵saːu³⁵sɔːŋ³³
1556	二十三日	van³¹thi³³sau³¹sam³³	van³⁵thi³⁵saːu³⁵saːm³³
1557	二十四日	van³¹thi³³sau³¹si³⁵	van³⁵thi³⁵saːu³⁵si⁵⁵
1558	二十五日	van³¹thi³³sau³¹xã³⁵	van³⁵thi³⁵saːu³⁵xa⁵³
1559	二十六日	van³¹thi³³sau³¹xɔʔ⁵⁵	van³⁵thi³⁵saːu³⁵xok⁵⁵
1560	二十七日	van³¹thi³³sau³¹tʃet⁵⁵	van³⁵thi³⁵saːu³⁵tset⁵⁵
1561	二十八日	van³¹thi³³sau³¹pet³⁵	van³⁵thi³⁵saːu³⁵pɛːt³¹
1562	二十九日	van³¹thi³³sau³¹kau³⁵	van³⁵thi³⁵saːu³⁵kau⁵³
1563	三十日	van³¹thi³³sam³³sip⁵⁵	van³⁵thi³⁵saːu³⁵sip⁵⁵
1564	以前	ŋji³¹tʃɔ̃⁵⁵ni³³ɛʔ³¹	mɯa⁵⁵kɔːn⁵⁵
1565	很久以前	ŋji³¹tʃɔ̃⁵⁵saʔ⁵⁵mai³¹ɛʔ³¹	saʔ⁵⁵mai³³kɔːn³⁵
1566	以后	ŋji³¹tʃɔ̃⁵⁵ɛʔ³¹ɤʔ⁵⁵	phaːi³⁵na⁵³
1567	现在	ŋjam⁵⁵mɤ³³	tɔːn³³ni⁵³
1568	将来	ni³¹tʃɔ̃⁵⁵ni³³ɤʔ⁵⁵	a³³na³⁵khot³¹
1569	星期一	van³¹tʃan³¹	van³⁵tsan³³
1570	星期二	van³¹aŋ³¹khan³¹	van³⁵aŋ³⁵khaːn³⁵
1571	星期三	van³¹phut⁵⁵	van³⁵phut³³

序号	汉义	老挝普内语	老挝语
1572	星期四	van³¹pha²⁵⁵xat³¹	van³⁵pha²⁵⁵xat⁵⁵
1573	星期五	van³¹su⁷³¹	van³⁵suk⁵⁵
1574	星期六	van³¹sau⁵³	van³⁵sau³³
1575	星期天	van³¹a³¹thit⁵⁵	van³⁵a³³thit³¹
1576	月	fa³¹l̥a³³	dɯaːn³³
1577	每个月	su³³l̥a³³	thuk³¹thuk³¹dɯaːn³³
1578	半个月	thi³¹l̥a³³khɯŋ⁵⁵	khən⁵⁵dɯaːn³³
1579	上个月	ni³¹tʃɔ⁵⁵l̥a³³ɛ²⁵⁵	dɯaːn³³lɛːu⁵³
1580	一个月	thi³¹l̥a³³	nɯŋ³³dɯaːn³³
1581	本月	ŋjam⁵⁵tʃɔ⁵⁵l̥a³³ə²⁵⁵	dɯaːn³³ni⁵³
1582	下个月	nu³¹tʃã³⁵l̥a³³ə²⁵⁵	dɯaːn³³na⁵³
1583	月中	ŋjam⁵⁵l̥a³³khɯŋ⁵⁵ə²⁵⁵	kaːŋ³³dɯaːn³³
1584	月初	ŋjam⁵⁵tʃɔ⁵⁵ton³⁵l̥a³³ə²⁵⁵	ton⁵³dɯaːn³³
1585	月底	ŋjam⁵⁵tʃɔ⁵⁵thai³⁵l̥a³³ə²⁵⁵	thaːi⁵³dɯaːn³³
1586	最后	nu³¹lin³³	sut⁵⁵thaːi⁵³
1587	几个月	tʃhət⁵⁵l̥a³³	tsak⁵⁵dɯan³³
1588	大月	fa³¹l̥a³³khɯŋ⁵⁵ŋjam³¹	dɯaːn³³khɯŋ⁵³
1589	小月	fa³¹l̥a³³xem³¹ŋjam³¹	dɯaːn³³xɛːm³⁵
1590	正月	dən³¹tʃiaŋ³¹	dɯaːn³³maŋ³⁵kɔːn³³
1591	二月	dən³¹ŋji³³	dɯaːn³³kum³⁵pha³⁵
1592	三月	dən³¹sam³³	dɯaːn³³mji³⁵na³⁵
1593	四月	dən³¹si³³	dɯaːn³³mje³⁵sa³³
1594	五月	dən³¹xã³⁵	dɯaːn³³phɯt⁵⁵sa²⁵⁵pha³⁵
1595	六月	dən³¹xɔ²⁵⁵	dɯaːn³³mi²⁵⁵thu²⁵⁵na³⁵
1596	七月	dən³¹tʃet⁵⁵	dɯaːn³³kɔ³³la²⁵⁵kot⁵⁵
1597	八月	dən³¹pet³⁵	dɯaːn³³siŋ³³xa³³
1598	九月	dən³¹kau³⁵	dɯaːn³³kan³³n̥a³⁵
1599	十月	dən³¹sip⁵⁵	dɯaːn³³tu²⁵⁵la³⁵
1600	十一月（冬月）	dən³¹sip⁵⁵et³¹	dɯaːn³³pha²⁵⁵tsik⁵⁵
1601	十二月（腊月）	dən³¹sip⁵⁵sɔ̃³³	dɯaːn³³than³⁵va³⁵
1602	年	jip⁵⁵pji⁵³	pi³³
1603	每年	su³³pji³³sə²⁵⁵	thuk³¹pi³³
1604	今年	ŋjam⁵⁵pji³³sə²⁵⁵	pi³³ni⁵³
1605	去年	mu⁵⁵ni³³pji³³sə²⁵⁵	pi³³kaːi³³
1606	前年	nu³¹ni³³pji³³sə²⁵⁵	pi³³kɔːn⁵⁵

续表

序号	汉义	老挝普内语	老挝语
1607	大前年	m̩ji⁵⁵ni³³nu³¹ni³³pji³³sə⁷⁵⁵ɛ⁷³¹	pi³³kɔːn⁵⁵kɔːn⁵⁵
1608	明年	m̩ji⁵⁵ja³¹sə⁷⁵⁵	pi³³na⁵³
1609	后年	nu³³pji³³sə⁷⁵⁵	pi³³nai³⁵
1610	大后年	nu⁵⁵pji³³ɛ⁵⁵mɛ⁵⁵sə⁷⁵⁵	pi³³tɔ⁵⁵tɔ⁵⁵pai³³
1611	（三年）以前	(sum³¹pji³³)tʃan³⁵tʃe⁷⁵⁵ɛ⁷³¹	saːm³³pi³³kɔːn⁵⁵
1612	（三年）以后	(sum³¹pji³³)ɛ⁷³¹mɛ⁵⁵ (ɣ)ɛ⁷⁵⁵	saːm³³pi³³laŋ³³
1613	古时候	ni³¹tʃɔ³⁵sat³³lɔ⁵⁵ɛ⁷³¹	să⁷⁵⁵mai³³bu³³xaːn³⁵
1614	（一）年	(ti³¹)pji³³	nɯŋ³³pi³³
1615	（一）岁	(ti³¹)pji³³	nɯŋ³³khuaːp³¹
1616	一辈子	to³¹tʃo³³kun³¹	sua⁵⁵khon³⁵
1617	一分钟	nɯŋ³³na³¹thi³¹	nɯŋ⁵⁵na³⁵thi³⁵
1618	一个小时	nɯŋ³³so³¹moŋ³¹	nɯŋ⁵⁵sua⁵⁵moːŋ³⁵
1619	（一）点钟	(nɯŋ³³)moŋ³¹	(nɯŋ⁵⁵)moːŋ³⁵toŋ³³
1620	每个小时	thu⁷⁵⁵thu⁷⁵⁵so³³moŋ³¹	thuk³¹sua⁵⁵moːŋ³⁵
1621	小时候	ja³¹kat⁵⁵lam⁵⁵	vai³⁵dek⁵⁵
1622	有时候	nu⁵⁵ə³¹kă⁵⁵tʃɔ⁵⁵ka⁷³¹	baːŋ³³khaŋ⁵³
1623	有时	nu⁵⁵ə³¹kă⁵⁵tʃɔ⁵⁵ka⁷³¹	baːŋ³³ve³⁵la³⁵
1624	较短的一段时间	nu⁵⁵ə³¹kă⁵⁵tʃɔ⁵⁵ka⁷³¹	suaŋ⁵⁵lai³⁵n̩a⁷⁵⁵nɯŋ³³
1625	较长的一段时间	ka⁷⁵⁵ŋjam³¹ka⁷⁵⁵ŋjam⁵³	suaŋ⁵⁵nɯŋ³³
1626	第一天	tham³¹it⁵⁵ni³³	mɯ⁵³thi³⁵nɯŋ⁵⁵
1627	第二天	thi³¹sɔ̃³³ni³³	mɯ⁵³thi³⁵sɔːŋ³³
1628	第三天	thi³¹sam³³ni³³	mɯ⁵³thi³⁵saːm³³
1629	旱季	mu³¹kha³³lĩ⁵⁵ŋjam³¹	la⁷⁵⁵du³³lɛːŋ⁵³
1630	雨季	jən³³koŋ⁵⁵	la⁷⁵⁵du³³fon³³
1631	热季	mu³¹loŋ³⁵ŋjam³¹	la⁷⁵⁵du³³xɔːn⁵³
1632	冷季	tʃho³¹ŋjam³¹	la⁷⁵⁵du³³naːu⁵³
1633	（属）虎	să³¹la³¹(jip⁵⁵pji⁷⁵⁵)	(pi³³)sɯːa³³
1634	（属）兔	ka⁷⁵⁵tai³³(jip⁵⁵pji⁷⁵⁵)	(pi³³)kă⁷⁵⁵taːi⁵⁵
1635	（属）龙	ɯ⁵⁵ba³³(jip⁵⁵pji⁷⁵⁵)	(pi³³)maŋ³⁵kɔːn³³
1636	（属）蛇	ɯ⁵⁵ja³¹(jip⁵⁵pji⁷⁵⁵)	(pi³³)ŋu³⁵
1637	（属）马	mu³¹(jip⁵⁵pji⁷⁵⁵)	(pi³³)ma⁵³
1638	（属）羊	tʃhɯɯt³¹(jip⁵⁵pji⁷⁵⁵)	(pi³³)bɛ⁵³
1639	（属）猴	dap³¹ba³¹(jip⁵⁵pji⁷⁵⁵)	(pi³³)vɔːk⁵³
1640	（属鸡	xja³³(jip⁵⁵pji⁷⁵⁵)	(pi³³)kai⁵⁵
1641	（属）狗	khɯ³¹(jip⁵⁵pji⁷⁵⁵)	(pi³³)ma³³

序号	汉义	老挝普内语	老挝语
1642	（属）猪	va^{31}(jip^{55}pji^{755})	(pi^{33})mu^{33}
1643	（属）鼠	xɔ^{55}tam^{31}(jip^{55}pji^{755})	(pi^{33})nu^{33}
1644	（属）牛	m̥jaŋ^{35}(jip^{55}pji^{755})	(pi^{33})ŋua^{35}
1645	忌日	loŋ^{55}ni^{755}	van^{35}khă^{755}lam^{35}
1646	忌新年日	pji^{31}mai^{33}khən^{55}ni^{755}	van^{35}khɯm^{53}pi^{33}mai^{55}
1647	一	nɯŋ^{33}	nɯŋ^{55}
1648	二	sɔ̃^{31}	sɔːŋ^{35}
1649	三	sam^{33}	saːm^{35}
1650	四	si^{35}	si^{55}
1651	五	xã^{35}	xa^{53}
1652	六	xɔ^{755}	xok^{55}
1653	七	tʃet^{55}	tset^{55}
1654	八	pet^{35}	pɛːt^{31}
1655	九	kau^{35}	kau^{53}
1656	十	sip^{55}/tɔ̌^{31}tʃhe^{35}	sip^{55}
1657	十一	sip^{55}et^{55}	sip^{55}et^{55}
1658	十二	sip^{55}sɔ̃^{33}	sip^{55}sɔːŋ^{35}
1659	十三	sip^{55}sam^{33}	sip^{55}saːm^{35}
1660	十四	sip^{55}si^{35}	sip^{55}si^{55}
1661	十五	sip^{55}xã^{35}	sip^{55}xa^{53}
1662	十六	sip^{55}xɔ^{755}	sip^{55}xok^{55}
1663	十七	sip^{55}tʃet^{55}	sip^{55}tset^{55}
1664	十八	sip^{55}pet^{35}	sip^{55}pɛːt^{31}
1665	十九	sip^{55}kau^{35}	sip^{55}kau^{53}
1666	二十	sau^{31}	saːu^{35}
1667	二十一	sau^{31}et^{55}	saːu^{35}et^{55}
1668	三十	sam^{31}sip^{55}	saːm^{33}sip^{55}
1669	四十	si^{33}sip^{55}	si^{55}sip^{55}
1670	四十一	si^{33}sip^{55}et^{55}	si^{55}sip^{55}et^{55}
1671	五十	xã^{35}sip^{55}	xa^{53}sip^{55}
1672	五十一	xã^{35}sip^{55}et^{31}	xa^{53}sip^{55}et^{55}
1673	六十	xɔ^{755}sip^{55}	xok^{55}sip^{55}
1674	六十一	xɔ^{755}sip^{55}et^{55}	xok^{55}sip^{55}et^{55}
1675	七十	tʃet^{55}sip^{55}	tset^{55}sip^{55}
1676	七十一	tʃet^{55}sip^{55}et^{55}	tset^{55}sip^{55}et^{55}

续表

序号	汉义	老挝普内语	老挝语
1677	八十	pet³⁵sip⁵⁵	pɛːt³¹sip⁵⁵
1678	八十一	pet³⁵sip⁵⁵et⁵⁵	pɛːt³¹sip⁵⁵et⁵⁵
1679	九十	kau³⁵sip⁵⁵	kau⁵³sip⁵⁵
1680	九十一	kau³⁵sip⁵⁵et⁵⁵	kau⁵³sip⁵⁵et⁵⁵
1681	一百	nɯŋ³³xɔi³⁵	nɯŋ⁵⁵xɔːi⁵³
1682	一百多	thi³¹xɔi³⁵tʃan⁵⁵	nɯŋ⁵⁵xɔːi⁵³kua⁵⁵
1683	一百零一	nɯŋ³³xɔi³⁵nɯŋ³³	nɯŋ⁵⁵xɔːi⁵³nɯŋ⁵⁵
1684	一百一十	nɯŋ³³xɔi³⁵sip⁵⁵	nɯŋ⁵⁵xɔːi⁵³sip⁵⁵
1685	一千	nɯŋ³³phan³¹	nɯŋ⁵⁵phan³⁵
1686	一千多	nɯŋ³³phan³¹kua³³	nɯŋ⁵⁵phan³⁵kua⁵⁵
1687	一千零一	thi³¹phan³¹tʃan⁵⁵	nɯŋ⁵⁵phan³⁵nɯŋ⁵⁵
1688	五千零五十	xã³⁵phan³¹xã³⁵	xa⁵³phan³⁵xa⁵³sip⁵⁵
1689	一万	tĩ³¹tʃɛ³⁵phan³¹(sip⁵⁵phan³¹)	sip⁵⁵phan³⁵
1690	一亿	tĩ³¹tʃɛ³⁵lan³⁵/sip⁵⁵lan³⁵	sip⁵⁵laːn⁵³
1691	零	sun³¹	sun³³
1692	第一	an³¹dap³¹thi³³nɯŋ³³	an³³dap⁵⁵thi³⁵nɯŋ⁵⁵
1693	第二	an³¹dap³¹thi³³sɔ̃⁵³	an³³dap⁵⁵thi³⁵sɔːŋ³³
1694	第三	an³¹dap³¹thi³³sam³³	an³³dap⁵⁵thi³⁵saːm³³
1695	第四	an³¹dap³¹thi³³si³³	an³³dap⁵⁵thi³⁵si⁵⁵
1696	第五	an³¹dap³¹thi³³xã³⁵	an³³dap⁵⁵thi³⁵xa⁵³
1697	第六	an³¹dap³¹thi³³xɔʔ⁵⁵	an³³dap⁵⁵thi³⁵xok⁵⁵
1698	第七	an³¹dap³¹thi³³tʃet⁵⁵	an³³dap⁵⁵thi³⁵tset⁵⁵
1699	第八	an³¹dap³¹thi³³pet³⁵	an³³dap⁵⁵thi³⁵pɛːt³¹
1700	第九	an³¹dap³¹thi³³kau³⁵	an³³dap⁵⁵thi³⁵kau⁵³
1701	第十	an³¹dap³¹thi³³sip⁵⁵	an³³dap⁵⁵thi³⁵sip⁵⁵
1702	头、第	sɔ̃⁵⁵xu³¹ɛ³³mɑ̃³⁵	khon³⁵tham³⁵it⁵⁵
1703	左右	ŋjaŋ⁵⁵bo²⁵⁵	pa²⁵⁵maːn³⁵
1704	一半	thi³¹khɯ̃³⁵	khən⁵⁵nɯŋ⁵⁵
1705	多小	tʃhət⁵⁵də³¹	nɔːi⁵³laːi³³
1706	一点儿、稍微	tʃi⁵⁵ja³¹di³³	nɔːi⁵³diau³³
1707	（一）个（人）	(sɔ̃⁵⁵)(thi³¹)mɔ̃³⁵	khon³⁵ (nɯŋ³³)(khon³⁵)
1708	（一）位（人）	(sɔ̃⁵⁵)(thi³¹)mɔ̃³⁵	khon³⁵ (nɯŋ³³)(khon³⁵)
1709	（一）只（狗）	(khɯ³¹)(thi³¹)mɔ̃³⁵	ma³³(nɯŋ³³)(to³³)
1710	（一）只（鸟）	(xja⁵³)(thi³¹)mɔ̃³⁵	(kai⁵⁵)(nɯŋ⁵⁵)to³³
1711	（一）匹（马）	(mu³¹)(thi³¹)mɔ̃³⁵	(ma⁵³)(nɯŋ⁵⁵)to³³

序号	汉义	老挝普内语	老挝语
1712	（一）个（碗）	(kho³¹)(thi³¹)kho³¹	(thuɔi⁵³)(nɯŋ⁵⁵)bai³³
1713	（一）个（蛋）	(xja³³u³³)(thi³¹)si³¹	(khai⁵⁵)(nɯŋ⁵⁵)fɔːŋ³⁵
1714	（一）个（机会）	(thi³¹)(ŋjam³¹)	(o³³kaːt³¹)(nɯŋ⁵⁵)khaŋ⁵³
1715	（一）个（信息）	(khau³³san⁵³)(thi³¹)khau³³	(khaːu⁵⁵saːn³³)(nɯŋ⁵⁵)khaːu⁵⁵
1716	（一）个（秘密）	(vat³¹sə³³)(thi³¹)tʃə³⁵	(khuam³⁵lap³¹)(nɯŋ⁵⁵)jaːŋ⁵⁵
1717	（一）股（烟）	(mu³¹li³¹)(thi³¹)kɔ²⁵⁵	(ja³³suːp³¹)(nɯŋ⁵⁵)kɔːk³¹
1718	（一）条（河）	(lɑ̃⁵⁵kham³¹)(thi³¹) kham³¹	(mɛ⁵⁵nam⁵³)(nɯŋ⁵⁵)saːi³³
1719	（一）条（绳子）	(ŋe̠³¹)(thi³¹) ŋe̠³¹	(sɯak³¹)(nɯŋ⁵⁵)seːn⁵³
1720	（一）条（路）	(tʃa³³ba⁵³)(thi³¹) tʃa³⁵	(tha²⁵⁵non³³)(nɯŋ⁵⁵)sen⁵³
1721	（一）根（鸡毛）	(xja³³m̠ut³¹)(thi³¹)m̠ut³¹	(khon³³kai⁵⁵)(nɯŋ⁵⁵)sen⁵³
1722	（一）根（木头）	(tʃĩ⁵⁵thon³³)(thi³¹)thon³³	(thɔːn³³mai⁵³)(nɯŋ⁵⁵)thɔːn³³
1723	（一）根（草）	(bɔ³¹)(thi³¹)bɔ³¹	(n̠a⁵³)(nɯŋ⁵⁵)sen⁵³
1724	（一）根（头发）	(sam⁵⁵khɯŋ³¹)(thi³¹) khɯŋ⁵⁵	(sen⁵³phom³³)nɯŋ⁵⁵)sen⁵³
1725	（一）根（棍子）	(tʃoŋ³¹koŋ³⁵)(thi³¹)lum³¹	(mai⁵³thau⁵³)(nɯŋ³³)an³³
1726	（一）盒（药）	(tʃhi³¹)(thi³¹)tʃhi³¹	(ja³³)(nɯŋ⁵⁵)kap⁵⁵
1727	（一）堆（火）	(bji³¹)(thi³¹)pum³⁵	(fai⁵⁵)(nɯŋ⁵⁵)kɔːŋ³³
1728	（一）粒（米）	(ko³³tʃhən³³)(thi³¹)si³¹	(khau⁵³)(nɯŋ⁵⁵)met³³
1729	（一）把（扫帚）	(ĩ⁵⁵tʃet³¹tu⁵⁵)(thi³¹) lum³¹	(ju³⁵kuaːt³¹)(nɯŋ⁵⁵)kaːn⁵³
1730	（一）把（刀）	(m̠jaŋ³³)(thi³¹)lum³¹	(m̠jiːt³¹)(nɯŋ⁵⁵)duan³³
1731	（一）把（芝麻）	(n̠am³¹)(thi³¹)thup⁵⁵	(ŋa³⁵)(nɯŋ⁵⁵)kam³³
1732	（一）捆（茅草）	(li⁵⁵tʃi⁵⁵)(thi³¹)mat³¹	(n̠a⁵³kha³⁵)(nɯŋ⁵⁵)tsaːm⁵⁵
1733	（一）棵（树）	(tʃĩ⁵⁵)(thi³¹)tʃĩ⁵⁵	(ton⁵³mai⁵³)(nɯŋ⁵⁵)ton⁵³
1734	（一）颗（星星）	(u³¹kɯ⁵⁵si³¹)(thi³¹)si³¹	(daːu³³)(nɯŋ⁵⁵)duaŋ³³
1735	（一）本（书）	(da⁵⁵sɯ⁵⁵)(thi³¹)pop⁵⁵	(naŋ³³sɯ³³)(nɯŋ⁵⁵)lem⁵³
1736	（一）座（桥）	(tum³¹tʃam³³)(thi³¹)tʃam³³	(khuɔ³³)(nɯŋ⁵⁵)xɛːŋ⁵⁵
1737	（一）座（山）	(a³³phup³¹)(thi³¹) phup³¹	(phu³⁵khau³³)(nɯŋ⁵⁵)luːk³¹)
1738	（一）把（菜）	(kɔ̃³¹pha³¹)(thi³¹)mat⁵⁵	(phak⁵⁵)(nɯŋ⁵⁵)mat³³
1739	（一）把（稻谷）	(ko³⁵)(thi³¹)lem³⁵	(khau⁵³)(nɯŋ⁵⁵)mat³³
1740	（一）把（伞）	(tʃõ⁵⁵)(thi³¹)lum³¹	(khan³⁵)(nɯŋ⁵⁵)kaːn⁵³
1741	（一）把（枪）	(sĩ³³nat⁵⁵)(thi³¹)lum³¹	(pɯːn³³)(nɯŋ⁵⁵)ka²⁵⁵bɔːk³¹
1742	（一）块（糖）	(nam³¹tan³³)(thi³¹)phu³³	(nam⁵³taːn³³)(nɯŋ⁵⁵)kɔːn⁵³
1743	（一）块（土）	(m̠ji⁵⁵toŋ⁵⁵)(thi³¹)phu³³	(din³³)(nɯŋ⁵⁵)kɔːn⁵³
1744	（一）块（肉）	(tʃɯ⁷³¹kɯŋ³¹)(thi³¹)si³¹	(siːn³³)(nɯŋ⁵⁵)ton⁵⁵
1745	（一）块（地）	(xja⁵⁵)(thi³¹)xja³⁵	(xai⁵⁵)(nɯŋ⁵⁵)tɔːn³³
1746	（一）块（茶园）	(la⁵⁵tʃham⁵⁵)(thi³¹) tʃham⁵⁵	(suan³³sa³⁵)(nɯŋ⁵⁵)bɔːn⁵⁵

续表

序号	汉义	老挝普内语	老挝语
1747	（一）块（粑粑）	(kha⁵⁵nom³¹paŋ³¹(thi³¹)lum³¹	(khau⁵³nom³³paŋ³³)(nɯŋ⁵⁵)phɛ:n⁵⁵
1748	（一）块（布）	(nam⁵⁵)(thi³¹)phɯn⁵⁵	(pha⁵³)(nɯŋ⁵⁵)phɯ:n³³
1749	（一）口（饭）	(xaŋ³¹)(thi³¹)pli⁵⁵	(khau⁵³)(nɯŋ³³)kham³⁵
1750	（一）块（板子）	(ka⁵⁵dan³¹)(thi³¹)phen³⁵	(ka⁵⁵da:n³³)(nɯŋ⁵⁵)phɛ:n⁵⁵
1751	（一）口（唾液）	(khan³¹)(thi³¹)pum³³	(nam⁵³la:i³⁵)(nɯŋ⁵⁵)kɔ:ŋ³³
1752	（一）堆（屎）	(ɨ³¹)(thi³¹)pum³⁵	(khi⁵³)(nɯŋ⁵⁵)kɔ:ŋ³³)
1753	（一）滩（尿）	(i³¹tʃhum⁵⁵lã⁵⁵)(thi³¹)tʃhum⁵⁵	(pat⁵⁵sa⁵⁵va⁷³¹)(nɯŋ⁵⁵)kɔ:ŋ³³
1754	（一）支（烟）	(mu³¹li³¹)(thi³¹)kɔ⁵⁵	(ja³³)(nɯŋ⁵⁵)kɔ:k³¹
1755	（一）张（桌子）	(tɔ⁵⁵)(thi³¹)tɔ⁵⁵	(to⁵⁵)(nɯŋ⁵⁵)nuɔi⁵⁵
1756	（一）张（纸）	(ka³¹lat⁵⁵)(thi³¹)pha³¹	(tsia⁵³)(nɯŋ⁵⁵)bai³³
1757	（一）片（树叶）	(tʃɨ⁵⁵pha³¹)(thi³¹)pha³¹	(bai³³mai⁵³)(nɯŋ⁵⁵)bai³³
1758	（一）张（脸）	(bǒ⁵⁵ka³¹)(thi³¹)ka³¹	(na⁵³pha:k³¹)(nɯŋ⁵⁵)bai³³
1759	（一）张（床）	(a³³tĩ⁵⁵)(thi³¹)tĩ⁵⁵	(tiaŋ³³)(nɯŋ⁵⁵)nuɔi⁵⁵
1760	（一）朵（花）	(mji³³vat⁵⁵)(thi³¹)vat⁵⁵	(dɔ:k³¹mai⁵³)(nɯŋ⁵⁵)dɔ:k³¹
1761	（一）句（话）	(sǎ³¹tɔ̃³¹)(thi³¹)the³⁵	(kham³⁵vau⁵³)nɯŋ⁵⁵)kham³⁵
1762	（一）首（歌）	(pheŋ³¹)(thi³¹) pheŋ³¹	(phe:ŋ³⁵)(nɯŋ⁵⁵)bot⁵⁵
1763	（一）件（衣服）	(lap⁵⁵)(thi³¹)phɯn³⁵	(sɯə³³)(nɯŋ⁵⁵)to³³
1764	（一）节（骨头）	(a³³jau³¹)(thi³¹)jau³¹	(ka⁵⁵)(nɯŋ⁵⁵)khɔ⁵³
1765	（一）节（竹子）	(xã³¹poŋ³¹lɔ̃³³)(thi³¹) lɔ̃³³	(mai⁵³phai⁵⁵)(nɯŋ⁵⁵)khɔ⁵³
1766	（一）节（甘蔗）	(poŋ³¹tʃhau³⁵lɔ̃³³)(thi³¹) lɔ̃³³	(ɔ:i⁵³)(nɯŋ⁵⁵)khɔ⁵³
1767	（一）段（路）	(tʃa³³ba⁵³)(thi³¹)tən³¹	(tha⁵⁵non³³)(nɯŋ⁵⁵)tɔ:n³³
1768	（一）段（歌）	(pheŋ³¹)(thi³¹)ton³¹	(phe:ŋ³⁵)(nɯŋ⁵⁵)tɔ:n³³
1769	（一）半（翅膀）	(xja³³toŋ⁵⁵)(thi³¹)toŋ⁵⁵	(pi:k³¹kai⁵⁵)(nɯŋ⁵⁵)kha:ŋ⁵³
1770	（一）半（路）	(tʃa³³ba⁵³)(thi³¹)khuɯŋ⁵⁵	(tha⁵⁵non³³)(khəŋ⁵⁵)tha:ŋ³⁵
1771	（一）天（路）	(tʃa³³ba⁵³)(tə³³)tən³¹	(lai³⁵ɲa⁷³³tha:ŋ³³)(nɯŋ⁵⁵)mɯ⁵³
1772	（一）只（鞋）	(bǒ³¹khap³¹)(thi³¹)pja³¹	(kə:p³¹)(nɯŋ⁵⁵)kiŋ⁵⁵
1773	（一）卷（布）	(nam⁵⁵)(thi³¹)mai³¹	(pha⁵³)(nɯŋ⁵⁵)muɔn⁵³
1774	（一）背篓（柴）	(bji³¹)(thi³¹)van³⁵	(fɯn³⁵)(nɯŋ⁵⁵)xa:p³¹
1775	（一）袋（米）	(ko³³tʃhən⁵⁵)(thi³¹)fa³¹	(khau⁵³sa:n³³)(nɯŋ⁵⁵)thoŋ³³
1776	（一）间（房）	(a³³xu⁵⁵)(thi³¹) xu³⁵	(xɔ:ŋ⁵³)(nɯŋ⁵⁵)xɔ:ŋ⁵³
1777	（一）包（菜）	(kɔ̃³¹pha³¹)(thi³¹)fa³¹	(phak⁵⁵)(nɯŋ⁵⁵)xua³³
1778	（一）支（铅笔）	(sɔ⁵³dam³¹)(thi³¹)kan³⁵	(sɔ³³dam³³)(nɯŋ⁵⁵)ka:n⁵³
1779	（一）支（笔）	(pa⁵⁵ka³¹)(thi³¹)kan³⁵	(pa:k³¹ka³³)nɯŋ³³da:m⁵³
1780	（一）件（裙子）	(tĩ³¹ka³¹)(thi³¹)phɯm³⁵	(ka⁵⁵po:ŋ⁵⁵)(nɯŋ⁵⁵)phɯ:n³³
1781	（一）套（蚊帐）	(sut⁵⁵)(thi³¹)phɯm³⁵	(muŋ⁵³)(nɯŋ⁵⁵)phɯ:n³³

165

序号	汉义	老挝普内语	老挝语
1782	（一）支（针）	(ka³¹tʃap³¹)(thi³¹)tʃap³¹	(khem³³)(nɯŋ⁵⁵)lem⁵³
1783	（一）代（人）	(sɔ̃⁵⁵)(thi³¹)lun⁵⁵	(khon³⁵)(nɯŋ⁵⁵)sua⁵⁵khon³⁵
1784	（一）封（信）	(tʃot³¹mai⁵³)(thi³¹)sɔŋ³¹	(tsot⁵⁵maːi³³)(nɯŋ⁵⁵)sɔːŋ³⁵
1785	（一）顶（帽子）	(tɔ̌³¹sɔŋ³¹ja³¹)(thi³¹)lum³¹	(muaːk³¹)(nɯŋ⁵⁵)bai³³
1786	（一）辆（车）	(o³³to³³)(thi³¹)khan³¹	(tot³³)(nɯŋ⁵⁵)khan³⁵
1787	（一）层（楼）	(tʃaŋ⁵⁵)(thi³¹)san³⁵	(tɯk⁵⁵)(nɯŋ⁵⁵)san⁵³
1788	（一）页（书）	(da⁵⁵sɯ⁵⁵)(thi³¹)pha³¹	(naŋ³³sɯ³³)(nɯŋ⁵⁵)na⁵³
1789	（一）层（楼梯）	(ka⁷⁵⁵tʃam⁵⁵)(thi³¹)tʃam³⁵	(khan⁵³dai³³)(nɯŋ⁵⁵)khan⁵³
1790	（一）杈（树枝）	(tʃǐ⁵⁵)(thi³¹)ga³¹	(kiŋ⁵⁵mai⁵³)(nɯŋ⁵⁵)kiŋ⁵⁵
1791	（一）岔（路）	(tʃa³³ba⁵³)(thi³¹)sɔi³¹	(tha⁷⁵⁵non³³)(nɯŋ⁵⁵)sɔːi³⁵
1792	（一）滴（血）	(sɯ²³¹)(thi³¹)jot⁵⁵	(lɯaːt³¹)(nɯŋ⁵⁵)jɔːt³¹
1793	（一）滴（油）	(a⁵⁵si⁵⁵)(thi³¹)jot⁵⁵	(nam⁵³man³⁵)(nɯŋ⁵⁵)jɔːt³¹
1794	（一）桌（饭）	(a⁵⁵tʃa³¹)(thi³¹)phən³⁵	(a³³xaːn³³)((nɯŋ⁵⁵)to⁷⁵⁵
1795	（一）木板铲（饭）	(xaŋ³¹)(thi³¹)tʃɔ̌³¹	(khau⁵³)(nɯŋ⁵⁵)tsɔːŋ³³
1796	（一）大碗（肉）	(tʃɯ⁷³¹kɯŋ³¹)(thi³¹)tʃan³¹	(siːn⁵³)(nɯŋ⁵⁵)tsaːn³³
1797	（一）桶（油）	(a⁵⁵si⁵⁵)(thi³¹)kan³³	(nam⁵³man³⁵)(nɯŋ⁵⁵)thaŋ³³
1798	（一）桶（水）	(lã⁵⁵)(thi³¹)kan³¹	(nam⁵³)(nɯŋ⁵⁵)thaŋ³³
1799	（一）碗（饭）	(xaŋ³¹)(thi³¹)kho³¹	(khau⁵³)(nɯŋ⁵⁵)thuɔi⁵³
1800	（一）盘（菜）	(a⁵⁵tʃa³¹)(thi³¹)tʃan³³	(a³³xaːn³³)(nɯŋ⁵⁵)thuɔi⁵³
1801	（一）勺（饭）	(a³³tʃa³¹)(thi³¹)tʃon³⁵	(a³³xaːn³³)(nɯŋ⁵⁵)buaŋ⁵⁵
1802	（一）锅（汤）	(kɔ⁵⁵lã⁵⁵)(thi³¹)khɔ³¹	(nam⁵³kɛːŋ³³)(nɯŋ⁵⁵)mɔ⁵³
1803	（一）瓶（水）	(lã⁵⁵)(thi³¹)pɔŋ³¹	(nam⁵³)(nɯŋ⁵⁵)tuk⁵⁵
1804	（一）瓶（酒）	(thɔ̌³¹kha³⁵)(thi³¹)kjeu³⁵	(lau)(nɯŋ⁵⁵)khuat³¹
1805	（一）筒（酒）	(thɔ̌³¹kha³⁵)(thi³¹)pɔŋ³¹	(lau⁵³)(nɯŋ⁵⁵)baŋ⁵³
1806	（一）罐（水）	(lã⁵⁵)(thi³¹)njɯ³³	(nam⁵³)(nɯŋ⁵⁵)uŋ⁵⁵
1807	（一）瓢（水）	(lã⁵⁵)(thi³¹)o³¹	(nam⁵³)(nɯŋ⁵⁵)o³³
1808	（一）盒（饭）	(a⁵⁵tʃa³³)(thi³¹)thap⁵⁵	(a³³xaːn³³)(nɯŋ⁵⁵)kap⁵⁵
1809	（一）簸箕（米）	(ko³³tʃhən⁵⁵)(thi³¹)xja³⁵	(khau⁵³saːn³³)(nɯŋ⁵⁵)duŋ⁵³
1810	（一）杯（茶）	(la⁵⁵kho³¹)(thi³¹)kho³¹	(sa³⁵)(nɯŋ⁵⁵)tsɔːk³¹
1811	（一）茶壶（水）	(lã⁵⁵)(thi³¹)ka³¹	(nam⁵³)(nɯŋ⁵⁵)ka³³
1812	（一）双（鞋）	(bɔ̌³¹khap³¹)(thi³¹)khu³³	(kəːp³¹)(nɯŋ⁵⁵)khu⁵⁵
1813	（一）双（袜子）	(tǐ³³sɔŋ³¹)(thi³¹)khu³³	(thoŋ³³tiːn³³)(nɯŋ⁵⁵)khu⁵⁵
1814	（一）双（筷子）	(thu³¹tam³⁵)(thi³¹)khu³³	(mai⁵³thu⁵⁵)(nɯŋ⁵⁵)khu⁵⁵
1815	（一）对（兔子）	(ka⁷⁵⁵tai⁵⁵)(thi³¹)khu³³	(ka⁷⁵⁵taːi⁵⁵)(nɯŋ⁵⁵)khu⁵⁵
1816	（一）对（夫妻）	(bji³¹mju⁵⁵)(thi³¹)khu³³	(phua³³mia³⁵)(nɯŋ⁵⁵)khu⁵⁵

续表

序号	汉义	老挝普内语	老挝语
1817	（一）对（双胞胎）	(tʃhã³¹phoŋ⁵⁵)(thi³¹)khu³³	(fɛːt³¹)(nɯŋ⁵⁵)khu⁵⁵
1818	（一）对（耳朵）	(a³³naŋ³¹)(thi³¹)khu³³	(ŋu³³)(nɯŋ⁵⁵)khu⁵⁵
1819	（一）副（眼镜）	(ven³³ta³¹)(thi³¹)lum³¹	(vɛːn⁵⁵ta³³)(nɯŋ⁵⁵)khu⁵⁵
1820	（一）家（人）	(sɔ̃⁵⁵)(thi³¹)jum³⁵	(khon³⁵)(nɯŋ⁵⁵)khɔːp³¹khua³⁵
1821	（一）村（人）	(sɔ̃⁵⁵)(thi³¹)khoŋ³¹ɛ³³	(khon³⁵)(nɯŋ⁵⁵)muːbaːn⁵³
1822	（一）姓（人）	(sɔ̃⁵⁵)(thi³¹)tʃə³⁵ɛ³³	(khon³⁵)(nɯŋ⁵⁵)ta²⁵⁵kun³³
1823	（一）窝（蛋）	(xja³³u³³)(thi³¹)khoŋ³¹	(khai⁵⁵)(nɯŋ⁵⁵)xɔːk³¹
1824	（一）窝（蜂房）	(pja³¹phu⁵⁵)(thi³¹)phu⁵⁵	(tɔ⁵⁵)(nɯŋ⁵⁵)xaŋ³⁵
1825	（一）群（蜜蜂）	(pja³¹)(thi³¹)pɯŋ³⁵	(phən⁵³)(nɯŋ⁵⁵)fuŋ³³
1826	（一）群（人）	(sɔ̃⁵⁵)(thi³¹)pɯŋ³⁵	(khon³⁵)(nɯŋ⁵⁵)kum⁵⁵
1827	（一）窝（猪仔）	(va³¹ja³¹)(thi³¹)mɔ̃³⁵	(mu³³nɔːi⁵³)(nɯŋ⁵⁵)to³³
1828	（一）群（蚂蚁）	(xa³¹sa³⁵)(thi³¹) pɯŋ³⁵	(mot³³)(nɯŋ⁵⁵)fuŋ³³
1829	（一）丛（南瓜）	(tĩ³³nam⁵⁵si³¹)(thi³¹)tʃɔ̃ɛ³¹	(maːkɯ²⁵⁵)(nɯŋ⁵⁵)khua³⁵
1830	（一）丛（苦瓜）	(ma²³¹xɔi³⁵si³¹)(thi³¹)ni³³ɛ²³¹	(maːk³¹xɔi⁵⁵)(nɯŋ⁵⁵)khua³⁵
1831	（一）圈（猪）	(va³¹)(thi³¹)klɔ²⁵⁵	(mu³³)(nɯŋ⁵⁵)khɔːk⁵³
1832	（一）圈（牛）	(m̥jaŋ³⁵)(thi³¹)klɔ²⁵⁵	(ŋua³³)(nɯŋ⁵⁵)khɔːk⁵³
1833	（一）圈（鸡）	(xja³³)(thi³¹)klɔ²⁵⁵	(kai⁵⁵)(nɯŋ⁵⁵)lau⁵³
1834	（一）沓（钱）	(phju⁵⁵)(thi³¹)tap³¹	(ŋən³⁵)(nɯŋ⁵⁵)tap⁵⁵
1835	（一）沓（纸）	(ka³¹lat⁵⁵)(thi³¹)tap³¹	(tsia⁵³)(nɯŋ⁵⁵)tɔːn³³
1836	（一）仓（玉米）	(nam⁵⁵pjum³¹)(thi³¹)tʃi⁵⁵	(khau⁵³phoːt⁵³)(nɯŋ⁵⁵)saː³³)
1837	（一）架（飞机）	(ju³¹xɯ̃⁵⁵)(thi³¹)lam³¹	(khuaŋ⁵⁵bin³³)(nɯŋ⁵⁵)lam³⁵
1838	（一）根（香蕉）	(xã³³si³¹)(thi³¹)khɯ̃³¹	(kuai⁵³)(nɯŋ⁵⁵)khua³⁵
1839	（一）粒（葡萄）	(a³¹ŋun³¹)(thi³¹)si³¹	(a³³ŋun⁵⁵)(nɯŋ⁵⁵)phuaŋ³⁵
1840	（一）串（野茄子）	(ma²³¹khə³⁵si³¹)(thi³¹)phoŋ³⁵	(maːk³¹khua³³)(nɯŋ⁵⁵)phuaŋ³⁵
1841	（一）颗（葡萄）	(a³¹ŋun³¹)(thi³¹)phoŋ³⁵	(a³³ŋun⁵⁵) (nɯŋ⁵⁵)phuaŋ³⁵
1842	（一）串（钥匙）	(ka²⁵⁵tʃɛ⁵⁵sãn³¹)(thi³¹)phoŋ³⁵	(kun³³tsɛ³³)(nɯŋ⁵⁵)phuaŋ³⁵
1843	（一）串（辣椒）	(lɔ̃³¹phji⁵⁵si³¹)(thi³¹)phoŋ³⁵	(maːk³¹phet⁵⁵)(nɯŋ⁵⁵)phuaŋ³⁵
1844	（一）串（肉）	(tʃɯ²³¹kɯŋ³¹)(thi³¹)tam³⁵	(siːn⁵³)(nɯŋ⁵⁵)mai⁵³
1845	（一）堆（石头）	(la³¹phu³³si³¹)(thi³¹)pum³³	(xiːn³³)(nɯŋ⁵⁵)kɔːŋ³⁵
1846	（一）堆（沙子）	(khji⁵⁵sai³¹)(thi³¹)pum³⁵	(saːi⁵⁵)(nɯŋ⁵⁵)kɔːŋ³⁵
1847	（一）种（花）	(mji³³vat⁵⁵)(thi³¹)tʃə³⁵	(dɔːk³¹mai⁵⁵)(nɯŋ⁵⁵)sa²⁵⁵nit⁵⁵
1848	（一）样（蔬菜）	(kɔ̃³¹pha³¹)(thi³¹)tʃə³⁵	(phak⁵⁵)(nɯŋ⁵⁵)sa²⁵⁵nit⁵⁵
1849	（一）些（东西）	(a⁵⁵kɯŋ³¹)(thi³¹)tʃə³⁵	(khuaŋ⁵⁵khɔːŋ³⁵)(tsam⁵⁵nuan³⁵) (nɯŋ⁵⁵)
1850	（一）些（狗）	(khɯ³¹)(thi³¹)pɯŋ³⁵	(ma³³)(tsam⁵⁵nuan³⁵) (nɯŋ⁵⁵)
1851	（一）些（人）	(sɔ̃⁵⁵)(thi³¹)pɯŋ³⁵	(khon³⁵)(tsam⁵⁵nuan³⁵) (nɯŋ⁵⁵)

167

序号	汉义	老挝普内语	老挝语
1852	（去）（一）次	(thi³¹)tʃɔ³⁵(e⁵⁵tʃe²⁵⁵)	(pai³³)(nɯŋ⁵⁵)khaŋ⁵³
1853	（打）（一）下	(thi³¹)la³¹ (ti³¹tʃe²⁵⁵)	(ti³³)(nɯŋ⁵⁵)ba:k³¹
1854	（去）（一）趟	(thi³¹)tʃɔ³⁵(e⁵⁵tʃe²⁵⁵)	(pai³³)(nɯŋ⁵⁵)khaŋ⁵³
1855	（打）（一）拳	(la³¹pu³¹tha²⁵⁵tʃe²⁵⁵)(thi³¹)tʃɔ³⁵	(top⁵⁵)(nɯŋ⁵⁵)fa⁵⁵mɯ³⁵
1856	（走）（一）半（路）	(e⁵⁵tʃe²⁵⁵)(tʃa³¹ba⁵³) (thi³¹)ton³¹ə³¹	(ɲaŋ⁵⁵)(khəŋ⁵⁵)thaŋ³⁵
1857	（走）（一）天（路）	(e⁵⁵ tʃe²⁵⁵)(thi³¹)ni³³	(dəːn³³thaŋ³⁵)(nɯŋ⁵⁵)mɯ⁵³
1858	（说）（一）声	(lom³¹tʃe²⁵⁵)(thi³¹)tʃɔ³⁵	(vau⁵³)(nɯŋ⁵⁵)khaŋ⁵³
1859	（下）（一）场雨	(bo³¹xɔ⁵⁵li³³)(thi³¹) tʃɔ³⁵	(fon³³thok⁵⁵)(nɯŋ⁵⁵)xa⁵⁵
1860	（走）（一）步	(thi³¹)ja²⁵⁵(e⁵⁵)	(ɲaŋ⁵⁵)(nɯŋ⁵⁵)ka:u⁵³
1861	（咬）（一）口	(thi³¹)pli²⁵⁵(tʃa³¹)	(kat⁵⁵)(nɯŋ⁵⁵)ba:t³¹
1862	（跑）（一）圈	(pjam⁵⁵tʃe²⁵⁵)(thi³¹)xɔp⁵⁵	(lɛ:n⁵⁵ɔːm⁵³)(nɯŋ⁵⁵)xɔːp⁵³
1863	（吃）（一）顿	(tʃa³¹tʃe²⁵⁵)(thi³¹)mjaŋ³⁵	(kin³³)(nɯŋ⁵⁵)kha:p³¹
1864	（骂）（一）顿	(sɔ⁵⁵tʃe²⁵⁵)(thi³¹)tʃɔ³⁵	(da⁵⁵)(nɯŋ⁵⁵)khaŋ⁵³
1865	（喊）（一）声	(xau⁵⁵tʃe²⁵⁵)(thi³¹) tʃɔ³⁵	(xek³¹əːn⁵³)(nɯŋ⁵⁵)khaŋ⁵³
1866	（踢）（一）脚	(thɯ²⁵⁵tʃe²⁵⁵)(thi³¹)la³¹	(te²⁵⁵)(nɯŋ⁵⁵)ba:t³¹
1867	（读）（一）遍	(an³¹tʃe²⁵⁵)(thi³¹)tʃɔ³⁵	(a:n⁵⁵)(i:k³¹)khaŋ⁵³)
1868	（一）脚（长）	(mu³³e⁵⁵tʃe²⁵⁵)(thi³¹)ja²⁵⁵	(ɲaːu³⁵)(nɯŋ⁵⁵)ba:t³¹kha³³
1869	（一）米（长）	(mu³³tʃe²⁵⁵)(thi³¹)met⁵⁵	(ɲaːu³⁵)(nɯŋ⁵⁵)met³³
1870	（一）公里（长）	(mu³³tʃe²⁵⁵)(thi³¹)la²⁵³¹	(ɲaːu³⁵)(nɯŋ⁵⁵)ki²⁵⁵lo³⁵met³³
1871	（一）英寸（长）	(mu³³tʃe²⁵⁵)(thi³¹)nju³⁵	(ɲaːu³⁵)(nɯŋ⁵⁵)niu⁵³
1872	（一）肘（长）	(mu³³tʃe²⁵⁵)(thi³¹)sɔ²⁵⁵	(ɲaːu³⁵)(nɯŋ⁵⁵)sɔːk³¹
1873	（一）庹（长）	(mu³³tʃe²⁵⁵)(thi³¹)va³¹	(ɲaːu³⁵)(nɯŋ⁵⁵)va³⁵
1874	（一）拃（长）	(mu³³tʃe²⁵⁵)(thi³¹)tho³⁵	(ɲaːu³⁵)(nɯŋ⁵⁵)khɯːp³¹
1875	（一）（指）宽	(ti³³tʃe²⁵⁵)(thi³¹)ŋju⁵⁵	(khuaŋ⁵³)(nɯŋ⁵⁵)niu⁵³
1876	（一）握	(thi³¹)tʃhup³¹	(nɯŋ⁵⁵)kam³³
1877	（一）水箱	(thi³¹)kan³¹	(nɯŋ⁵⁵)thaŋ³³
1878	（一）公斤	(thi³¹)kji²⁵⁵lo³¹	(nɯŋ⁵⁵)ki²⁵⁵lo³⁵ka²⁵⁵la:m³¹
1879	（一）克	(thi³¹)klam³¹	(nɯŋ⁵⁵) ka²⁵⁵la:m³¹
1880	（一）斤	(thi³¹)khɯŋ³⁵	(khəŋ⁵⁵)ki²⁵⁵lo³⁵ka²⁵⁵la:m³¹
1881	（一）手抓	(thi³¹)tʃhup³¹	(nɯŋ⁵⁵)kam³³
1882	（一）手撮	(tʃi⁵⁵ja³¹)put³¹	(nɯŋ⁵⁵)ɲip⁵⁵
1883	（一）吨	(thi³¹)ton³¹	(nɯŋ⁵⁵)ton³³
1884	（一）基普	(thi³¹)kjip⁵⁵	(nɯŋ⁵⁵)ki:p³¹
1885	（一）美元	(thi³¹)do³³la³¹	(nɯŋ⁵⁵)do³³la³⁵
1886	（等）（一）会儿	(tã³¹)lau³³	(lɔ³⁵tha⁵³)(bɯt⁵⁵)(nɯŋ⁵⁵)

168

序号	汉义	老挝普内语	老挝语
1887	一户（人）	(thi³¹)jum³⁵toŋ⁵⁵ɛ³¹	(nɯŋ⁵⁵)khɔːp³¹khua³⁵
1888	一伙（人）	(thi³¹)tʃə³⁵)pɯŋ⁵⁵	phuak³¹diau³³kan³³
1889	一个	thi³¹lum³¹	(nɯŋ⁵⁵)an³³
1890	每个	thɯŋ³¹pɯt⁵⁵	(thuk³¹)an³³
1891	几个	tʃhət⁵⁵lum³¹	(tsak⁵⁵)an³³
1892	一些	tʃi⁵⁵ja³¹	tsam⁵⁵nuan³⁵nɯŋ⁵⁵
1893	大秤	ta⁵⁵tʃɔ⁵⁵	ta³³saŋ⁵⁵
1894	戥子	ŋi³³ɛ³¹ta⁵⁵tʃɔ⁵⁵	ta³³saŋ⁵⁵bu³³xaːn³⁵
1895	小秤	ta⁵⁵tʃɔ⁵⁵ja³¹	ta³³saŋ⁵⁵bu³³xaːn³⁵
1896	钱（货币）	phju⁵⁵kjip⁵⁵	(saʔ⁵⁵kun³³)ŋən³⁵
1897	价钱	la³¹kha³¹	la³⁵kha³⁵
1898	工钱	a³³xu³¹	kha⁵⁵tsaːŋ⁵³
1899	工资	ŋən³¹dən³¹	ŋən³⁵dɯan³³
1899	我	ga³³	khɔi⁵³
1900	我的	gua³³	khɔːŋ³³ khɔi⁵³
1901	我俩	gət⁵⁵bja³¹ɳet³¹ma³⁵	phuak³¹ khɔi⁵³sɔːŋ³³khon³⁴
1902	我们	gu³³pɯŋ⁵⁵	phuak³¹xau³⁵
1903	咱俩	gu³³pɯŋ⁵⁵ɳet³¹ma³⁵	phuak³¹xau³⁵sɔːŋ³³khon³⁵
1904	咱们	gau⁵³pɯŋ⁵⁵	phuak³¹xau³⁵
1905	你	na⁵⁵	tsau⁵³
1906	你的	na⁵⁵ə ⁵⁵	khɔːŋ³³tsau⁵³
1907	你俩	nu³³pɯŋ⁵⁵ɳet³¹ma³⁵	phuak³¹tsau⁵³sɔːŋ³³khon³⁵
1908	你们	nu³³pɯŋ⁵⁵	phuak³¹tsau⁵³
1909	他	ŋjɔ³³	thaːn⁵⁵
1910	他的	ŋjɔ³³e ⁵⁵	khɔːŋ³³thaːn⁵⁵
1911	他俩	ju³³pɯŋ⁵⁵ɳet³¹ma³⁵	phuak³¹thaːn⁵⁵sɔːŋ³³khon³⁵
1912	他们	ju³³pɯŋ⁵⁵	phuak³¹thaːn⁵⁵
1913	大家	thɯ̃³¹pɯt⁵⁵ma⁵⁵(thɯ̃³¹pɯt³¹pɯt⁵⁵)	thuk³¹khon³⁵
1914	我家	gau⁵⁵tʃaŋ⁵⁵/gɯ³¹tʃaŋ⁵³	baːn⁵³khɔːŋ³³khɔi⁵³
1915	你家	nau⁵⁵tʃaŋ⁵⁵	baːn⁵³khɔːŋ³³tsau⁵³
1916	他家	ŋjɔ³³tʃaŋ⁵⁵	baːn⁵³khɔːŋ³³thaːn⁵⁵
1917	我家的	gau⁵⁵tʃaŋ⁵⁵e³¹	khɔːŋ³³baːn⁵³khɔi⁵³
1918	他家的	ŋjā³³khõ³¹ə ⁵⁵	baːn⁵³khɔːŋ³³thaːn³³
1919	你家的	na⁵⁵khõ³¹	khɔːŋ³³baːn⁵³tsau⁵³
1920	别人家	a³¹ŋjā³¹khõ³¹	baːn⁵³khon³⁵ɯːn⁵⁵

序号	汉义	老挝普内语	老挝语
1921	别样	kle^{?55}tʃə⁵⁵	khɔːŋ³³jaːŋ⁵⁵ɯːn⁵⁵
1922	别处	kle^{?55}də^{?55}	khon³⁵ɯːn⁵⁵
1923	其他人	a³¹ŋja³¹(a³³ŋjɔ³¹)	khon³⁵ɯːn⁵⁵ɯːn⁵⁵
1924	自己	ga³³ə³³/gu³³ə³³	tua³³eːŋ³³
1925	全部（物）	(a⁵⁵kɯŋ³¹)thɯŋ³¹pɯt⁵⁵	(siŋ⁵⁵khɔːŋ³³)thaŋ³⁵mot⁵⁵
1926	全部（人）	(sɔ̃⁵⁵)thɯŋ³¹pɯt⁵⁵	mot⁵⁵thuk³¹(khon³⁵)
1927	这	ŋja⁵⁵də^{?55}nu³¹	thi⁵⁵ni⁵³
1928	这个（人）	(sɔ̃⁵⁵)ŋjaŋ⁵⁵ma⁵⁵nu³¹	(khon³⁵)khon³⁵ni⁵³
1929	这里	ŋjaŋ⁵⁵də^{?55}	bɔːn⁵⁵ni⁵³
1930	这样	ŋjaŋ⁵⁵tʃə⁵⁵	jaːŋ⁵⁵ni⁵³
1931	这么	ɳi⁵⁵len⁵⁵	jaːŋ⁵⁵nan⁵³
1932	这些	na⁵⁵pɯŋ⁵⁵nu³¹	lau⁵⁵ni⁵³
1933	这边	na⁵⁵də^{?55}	thaːŋ³⁵ni⁵³
1934	那	thã³³	bɔːn⁵⁵nan⁵³
1935	那样	ŋjaŋ⁵⁵len⁵⁵	jaːŋ⁵⁵nan⁵³
1936	那边	ŋjaŋ⁵⁵də⁵⁵	thaːŋ³⁵nan⁵³
1937	那边[更远]	ŋjaŋ⁵⁵pja^{?31}sə^{?55}	thaːŋ³⁵nan⁵³(kai³³khua⁵⁵)
1938	那天	ŋjaŋ⁵⁵ni³³	mɯ⁵³nan⁵³
1939	那种	thã⁵⁵len⁵⁵ŋjaŋ⁵⁵len⁵⁵	bɛːp³¹nan⁵³
1940	那么	ŋjaŋ⁵⁵len⁵⁵	jaːŋ⁵⁵nan⁵³
1941	这种	ŋjaŋ⁵⁵tʃə⁵⁵thã⁵⁵tʃe⁵⁵	bɛːp³¹ni⁵³
1942	那个	ŋjaŋ⁵⁵nu³¹	an³³nan⁵³
1943	那些	ŋjaŋ⁵⁵len⁵⁵ja⁵³	lau³³nan⁵³
1944	那里	ŋjaŋ⁵⁵də^{?55}	thi⁵⁵nan⁵³
1945	哪里	a³¹sət⁵⁵də^{?55}，a³¹sə⁵³də^{?55}	bɔːn⁵⁵dai³³
1946	哪样	xai³³ne⁵⁵ə³¹	jaːŋ⁵⁵dai³³
1947	谁	sɔ̃⁵⁵ə³¹	phai³³
1948	谁的	a³¹sɔ̃⁵⁵ə³¹ga³⁵	khɔːŋ³³phai³³
1949	几时	a³¹sə⁵⁵ŋjam³¹ə^{?55}	tɔːn³³dai³³
1950	怎么	xai³³ne⁵⁵ə³¹	jaːŋ⁵⁵dai³³
1951	怎么了、怎么样	xai³³ne⁵⁵pen⁵⁵tʃe^{?55}	pen³³jaːŋ⁵⁵dai³³
1952	多少	a³¹tʃhət⁵⁵də³¹	thau⁵⁵dai³³
1953	几个（问人）	tʃhət⁵⁵ma⁵⁵ə³¹	tsak⁵⁵khon³³(thaːm³³khon³⁵)
1954	几个（问物）	a³¹tʃhət⁵⁵lum³¹	tsak⁵⁵an³³(thaːm³³siŋ⁵⁵khɔːŋ³³)
1955	几号	van³¹thi³³tʃhət⁵⁵də^{?55}	van³¹thi³⁵thau⁵⁵dai⁵⁵

续表

序号	汉义	老挝普内语	老挝语
1956	几月	a³¹tʃə³⁵la³³ə⁷⁵⁵	tsak⁵⁵dɯan³³
1957	星期几	sə⁵⁵ni³³ə⁷⁵⁵	van³⁵dai³³
1958	什么时候	sə⁵⁵ŋjam³¹ə⁷⁵⁵	ɲa:m³⁵dai³³
1959	什么	a³¹tʃə³⁵ə³¹	ɲaŋ³³
1960	为什么	a³¹tʃə³⁵kha³³bja⁵³	pen³³jaŋ⁵⁵
1961	大	a³³bə³¹	ɲai⁵⁵
1962	小	a³³ji⁵⁵	nɔ:i⁵³
1963	高	a³³mu³³	suŋ⁵⁵
1964	矮	a³³bep⁵⁵	tia⁵³
1965	凸	a⁵⁵tʃhu³¹	no:n³¹
1966	凹	a⁵⁵tʃap³¹	lup⁵⁵
1967	长	a³³m̥u³³	ɲa:u³⁵
1968	短	a³³bon⁵⁵	san⁵³
1969	远	a³³kan⁵⁵	kai³³
1970	近	a³³di⁵⁵	kai⁵³
1971	宽	a³³ti⁵⁵	kuaŋ⁵³
1972	窄	a⁵⁵ĩ⁵³	khɛ:p⁵³
1973	厚	a⁵⁵thu⁵⁵	na³³
1974	薄	a³³pla⁵⁵	ba:ŋ³³
1975	横	pji³³pan³³sə⁷⁵⁵	luaŋ³⁵nɔ:n³⁵
1976	深	a³³ŋ̥ɔ̃³¹	lək³³
1977	竖	thoŋ³¹thu³⁵sə⁷⁵⁵	luaŋ³⁵taŋ⁵³
1978	浅	a⁵⁵tem³¹，a³³tɯn⁵⁵	tɯ:n⁵³
1979	满	a³³pjɨ³³	tem³³
1980	空	a³³at³¹	wa:ŋ⁵⁵pau⁵⁵
1981	光	khɹʊ³³bja⁵³	mot⁵⁵kiaŋ⁵³
1982	瘪	a³³phɛ³¹	pe³³
1983	多	a³³lam³¹	la:i³³
1984	少	a³³ji⁵⁵	nɔ:i⁵³
1985	圆	a³³lum³¹	voŋ³⁵kom³³
1986	扁	tan³³kɯŋ⁵⁵	xa:p³¹phiaŋ³⁵
1987	尖	a³³jɔ̃⁵⁵	lɛ:m³³
1988	钝	a³³tun³³	thi⁵⁵
1989	秃	a³³lon⁵⁵	lo:n⁵³
1990	陡	phjaŋ³³kla⁷⁵⁵ba³³	suŋ³³san³⁵

171

序号	汉义	老挝普内语	老挝语
1991	平	tan³³kɯŋ⁵⁵	xaːp³¹phiaŋ³⁵
1992	（打得）准	(ne³³)kju³⁵	(ɲiŋ³⁵)toŋ³³pau⁵³
1993	直（的）	a³³də⁵⁵	thiaŋ⁵⁵toŋ³³
1994	弯（的）	a³³kuɛ³¹	ŋɔ³⁵
1995	黑	a³³da³³	dam³³
1996	白	a³³pa³³	khaːu³³
1997	红	a³³ɲɛ⁵⁵	dɛːŋ³³
1998	黄	a³³an⁵⁵	lɯaŋ³³
1999	绿	a³³ŋju⁵⁵	khiau³³
2000	蓝	si⁵³fa³⁵	nam⁵³ŋɔn³⁵
2001	啰嗦	klom³¹lə³¹lom³¹	vau⁵³laːi³³jɯt³¹n̩aːu³⁵
2002	亮（的）	a³³sɔ̃⁵⁵g	să²⁵⁵waːŋ⁵⁵
2003	黑暗	a³³am³¹	mɯːt⁵³
2004	重	a³³xan³¹	nak⁵⁵
2005	轻	a³³jaŋ⁵⁵	bau³³
2006	快	a³³teu³¹	vai³⁵
2007	慢	a³³fan³¹	sa⁵³
2008	绿绿的	teu³¹lau⁵³	vai³⁵vai³⁵
2009	慢慢地	fan³¹fan³¹	sa⁵³sa⁵³
2010	轻轻地	ŋju⁵⁵ŋju⁵⁵	bau³³bau³³
2011	早	da³³sə³³	sau⁵³
2012	迟	ɲu³¹ta⁷³¹	suai³³
2013	清（的）	a³³kɯŋ⁵⁵	sai³³
2014	锋利	a³³tha³³	khom³⁵
2015	牢固	a³³ɲi⁵⁵a³³nan³¹	khɛːŋ³³kɛːn⁵⁵
2016	浑浊	a³³tit⁵⁵	khun⁵³
2017	肥	a³³lui⁵⁵	uan⁵³
2018	瘦	a³³ŋju⁵⁵	tsɔːi³³
2019	（地）瘦	(mi⁵⁵toŋ⁵⁵)m³¹pla⁵⁵	(din³³)baːŋ³³
2020	（肉）瘦	(tʃa³¹kɯŋ⁵⁵)sot⁵⁵	siːn⁵³sot⁵⁵
2021	（人）瘦	(sɔ̃⁵⁵)a³³ŋju⁵⁵	(khon³⁵)tsɔːi³³
2022	干	a³³kɯ³³	xɛːŋ⁵³
2023	湿	a³³tʃen⁵⁵	piːak³¹
2024	（粥）稠	(xaŋ³¹)pot³¹	(khau⁵³tom⁵³)kun⁵³
2025	（粥）稀	(xaŋ³¹)pot³¹	(khau⁵³tom⁵³)le⁷³³

续表

序号	汉义	老挝普内语	老挝语
2026	（饭）稀	(xaŋ³¹)pot³¹	(khau⁵³)le⁷³³
2027	稠密	a³³m̩jen³¹	na³³nɛːn⁵³
2028	（布）密	(nam⁵⁵)a³³thu⁵⁵	(pha⁵³)nɯa³³nɛːn⁵³di³³
2029	难受	ɯt⁵⁵at⁵⁵	ɯt⁵⁵at⁵⁵
2030	努力	a³³pep⁵⁵a³³pə⁷⁵⁵	khă⁷⁵⁵nan³³
2031	能干	a³³khɯt³¹	sa³³maːt³¹
2032	（头发）稀	(tʃham⁵⁵khɯŋ⁵⁵)a³³pla³¹	(phom³³)baːŋ³³
2033	稀疏	a³³pla³¹	baːŋ³³lom³¹lɛm³¹
2034	硬	a³³kjen³¹	khɛːŋ³³
2035	软	a³³pən³¹	ɔːn⁵⁵
2036	细	la⁷⁵⁵et³⁵	lă⁷⁵⁵iːat³¹
2037	粗鲁	a³³nan³¹	jaːp³¹
2038	斜	jen⁵⁵	iːaŋ⁵⁵
2039	钝	a³³kjen³¹a³³ɲi³⁵	mɯ³⁵nak⁵⁵
2040	善良	la³¹ba³³a³³m̩jen³¹	tsai³³di³³
2041	腺	a³³nam⁵⁵	men³³saːp³¹
2042	歪	a³³bju³⁵	baːu⁵³
2043	滑	a³³tʃhoŋ³¹	lɯːn⁵⁵
2044	有名	a³³gon³¹	mi³⁵sɯ⁵⁵siːaŋ³³
2045	勇敢	a³³kjen⁵⁵	keŋ⁵⁵ka⁵³
2046	胆大	la³¹ba³¹a³³tʃa³¹	ka⁵³laːi³³
2047	（吃）光	(tʃa³¹kho³³)tə̄⁵³kho³³	(kin³³)mot⁵⁵
2048	危险	khat⁵⁵na⁵⁵blen³³	an³³tă⁷⁵⁵laːi³⁵
2049	狠毒	a³³xai⁵⁵	xoːt³¹xaːi⁵³
2050	和气	tʃit⁵⁵sa⁷⁵⁵ŋɔp⁵⁵	(tsit⁵⁵tsai³³)sa⁷⁵⁵ŋɔp⁵⁵
2051	糊涂	vun⁵⁵e⁵⁵ja³³	sap⁵⁵son³³
2052	贪心	tə̆³¹tʃum³¹ba³³	loːp³¹maːk³¹lo³⁵pha³⁵
2053	花心	la³³ba³³a³³lam³¹	laːi³³tsai³³
2054	（路）滑	(tʃa³³baː⁵³)a³³tʃhoŋ³³	(tha⁷⁵⁵non³³)mɯːn⁵⁵
2055	紧	a³³tʃə⁷⁵⁵	hat³³
2056	松	a³³lom³³	luam³³
2057	脆	a³³jap⁵⁵	kɔːp³¹(phɔi⁵⁵)
2058	潮湿	tʃen⁵⁵	piaːk³¹sum⁵⁵
2059	乱	a³³sun³³	vun⁵³vaːi³⁵
2060	对	a³³də⁵⁵	thɯːk³¹tɔːŋ⁵³

173

序号	汉义	老挝普内语	老挝语
2061	错	a³³phjit⁵⁵	phit⁵⁵
2062	真（的）	mə³³mɔ̃⁵⁵	the⁵³tsiŋ³³
2063	直爽	la³³ba³³a³³ɱjen³¹	tsai³³kuaŋ⁵³
2064	假	a³³pɔm³¹	pɔːm³³
2065	生（的）	a³³tʃum³¹	dip⁵⁵
2066	熟（的）	a³³ɱji³³	suk⁵⁵
2067	新	a³³sɯ⁷³¹	mai⁵⁵
2068	旧	a³³kau⁵⁵(tʃɔ̃⁵⁵)	kau⁵⁵
2069	好	a³³ɱjen³¹	di³³
2070	久	a³³ɱjaŋ³¹	ŋaːu³⁵naːn³⁵
2071	坏	a³³kɔ̃³¹	pe³³phe³⁵
2072	不错	gan³³sə³¹ba³¹a³⁵	bɔ⁵⁵tham³⁵ma⁷⁵⁵da³³
2073	富	a³³xɔ̃³³	luai³⁵
2074	穷	a³³ja⁷³¹	tson³³
2075	（价钱）贵	a³³pjĩ³⁵	(la³⁵kha³⁵)phɛːŋ³⁵
2076	（价钱）便宜	a³³tu⁷³¹	(la³⁵kha³⁵)thɯːk³¹
2077	（植物）老	a³³ku³¹	(phɯːt⁵³)ke⁵⁵
2078	（人）老	jɔ̃³¹mɔ̃³¹	(khon³⁵)sa³⁵la³⁵
2079	（植物）嫩	a³³din³¹	(phɯːt³¹)ɔːn⁵⁵
2080	美	a³³m̥ɔ̃³³	ŋaːm³⁵
2081	漂亮	a³³au⁵⁵	ŋaːm³⁵
2082	绵	a³³num³⁵ja³¹	num⁵⁵nuan³⁵
2083	浓	a³³ɲi³³	khun⁵³
2084	丑	m³¹m̥ɔ̃³³	khi⁵³laːi⁵³
2085	（水）热	a³³lu⁵⁵	xɔːn⁵³
2086	（水）冷	a³³tʃi⁵⁵	jen³³
2087	（天气）热	(mu³¹)a³³lu⁵⁵	(a³³kaːt³¹)xɔːn⁵³
2088	热闹	bon³¹nɛ⁵⁵sa³³nɛ⁵⁵	khɯk³³khɯːn⁵³
2089	（天气）冷	(mu³¹)a³³tʃho³¹	naːu³³
2090	暖和	a³³lum³⁵	op⁵⁵un⁵⁵
2091	宽容	la³³ba³³a³³ɱjen³¹	ɔ²¹⁴phə³³phe⁵⁵
2092	老实	m³¹kat³¹(tʃat³¹)	sɯ⁵⁵sat⁵⁵
2093	凉快	a³³tʃi³¹a³³tʃa³³bɯ³¹	jen³³sa⁷⁵⁵baːi³³
2094	烫	lot⁵⁵	(nam⁵³xɔːn⁵³)luak³¹
2095	懒	a³³bɛ³¹	khi⁵³khaːn⁵³

续表

序号	汉义	老挝普内语	老挝语
2096	新鲜	a³³suɯŋ³¹	sot⁵⁵
2097	难	ja²³¹ɛ̃⁵⁵	ɲa:k³¹
2098	容易	a³³gai³¹ja³¹	ŋai⁵⁵
2099	困难	ja²³¹ɛ̃⁵⁵	lam⁵³ba:k³¹
2100	臭	a³³nam⁵⁵	men³³
2101	（气味）香	a³³xom⁵⁵	(kin⁵⁵)xɔ:m³³
2102	（味道）好	tʃhau³³(ɣ)e³³	(lot³¹sa:t⁵³)sɛ:p³¹
2103	酸	a³³tʃhen⁵⁵	som⁵³
2104	甜	a³³tʃhau³³	wa:n³³
2105	苦	a³³kha³¹	khom³³
2106	（辣椒）辣	a³³phji⁵⁵	phet⁵⁵
2107	咸	a³³kha³¹	khem³⁵
2108	（盐）淡	a³³tʃɔ³¹	tsɯ:t³¹
2109	强	a³³xɛ̃³¹a³³xai⁵⁵	khɛ:ŋ³³xɛ:ŋ³⁵
2110	弱	pən³¹pja²³¹	ɔ:n⁵⁵e³³
2111	涩	a³³phan⁵⁵	(ma:k³¹mai⁵³)fa:t³¹
2112	齐	thon⁵⁵na²⁵⁵bja⁵³	khop³³thuan⁵³
2113	腥	a³³nam⁵⁵	(mi³⁵kin⁵⁵)sa:p³¹
2114	油腻	a³³man³¹	a³³xa:n³³man³⁵
2115	闲	tɔ̆⁵⁵ta⁵³	wa:ŋ⁵⁵
2116	忙	mjaŋ³¹a³³lam³¹	ɲuŋ³⁵
2117	干净	a³³sɔ⁵⁵	sa²⁵⁵a:t³¹
2118	脏	ka³³tʃan⁵⁵	sok⁵⁵ka²⁵⁵pok⁵⁵
2119	活（的）	a³³khaŋ⁵⁵a³³tʃa³³	mi³⁵si³⁵vit³³
2120	死（的）	suɯ⁵⁵bja⁵³	ta:i³³
2121	清楚	a³³kju³⁵	tsa²⁵⁵tsɛ:ŋ⁵³
2122	标准	mat³⁵ta³¹than³³	ma:t⁵³ta²⁵⁵tha:n³³
2123	好吃	tʃhau³³(ɣ)e³³	sɛ:p⁵³
2124	好听	a³³bon³¹	na⁵³faŋ³⁵
2125	好喝	taŋ⁵⁵sə³¹a³³pen³⁵	sɛ:p³¹la:i³⁵
2126	好闻	a³³xom⁵⁵	kin⁵⁵xɔ:ŋ³³
2127	好看	kə³³sə³¹a³³pen⁵⁵	na⁵³bəŋ⁵⁵
2128	难看	khlo⁵³khə²⁵⁵ta⁵³	na⁵³kja:t³¹saŋ³⁵
2129	难喝	taŋ⁵⁵sə³¹m³¹pen³⁵	bɔ⁵⁵pen³³ta³³duɯm⁵⁵
2130	难听	na⁵⁵sə³¹m³¹pen³⁵	bɔ⁵⁵pen³³ta³³faŋ³⁵

175

序号	汉义	老挝普内语	老挝语
2131	难吃	tʃa³¹sə³¹m³¹pen³⁵	bɔ⁵⁵pen³³ta³³kin³³
2132	难闻	nam³¹sə³¹m³¹pen³⁵	bɔ⁵⁵pen³³ta³³dom³³
2133	（吃）饱	a³³pjiŋ⁵⁵	(kin³³)i:m⁵⁵
2134	响	a³³xɛ̃³¹	si:aŋ³³daŋ³³
2135	辛苦	ja³¹ɛ³⁵	thuk³¹n̠a:k³³it⁵⁵mɯai⁵⁵
2136	舒服	tʃa³³bɯ³¹n̠i⁵⁵mɯ³¹ɛ³⁵	sa²⁵⁵duak³¹sa²⁵⁵ba:i³³
2137	急急忙忙	a³³khjeu³⁵	xi:p³¹xɔ:n⁵³
2138	花花（的）	a³³plai³¹	la:i³⁵la:i³⁵
2139	聪明	a³³khɯt³¹a³³en⁵⁵	sa²⁵⁵la:t³¹
2140	蠢	tʃɔ³¹	ŋo⁵⁵
2141	愚蠢	tʃɔ³¹sɯ³⁵	ŋo⁵⁵ŋau⁵³
2142	傻乎乎	ji³¹tʃɔ³¹	ŋo⁵⁵
2143	合适	a³³də³³na³¹³¹	mɔ²⁵⁵som³³
2144	凶恶	la³¹ba³³a³³lin³¹	xu:at³¹xa:i⁵³pa⁵⁵thɯan⁵⁵
2145	细心	la³¹³¹et³⁵	la²⁵⁵iat³¹ɔ:n⁵⁵
2146	心酸	a³³vam³⁵	wa:t³¹siau³³
2147	厉害	a³³kjeŋ³³	keŋ⁵⁵
2148	吝啬，小气	a³³khji³¹³¹	khi⁵³thi⁵⁵
2149	勤快	a³³pep⁵⁵	khă²⁵⁵n̠an³³
2150	笨	tʃɔ³¹	ŋo⁵⁵
2151	笨拙	tʃɔ³¹sɯ³⁵	ŋo⁵⁵ŋau⁵³
2152	笨手笨脚	gə³¹³¹ga³¹³¹	sum⁵³sa:m⁵³
2153	笨头笨脑	gə³¹³¹ga³¹³¹	sum⁵³sa:m⁵³ŋum³⁵ŋam³⁵
2154	心直口快	man³¹poŋ³¹a³³tʃe⁵⁵	pa:k³¹vai⁵⁵tsai³³vai³⁵
2155	淘气	a³³lən³³	khi³¹dɯ⁵³
2156	（孩子）乖	(ja³¹kat⁵⁵)lom³¹ja⁵⁵a³³n̠a⁵⁵	(dek⁵⁵nɔ:i⁵³)faŋ³⁵khuam³³
2157	不听话	lom³¹ja⁵⁵m³¹n̠a⁵⁵	bɔ⁵⁵sɯa⁵⁵faŋ³⁵
2158	听话	lom³¹ja⁵⁵a³³n̠a⁵⁵	sɯa⁵⁵faŋ³⁵
2159	可怜	sai³⁵kă⁵³tʃa⁵³	na⁵³soŋ³³sa:n³³
2160	怕（不肯）	khat⁵⁵na:blen⁵⁵	pen³³ta³³ja:n⁵³
2161	困	jup³¹jau³⁵bɔ²⁵⁵	ŋuaŋ⁵³
2162	高兴	a³³tau³¹bɯ³¹	di³³tsai³³
2163	平安	m³¹thi³⁵pen⁵⁵m³¹thi³⁵kha³¹	pɔ:t³¹phai³⁵
2164	单独	jɔ̃⁵³a³³ja³¹	dɔ:t³¹diau³³
2165	孤单	la³¹ba³³pho³³	ŋau³³

续表

序号	汉义	老挝普内语	老挝语
2166	奇怪	man³¹ɛ³⁵	pɛːk³¹tsai³³
2167	巧（灵巧）	sam³³nan³¹	saːm⁵⁵naːm³⁵
2168	孝顺	a³³tau³¹khɯt³¹	kaʔ⁵⁵tan³³n̩u³⁵
2169	重要	sam⁵³khan³¹	sam³⁵khan³⁵
2170	（身体）壮	(a³³m̩jen³¹)a³³m̃ɔ̃³³	(xaːŋ⁵⁵kaːi³³)khɛːŋ³³xɛːŋ³⁵
2171	弯弯曲曲	kuɛ³¹kuɛ³¹lə²⁵⁵lə²⁵⁵	liau⁵³lot³³khot³³khiau⁵³
2172	斑斑点点	a³³da³³a³³n̩e⁵⁵	daːŋ⁵⁵daːŋ⁵⁵dam³³dam³³
2173	花花绿绿	a³³ŋju⁵⁵ŋju⁵⁵plai³¹plai³¹	khiau³³khiau³³laːi³⁵laːi³⁵
2174	绿油油	a³³ŋju⁵⁵jɔ̃³⁵	khiau³³
2175	白茫茫	a³³pa³³jɔ̃⁵³	khaːu³³khaːu³³
2176	黄澄澄	a³³an⁵⁵jɔ̃⁵³	lɯaŋ³³lɯaŋ³³
2177	红艳艳	an⁵⁵n̩ɛ̃⁵⁵jɔ̃³⁵	dɛːŋ³³dɛːŋ³³
2178	嫩嫩的	a³³num⁵⁵jɔ̃³⁵	num⁵⁵num⁵⁵
2179	干干的	a³³kɯ⁵⁵jɔ̃³⁵	xɛːŋ⁵³xɛːŋ⁵³
2180	湿湿的	a³³tʃen⁵⁵jɔ̃³⁵	piːak³¹piːak³¹
2181	轻飘飘	a³³jɔ̃⁵⁵ja³¹	bau³³bau³³
2182	苦苦的	a³³kha³¹jɔ̃³⁵	khom³³khom³³
2183	直直的	a³³tʃu⁵⁵jɔ̃³⁵	sɯ⁵⁵sɯ⁵⁵
2184	弯弯的	a³³khot⁵⁵jɔ̃³⁵，a³³kuɛ³¹jɔ̃³⁵	khot³³khot³³
2185	甜甜的	a³³tʃhau³³jɔ̃³⁵	waːn³³waːn³³
2186	硬邦邦	a³³kjen³¹a³³sat⁵⁵	khɛːŋ³³kaʔ⁵⁵dɛːŋ⁵³
2187	凉丝丝	a³³tʃi³³jɔ̃³⁵	jen³³jen³³
2188	挨近	tit⁵⁵na³³tʃe²⁵⁵	kai⁵³sit⁵⁵
2189	挨骂	so⁵⁵tʃe²⁵⁵	don³³da⁵⁵
2190	诅咒	lum⁵⁵bu⁵⁵lom³¹na³³tʃe²⁵⁵	saːp³¹sɛn⁵³
2191	爱	ʌaʔ⁵⁵n̩aʔ³³tʃɔ²⁵⁵	xak³³
2192	爱（吃）	maʔ²⁵⁵tʃe²⁵⁵	mak³³(kin³³)
2193	安（抽水机）	daŋ⁵⁵tʃe²⁵⁵	tit⁵⁵taŋ⁵³
2194	按（住）	ŋjit³¹tʃe²⁵⁵	kot⁵⁵(vai⁵³)
2195	熬（药）	(tʃhi³¹)thoŋ⁵⁵tʃe²⁵⁵	tom⁵³(ja³³)
2196	拔（草）	bɔ³¹bu⁵⁵tʃe²⁵⁵	lok⁵⁵(ja⁵³)
2197	拔（火罐）	sə³³tʃe²⁵⁵	dɯŋ³³
2198	锄（草）	(bɔ³¹)tʃat³¹tʃe²⁵⁵	thaːŋ³³ja⁵³
2199	（给婴儿）把（尿）	ji³¹kat⁵⁵na⁵⁵ji³¹tʃhum⁵⁵tʃe²⁵⁵	si⁵⁵n̩iau³³dek⁵⁵nɔːi⁵³
2200	霸占	mo⁵⁵tʃe²⁵⁵	jɯːt³¹ɔːk³¹

177

序号	汉义	老挝普内语	老挝语
2201	耙（田）	(da³¹ja⁵⁵)thai⁵⁵tʃe²⁵⁵	kha:t³¹(na³⁵)
2202	掰开	tʃhuŋ³¹na⁵⁵tʃe²⁵⁵	je:k³¹ɔ:k³¹
2203	摆（桌子上）	tʃhi⁵⁵tʃe²⁵⁵	va:ŋ³⁵(thəŋ³⁵to²⁵⁵)
2204	摆动	xjaŋ⁵⁵tʃe²⁵⁵	kueŋ⁵⁵
2205	败	m³¹pjen³⁵la⁵³	lom⁵³le:u³³
2206	拜	dɔp⁵⁵tʃe²⁵⁵	ka:p³¹wai⁵³
2207	搬（家）	(tʃaŋ⁵⁵)jai⁵⁵tʃe²⁵⁵	ɲa:i⁵³(ŋuan³⁵)
2208	帮助	sɔi³³na⁵⁵tʃe²⁵⁵	suɔi⁵⁵lɯa⁵⁵
2209	拌（农药）	(tʃhi³¹)pon³¹tʃe²⁵⁵ʔ	pa²⁵⁵som³³(ja³³)
2210	帮工	mjaŋ³¹sɔi³³na⁵⁵tʃe²⁵⁵	suai⁵⁵viak³¹ŋa:n³⁵
2211	绑	mat⁵⁵tʃe²⁵⁵	mat³³
2212	包（东西）	thap⁵⁵tʃe²⁵⁵	ŋɔ⁵⁵(siŋ⁵⁵khɔ:ŋ³³)
2213	包（头巾）	pap⁵⁵	phok⁵⁵ŋua³³
2214	剥（花生）	tʃhit³¹tʃe²⁵⁵	pɔ:k³¹
2215	抱（东西）	(a³³kɯŋ³¹)am³³tʃe²⁵⁵	xɔ:p³¹(siŋ⁵⁵khɔ:ŋ³³)
2216	刨	khut³¹tʃe²⁵⁵	khɯ:t³¹ɔ:k³¹
2217	掺	pɔn³¹tʃe²⁵⁵	pa²⁵⁵som³³
2218	办（事）	(mjaŋ³¹)va³¹tʃe²⁵⁵	xet³³(viak⁵³)
2219	背（东西）	(a³³kɯŋ³¹)tʃhoŋ⁵⁵tʃe²⁵⁵	ba:k³¹(siŋ⁵⁵khɔ:ŋ³³)
2220	背（孩子）	ja³¹kat⁵⁵ja³³po⁵⁵tʃe²⁵⁵	tsia⁵⁵(dek⁵⁵nɔ:i⁵³)
2221	背（书）	sa³¹tʃe²⁵⁵	pha:i³⁵(pɯm⁵³)
2222	焙（干）	ɭap³¹jo³³kɯ³⁵tʃe²⁵⁵	ta:k³¹(xɛ:ŋ⁵³)
2223	（山）崩	(sa³¹phup⁵⁵)la³¹tʃe²⁵⁵	(phu³⁵)tha²⁵⁵lom⁵⁵
2224	逼（他）	khǎ²⁵⁵nap⁵⁵kha³³tʃe²⁵⁵	baŋ³³khap³¹(la:u³⁵)
2225	闭（眼）	(a³³bja³³)mjit⁵⁵	lap⁵⁵ta³³
2226	闭（嘴）	(man³¹pon³¹)tʃup³¹tʃe²⁵⁵	pit⁵⁵(pa:k³¹)
2227	眨（眼）	(a³³bja³³)mjit⁵⁵tʃe²⁵⁵	ka²⁵⁵phip³¹(ta³³)
2228	毕业	da⁵⁵sɯ⁵⁵xjen³¹jo³³pən⁵⁵na³³bja⁵³	sam⁵⁵let³³ka:n³³sɯk⁵⁵sa³³
2229	比赛	siŋ³³	khɛ:ŋ⁵⁵khan³³
2230	编（辫子）	(sam⁵⁵khɯŋ⁵⁵)phet³¹tʃe²⁵⁵	pja³³(pja³³phom³³)
2231	编（篮子）	ja³¹tʃe²⁵⁵	sa:n³³(ka²⁵⁵ta⁵⁵)
2232	（生）病	da³³tʃe²⁵⁵	puai⁵⁵
2233	变（飞蛾）	pha⁵⁵na³³tʃe²⁵⁵	ka:i³³pen³³(mɛ³⁵mau³³)
2234	辩论	lom³¹jo³³na⁵⁵tʃi⁵⁵be²⁵⁵	a²⁵⁵thi²⁵⁵ba:i³³
2235	补（衣）	to³¹tʃe²⁵⁵	ta:p³¹(sɯa⁵³pha⁵³)

续表

序号	汉义	老挝普内语	老挝语
2236	补（锅）	(bǔ⁵⁵khuã⁵⁵)to³¹tʃe²⁵⁵	taːp³¹(mɔ⁵³)
2237	补助	pji³¹na³³tʃe²⁵⁵	tɔːp³¹xɛːŋ³⁵
2238	簸（米）	(ko³³)ja⁵⁵tʃe²⁵⁵	fat⁵⁵khau⁵³
2239	擦（玻璃）	(kjɛu³³)set⁵⁵tʃe²⁵⁵	set³³(khjɛːu⁵³)
2240	擦（桌子）	to²⁵⁵set⁵⁵tʃe²⁵⁵	set³³(to²⁵⁵)
2241	猜（谜）	ta³³na³³tʃe²⁵⁵	dau³³(kham³⁵thuai³⁵)
2242	猜中	ka²⁵⁵jo³³də⁵⁵tʃe²⁵⁵	dau³³thɯːk³¹
2243	猜（出来）	jo³³ka²³¹tʃe²⁵⁵	dau³³(ɔːk³¹)
2244	裁（衣）	(a⁵⁵kɯŋ³¹)tat³¹	ɲip⁵⁵(sɯa⁵³pha⁵³)
2245	踩	na³¹tʃe²⁵⁵	jaːp³¹
2246	藏（东西）	(a⁵⁵kɯŋ³¹)vat³¹tʃe²⁵⁵	kep⁵⁵sa²⁵⁵som³³(siŋ⁵⁵khɔːŋ³³)
2247	操练	ep³¹tʃe²⁵⁵	fɯk⁵⁵sɔːm⁵³
2248	插（牌子）	tʃho²⁵⁵tʃe²⁵⁵	pak⁵⁵(paːi⁵³)
2249	插（秧）	(da³³xja⁵⁵)khat⁵⁵tʃe²⁵⁵	dam³³na³⁵
2250	拆（衣服）	phja³³tʃe²⁵⁵	kɛ⁵³(sɯa⁵³pha⁵³)
2251	拆（房子）	tʃɔ̃⁵⁵phja³³tʃe²⁵⁵	maːŋ⁵³(xɯan³⁵)
2252	搀扶	si⁵⁵tʃe²⁵⁵	pa²⁵⁵khɔːŋ³⁵
2253	缠（线）	paŋ⁵⁵	muːn³³(khep⁵⁵sɯak³¹)
2254	馋（肉）	(tʃa³¹kɯŋ³¹)bat³¹dɛ³⁵	jaːk³¹(kin³³siːn⁵³)
2255	尝（味道）	tʃa³¹tʃeu³³kɯ³³	sim³⁵
2256	唱（歌）	(pheŋ³¹)tho³³tʃe²⁵⁵	xɔːŋ⁵³pheːŋ³⁵
2257	抄（书）	tʃhi⁵⁵tʃe²⁵⁵	sam⁵⁵nau³⁵(naŋ³³sɯ³³)
2258	吵	a³³the⁵⁵a³³ɲi³¹	siaŋ³³daŋ³³
2259	吵架	phjit⁵⁵na⁵⁵tʃe²⁵⁵	phit⁵⁵thiaŋ³³
2260	吵闹	tʃhi⁵⁵jo³³mɯ⁵⁵tʃe²⁵⁵be²⁵⁵	xet³³xai⁵³siaːŋ³³daŋ³³
2261	嘲笑	ɯ⁵⁵tʃe²⁵⁵	ŋua³³lɔ²⁵⁵
2262	炒	khɔ⁵⁵tʃe²⁵⁵	kua⁵³
2263	沉	tʃum⁵⁵tʃe²⁵⁵	tsom³³
2264	称（粮食）	(tʃa³¹sə³¹)sɔ̃³³tʃe²⁵⁵	saŋ⁵⁵(sa²⁵⁵biaŋ³³)
2265	称赞	som³¹səi³¹kha⁵⁵tʃe²⁵⁵	san³³la²⁵⁵sən³³
2266	撑住	thu⁵⁵tʃe²⁵⁵	kham⁵³su³⁵
2267	撑（伞）	(tʃõ⁵⁵)khɔ³³tʃe²⁵⁵	kaŋ⁵³(khan³⁵xom⁵⁵)
2268	盛（饭）	(xaŋ³¹)tha³¹tʃe²⁵⁵	tak⁵⁵(khau⁵³)
2269	成（了）	pən⁵⁵bja⁵³	sam⁵⁵let³³(lɛːu⁵³)
2270	（做）成	pən⁵⁵na³³bja⁵³	(xet³³) sam⁵⁵let³³

179

序号	汉义	老挝普内语	老挝语
2271	承认	xap⁵⁵bja⁵³	nɔːm³⁵xap³³
2272	成功（了）	ga³³tʃi³³jo³³pən⁵⁵na³³(bja⁵³)	pa⁷⁵⁵sop⁵⁵phon³³sam⁵⁵let³³
2273	吃	tʃa³¹	kin³³
2274	吃（水果）	(si³¹si³¹lon³¹si³¹)tʃa³¹	kin³³(maːk³¹mai⁵³)
2275	吃（饭）	(xaŋ³¹)tʃa³¹	kin³³(khau⁵³)
2276	吃（药）	(tʃhi³¹)tʃa³¹	kin³³(ja³³)
2277	吃喝拉撒	tʃia³¹lot³¹lot³¹ŋji⁵⁵	kin³³bɔ⁵⁵lək³¹bɔ⁵⁵la³⁵
2278	冲（在前边）	(pə⁷⁵⁵jo³³bji³³ka³¹ɔ⁷⁵⁵)ta³³le⁵⁵tʃe⁷⁵⁵	ka⁷⁵⁵dot³³(pai³³thaːŋ³⁵naː⁵³)
2279	（用水）冲	(lã⁵⁵)sət³¹an⁵⁵tʃe⁷⁵⁵	(sai⁵³nam⁵³)saːt³¹loŋ³⁵pai³³
2280	舂（米）	(ko³³)thoŋ³¹	tam³³(khau⁵³)
2281	选（出）	lə³¹tʃe⁷⁵⁵	khat⁵⁵luɯak³¹(ɔːk³¹)
2282	抽（烟）	(mu³¹li³¹)tʃɯ⁵⁵tʃe⁷⁵⁵	sup⁵⁵(ja³³)
2283	抽（出）	lə⁷⁵⁵jo³³ɔ⁷³¹li³¹tʃe⁷⁵⁵	tsok⁵⁵(ɔːk³¹ma³⁵)
2284	抽（鸦片）	jaŋ⁵⁵jɛn⁵⁵a⁵⁵tʃɯ⁵⁵	suːp³¹(fin⁵⁵)
2285	抽（筋）	(a⁵⁵ku³¹)loŋ³³tʃe⁷⁵⁵	pen³³(ta⁷⁵⁵khiu³⁵)
2286	出去	o⁷³¹an⁵⁵tʃe⁷⁵⁵	ɔːk³¹pai³³
2287	出来	o⁷³¹liu³³	ɔːk³¹ma³⁵
2288	出（太阳）	o⁷³¹la³¹tʃe⁷⁵⁵	(ta³³vɛn³⁵)khɯn⁵³
2289	出嫁	bu⁵⁵na⁵⁵jo³³tʃian⁵⁵o⁷³¹tʃa³¹tʃe⁷⁵⁵	tɛːŋ⁵⁵ŋaːn³⁵ɔːk³¹xɯːn⁵³
2290	取出	xan⁵⁵nɛ⁵⁵ɔ⁷³¹an⁵⁵nu³¹	au³³ɔːk³¹pai³³
2291	除（草）	(bɔ³¹)bu⁵⁵	lok⁵⁵(ja⁵³)
2292	斩（草）	tʃat³¹tʃe⁷⁵⁵	thaːŋ³³(ja⁵³)
2293	穿（裙）	(tiŋ³¹ ka³¹)tʃe⁷⁵⁵	sai⁵⁵(ka⁷⁵⁵poŋ⁵⁵)
2294	穿[使动]	(a³³kuɯ³¹)thai³¹tʃe⁷⁵⁵	suam³³sai⁵⁵
2295	穿（衣）	(a³³kuɯ³¹)ka³¹	sai⁵⁵(suɯa⁵³pha⁵³)
2296	穿（鞋）	(tin⁵⁵soŋ³¹)soŋ³¹tʃe⁷⁵⁵	sai⁵⁵(kəːp³¹)
2297	穿（针）	(ka³¹tʃap³¹)thoŋ⁵⁵	sɔːt³¹(khem³³)
2298	传（出去）	lom³¹na⁷⁵⁵lom³¹na⁷⁵⁵jo³³ɛ⁵⁵ tʃe⁷⁵⁵	suːp³¹tɔːt³¹(kan³³pai³³)
2299	传染	tit⁵⁵tʃe⁷⁵⁵	phe⁵⁵suɯa⁵³
2300	存（钱）	(phju⁵⁵)fa⁷³¹tʃe⁷⁵⁵	faːk³¹(ŋən³⁵)
2301	喘（气）	(a³³sa³¹)sa⁷⁵⁵tʃe⁷⁵⁵	xɔːp³¹(lom³⁵xaːi³³tsai³³)
2302	吹	m̪ut⁵⁵tʃe⁷⁵⁵	pau⁵⁵
2303	戳	thiŋ⁵⁵tʃe⁷⁵⁵	thɛːŋ³⁵
2304	搓（绳）	phet³¹tʃe⁷⁵⁵	fan⁵³(suɯaːk³¹)
2305	搓（棉线）	(khuɯ⁵⁵)pan⁵⁵tʃe⁷⁵⁵	pan⁵⁵(faːi⁵³)

续表

序号	汉义	老挝普内语	老挝语
2306	答应	lom³¹na⁵⁵tʃe⁷⁵⁵	tɔːp³¹xap³³
2307	答	top³¹tʃe⁷⁵⁵	tɔːp³¹
2308	打（人）	ti³¹tʃe⁷⁵⁵	ti³³(khon³⁵)
2309	打（猎）	soŋ³¹koŋ³⁵lo⁷³¹	(la⁵⁵)sat⁵⁵
2310	打（枪）	(sĩ³¹nat⁵⁵)pə³³tʃe⁷⁵⁵	ɲiŋ³⁵(pɯːn³³)
2311	打（水）	(lã⁵⁵)ta⁷⁵⁵tʃe⁷⁵⁵	tak⁵⁵(nam⁵³)
2312	打（柴）	(bji³¹)tʃhən⁵⁵tʃe⁷⁵⁵	kep⁵⁵(fɯːn³⁵)
2313	打扮	a⁵⁵maŋ⁵⁵teŋ³³na⁵⁵tʃe⁷⁵⁵，teŋ³³na⁵⁵tʃe⁷⁵⁵	tɛːŋ⁵⁵kaːi³³
2314	打（倒）	liŋ⁵⁵tʃe⁷⁵⁵bɛ⁷⁵⁵	xet³³(xai⁵³lom⁵³)
2315	打（赌）	loŋ³¹na³³tʃe⁷⁵⁵	loŋ³⁵(kaːn³³pha⁷⁵⁵nan³⁵)
2316	打瞌睡	jup³¹jau³⁵bo⁷⁵⁵tʃe⁷⁵⁵	ŋau³³nɔːn³⁵
2317	打哈欠	bɔ̌³¹ŋap⁵⁵sap³¹tʃe⁷⁵⁵	ŋaːu³³
2318	打嗝儿	sa⁷⁵⁵ə⁷⁵⁵kha⁷⁵⁵tʃe⁷⁵⁵	sa⁷⁵⁵uk⁵⁵
2319	打鼾	jup³¹jo⁵⁵la³³toŋ⁵³mɯ⁵⁵tʃe⁷⁵⁵	nɔːn³⁵(khon³³)
2320	打（霹雳）	(mu³¹tʃho³¹)ta⁵⁵tʃe⁷⁵⁵	fa⁵³(pha⁵⁵)
2321	打（雷）	(mu³¹)tʃe⁷⁵⁵	fa⁵³(ŋɔːŋ⁵³)
2322	打（秋千）	(ɯm⁵⁵)tʃe⁷⁵⁵,(en³¹)tʃe⁷⁵⁵	kuɛi³³(siŋ⁵⁵sa³⁵)
2323	打闪	mu³¹bjap³¹bjap³¹	fa⁵³(lɛːp³¹)
2324	打仗	ti³¹na³³tʃe⁷⁵⁵	su⁵³(xop³³)
2325	打（针）	(si³¹)sap⁵⁵	sak⁵⁵(ja³³)
2326	打（铁）	(sam⁵⁵)ti³¹	ti³³(lek⁵⁵)
2327	打工	tʃaŋ⁵⁵tʃi³¹tʃe⁷⁵⁵	xap³³tsaŋ⁵³
2328	打（电话）	tho³¹tʃe⁷⁵⁵	tho³⁵(tho³⁵la⁷⁵⁵sap⁵⁵)
2329	打破（碗）	(kho³¹)tu³³pha³³tʃe⁷⁵⁵	ti³³(thuai⁵³)
2330	打喷嚏	xat⁵⁵tʃiŋ³¹kha³³tʃe⁷⁵⁵	tsaːm³³
2331	搭（车）	(lot⁵⁵)jut⁵⁵ɛ⁵⁵tʃe⁷⁵⁵	bɔːk³¹(lot³³)
2332	搭（棚子）	(tʃaŋ⁵⁵ja³¹)tʃho³³	taŋ⁵³(pha⁵³ten⁵³)
2333	递	pji³¹	khon³³soŋ⁵⁵
2334	澄（清）	tʃi³³jo³³də⁵⁵bju⁷³¹	xet³³xai⁵³sat⁵⁵tseːn³³
2335	待（一会儿）	(tʃi⁵⁵ja³¹)dɔ̃³⁵	tha⁵³(tsak⁵⁵nɔːi⁵³)
2336	代替	then³¹na³³tʃe⁷⁵⁵	thot⁵⁵thɛːn³⁵
2337	带（孩子）	(ja³¹kat⁵⁵ja³¹)ju⁵⁵ɲji⁵⁵	liaŋ⁵³(dek⁵⁵)
2338	带（路）	(tʃa³³ba⁵³)sɯ³¹	nam³⁵(thaːŋ³⁵)
2339	带（钱）	(phju⁵⁵)xan⁵⁵jo³³la⁵⁵tʃe⁷⁵⁵	thɯ³³(ŋən³⁵ma³⁵)
2340	戴（帽子）	(tu³¹tʃhoŋ³¹ja³¹)tʃhoŋ³¹ tʃe⁷⁵⁵	suam³³(muaːk³¹)

序号	汉义	老挝普内语	老挝语
2341	戴（红领巾）	phan³¹tʃe²⁵⁵	sai⁵⁵(pha⁵³phan³⁵khɔ³⁵)
2342	戴（手表）	(la³¹ka³¹si³¹)nɔ³¹tʃe²⁵⁵	sai⁵⁵(moːŋ³⁵)
2343	戴（手镯）	(na²⁵⁵tan⁵⁵)na³¹tʃe²⁵⁵	sai⁵⁵(kam⁵⁵lai³⁵mɯ³⁵)
2344	呆	tʃa³³tʃe²⁵⁵	ju⁵⁵
2345	（墙）倒	(tʃham⁵⁵liŋ³³tʃe²⁵⁵	(kam³³phɛːŋ³⁵)lom⁵³
2346	倒（过来）	la³¹tʃe²⁵⁵	phaŋ³⁵(lɔŋ³⁵ma³⁵)
2347	倒（水）	(lã⁵⁵)kho²⁵⁵	the³⁵(nam⁵³)
2348	倒掉	kho²⁵⁵	the³⁵thim⁵³
2349	到达了	lot³¹da³³la³¹bja⁵³	ma³⁵thən³⁵
2350	耽误	ti⁵⁵da⁵³ve³¹la³¹bju³³bja⁵³	la⁵⁵sa⁵³
2351	担心	li³³ba³³m³¹tʃa³³bɯ⁷³¹	pen³³ɲuaŋ³³pen³³ɲai³⁵
2352	当（兵）	(tha³¹xan³³)pjen⁵⁵tʃe²⁵⁵	pen³³(tha²⁵⁵xaːn³³)
2353	当（老师）	(dai³¹khu³¹)pjen⁵⁵tʃe²⁵⁵	pen³³(khu³⁵)
2354	挡（风）	(xã⁵⁵m̥an⁵⁵)kɔ̃³³	taːn⁵³(lom³⁵)
2355	捣	thoŋ³¹tʃe²⁵⁵	tam³³
2356	调（过来）	tʃun⁵⁵na⁵⁵	ɲaːi⁵³(khau⁵³ma³⁵)
2357	得（到）	ja³³lap⁵⁵bja⁵³	dai⁵³(xap³³)
2358	得罪	(ŋjɔ³¹na⁵⁵)phjit⁵⁵tʃe²⁵⁵	xet³³phit⁵⁵
2359	等待	tɔ̃³¹lau³³tɔ̃³¹lau³³	lɔ³⁵tha⁵³
2360	低（头）	(tu³¹)gu²⁵⁵tʃe²⁵⁵	kom⁵³(ɲua³³)
2361	滴	tʃa²⁵⁵tʃe²⁵⁵	jɔːt³¹
2362	地震	mji⁵⁵sĩ⁵⁵un³³tʃe²⁵⁵	phɛːn⁵⁵din³³vai³³
2363	点（头）	(a³³tu³¹)dut⁵⁵	ŋɯk⁵⁵(ɲua³³)
2364	点（灯）	tʃan³¹tʃe²⁵⁵	tsuːt³¹(fa³⁵)
2365	点（鞭炮）	(fai³¹dɔ²⁵⁵)tʃian³¹ tʃe²⁵⁵	tsuːt³¹(baŋ⁵³fai³⁵dɔːk³¹)
2366	点（火）	(bji³¹)m̥ut⁵⁵tʃe²⁵⁵	daŋ³³(fai³⁵)
2367	垫（垫单）	(khaŋ³¹)sə⁷³¹	pu³³(phom³⁵)
2368	垫（桌子）	to²⁵⁵khaŋ³¹sɔ³¹	pu³³(to²⁵⁵)
2369	叼（烟卷儿）	(mo³¹li³¹)the³¹	khaːp³¹(ja³³suːp³¹)
2370	掉（下）	ta³³li³¹tʃe²⁵⁵	tok⁵⁵(lɔŋ³⁵ma³⁵)
2371	吊	tʃhɯ³¹tʃe²⁵⁵	khuɛːn³³
2372	钓（鱼）	(ŋju³¹te³⁵ŋjɔ⁵⁵)phe⁷³¹	tɯk⁵⁵(pa³³)
2373	跌倒	xũ³¹tʃe²⁵⁵	lom⁵³lɔŋ³⁵
2374	叠（被子）	(a³¹phjin³¹)thɔp⁵⁵tʃe²⁵⁵	phap³³(bɔː³³nɔːn³³)
2375	（蚊子）叮	the³¹tʃe²⁵⁵	(ɲuŋ³⁵)kat⁵⁵

续表

序号	汉义	老挝普内语	老挝语
2376	钉（钉子）	tu³³tʃe²⁵⁵	tɔːk³¹(ta³³p³³)
2377	丢失	bja³¹tʃe²⁵⁵	tok⁵⁵xia⁵⁵
2378	丢（砖头）	ŋjɔ³³	kuɛːŋ⁵⁵(din³³tsi⁵⁵)
2379	丢（了钱包）	(phju⁵⁵fa³¹)bja³¹tʃe²⁵⁵	(ka²⁵⁵pau³³ŋən³⁵)sia³³
2380	懂	tʃa²⁵⁵khɯt³¹tʃe²⁵⁵	khau⁵³tsai³³
2381	动	e⁵⁵jo³³to³³tʃe²⁵⁵	khɯan⁵⁵wai⁵⁵
2382	动（手术）	pha³³tʃe²⁵⁵	pha⁵⁵tat⁵⁵
2383	冻冰	a⁵⁵tʃʰo³¹	naːu³³jen³³
2384	使摇动[使动]	tʃi⁵⁵jo⁵⁵kɯt³¹tʃe²⁵⁵	(xet³³xai⁵³)san⁵⁵kuai³³
2385	摇动[自动]	kɯt³¹tʃe²⁵⁵	san⁵⁵kuai³³(eːŋ³³)
2386	兜（着）	kɔ³³bu³³tʃe²⁵⁵	kep⁵⁵(au³³)
2387	读（书）	(da⁵⁵sɯ⁵⁵)an³¹tʃe²⁵⁵	aːn³³(naŋ³³sɯ³³)
2388	堵塞	at³¹tʃe²⁵⁵	tit⁵⁵khat⁵⁵
2389	赌博	phai⁵⁵tan³¹tʃe²⁵⁵	lin⁵³kaːn³³pha²⁵⁵nan³⁵
2390	塞（老鼠洞）	at³¹tʃe²⁵	at⁵⁵(ŋu³⁵nũ³³)
2391	端（水）	tʃʰi³¹tʃe²⁵⁵	ɲok³³(nam⁵³)
2392	渡（河）	(lã⁵⁵)kham⁵⁵tʃe²⁵⁵	khaːm⁵³(mɛ³³nam⁵³)
2393	（线）断	tʃʰat⁵⁵tʃe²⁵⁵	(sɯak³¹)khaː³¹
2394	弄断（线）	tu⁵³tʃʰat⁵⁵tʃe²⁵⁵	xet³³xai⁵³(sɯak³¹)khaːt³¹
2395	堆（草）	poŋ⁵⁵	kɔːŋ³³(ɲa⁵³)
2396	对[核对]	kot⁵⁵jɔ³³kə³³tʃe²⁵⁵	kuaːt³¹sɔːp³¹
2397	蹲	toŋ³¹poŋ³³ni⁵⁵tʃe²⁵⁵	naŋ⁵⁵ɲoŋ⁵⁵ɲɔ⁵³
2398	夺	ka³¹tʃia³¹tʃe²⁵⁵	sa²⁵⁵na²⁵⁵
2399	躲	vat³¹tʃe²⁵⁵	lop⁵⁵sɔːn⁵³
2400	踩	nɔ³¹	ka²⁵⁵tɯːp⁵³
2401	剁（肉）	(tʃa³¹kɯn³¹)tho³³tʃe²⁵⁵	fak³³(siːn⁵³)
2402	饿	bat³¹tʃe²⁵⁵	xiu³³
2403	发（信）	sŏ³¹tŏ³¹tʃe²⁵⁵	soŋ⁵⁵(tsot⁵⁵maːi³³)
2404	发烧	phja³¹tʃe²⁵⁵	pjen³³khai⁵³
2405	发抖	ən⁵⁵	tuɔ³³san⁵⁵
2406	发（芽）	(a⁵⁵ja³³)o⁷³¹tʃe²⁵⁵	ɔːk³¹(nɔ⁵⁵)
2407	发（钱）	(phju⁵⁵)put³¹tʃe²⁵⁵	tsɛːk³¹(ŋən³⁵)
2408	发霉	a⁵⁵mut³¹li³¹tʃe²⁵⁵	khɯm³³sɯa⁵³la³⁵
2409	发展	a⁵⁵mjin³¹a³³ma³³tʃi³³tʃe²⁵⁵	phat³³thaː²⁵⁵na³⁵
2410	罚款	tha³¹na³¹tʃe²⁵⁵	pap⁵⁵ma³³

183

序号	汉义	老挝普内语	老挝语
2411	翻（过来）	e⁵⁵pjin⁵⁵la⁵⁵pjin⁵⁵kha⁵⁵tʃe²⁵⁵	phik³³(tua³³)
2412	翻筋斗	pjin⁵⁵phon⁵⁵kha⁵⁵tʃe²⁵⁵	ti³³laŋ³⁵ka³³
2413	翻（身）	(a³¹ma³³)pjin⁵⁵tʃe²⁵⁵	phik³³tuɔ³³
2414	犯错	tʃi⁵⁵tʃe²⁵⁵a³³phjit⁵⁵	xet³³phit⁵⁵
2415	烦	tʃi⁵⁵ja⁵⁵ja³¹ɛ⁵⁵	lam³⁵kha:n³⁵
2416	反对	a⁵⁵lop⁵⁵	khat⁵⁵kha:n⁵³
2417	防（火）	(bji³¹)ŋjam³¹tʃe²⁵⁵	pɔ:ŋ³³kan³³(fai³⁵)
2418	放（盐）	(sa³¹)kan³³tʃe²⁵⁵	sai⁵⁵(kɯa³³)
2419	放	tʃhi⁵⁵tʃe²⁵⁵	va:ŋ³⁵
2420	放牧（牲口）	sat³¹xju⁵⁵tʃe²⁵⁵	liaŋ⁵³sat⁵⁵
2421	飞	fa³³tʃe²⁵⁵	bin³³
2422	沸[水开]	tʃhu⁵⁵tʃe²⁵⁵	(nam⁵³)fot³³
2423	分开	tʃhuɯŋ³¹	n̠ɛ:k⁵³
2424	分手	tʃhuɯŋ³¹na³³tʃe²⁵⁵	n̠ɛ:k⁵³kan³³
2425	疯	a⁵⁵pət⁵⁵	ba⁵³
2426	（把信）封（好）	tit⁵⁵	pit⁵⁵(sɔ:ŋ³⁵tsot⁵⁵ma:i³³)(xai⁵³di³³)
2427	缝（衣服）	(nam⁵⁵)khum⁵⁵tʃe²⁵⁵	n̠ip⁵⁵(sɯa⁵³pha⁵³)
2428	敷（药）	(tʃhi³¹)tom⁵⁵tʃe²⁵⁵	tom⁵³(ja³³)
2429	孵（蛋）	(xja³³u³³)up⁵⁵tʃe²⁵⁵	fak³³(khai⁵⁵)
2430	扶（起来）	sĩ⁵⁵tʃe²⁵⁵	pa²⁵⁵(khɔ:ŋ³⁵)
2431	伏（在桌子上）	tʃhi⁵⁵tʃe²⁵⁵	va:ŋ³⁵vai⁵³(thəŋ³⁵to²⁵⁵)
2432	付（钱）	(phju⁵⁵)tʃai³¹tʃe²⁵⁵	tsa:i⁵⁵(ŋən³⁵)
2433	腐烂	pup³¹(a⁵⁵bja⁵³)	nau⁵⁵pɯai⁵⁵
2434	腐朽	m³¹pen⁵⁵la⁵³	sɯam⁵⁵so:m³⁵
2435	浮	(lã⁵⁵tha³¹ə³³)tʃa³³tʃe²⁵⁵	fu³⁵
2436	盖（土）	pɔ²⁵⁵tʃe²⁵⁵	pok⁵⁵(din³³)
2437	盖（被子）	tum⁵⁵tʃe²⁵⁵	pha⁵³xom⁵⁵
2438	盖（盖子）	at³¹tʃe²⁵⁵	pok⁵⁵(fa³³)
2439	盖（房子）	(tʃɔ⁵⁵)tʃi³³tʃe²⁵⁵	sa:ŋ⁵³(ŋɯan³⁵)
2440	赶（集）	(ta³³lat⁵⁵)də³³e⁵⁵tʃe²⁵⁵	ɔ:k³¹pai³³(ta²⁵⁵la:t³¹)
2441	赶（马）	(mu³¹na³¹)lai³¹tʃe²⁵⁵	lai⁵⁵(ma⁵³)
2442	敢（吃）	(a³³tʃa³¹)tʃo³³	ka⁵³(kin³³)
2443	干（活儿）	tʃi⁵⁵tʃe²⁵⁵	xet³³(vjak⁵³)
2444	告诉	bo²³¹tʃe²⁵⁵	bo:k³¹sɔ:n³³
2445	割（肉）	(tʃɔ³¹kuɯŋ³¹)xɛn³³	pa:t³¹si:n⁵³

续表

序号	汉义	老挝普内语	老挝语
2446	割（草）	(kju³¹)kju³¹tʃe⁷⁵⁵	kiau⁵⁵(na⁵³)
2447	搁（在桌子上）	tʃhi⁵⁵tʃe⁷⁵⁵	va:ŋ³⁵vai⁵³(thəŋ³⁵to⁷⁵⁵)
2448	隔（一条河）	khan⁵⁵tʃe⁷⁵⁵	khan⁵³kan³³(duai⁵³mɛ³³nam⁵³nɯŋ⁵⁵sa:i³³)
2449	给（钱）	pji³¹tʃe⁷⁵⁵	xai⁵³(ŋən³⁵)
2450	跟（着）	thi³¹tʃa³³e⁵⁵	pai³³(nam³⁵)
2451	感冒	tʃhup³¹ba³³ta³³tʃe⁷⁵⁵	pen³³wat⁵⁵
2452	改	lom³¹jo³³də⁵⁵na³³bji³¹tʃe⁷⁵⁵	kɛ⁵³khai³³
2453	改变	pha⁵⁵sə³¹de⁵³	pjen⁵⁵pɛ:ŋ³³
2454	搞	tʃi⁵⁵tʃe⁷⁵⁵	xet³³
2455	跟（在后面）	(nu³¹ə³³)la⁵⁵tʃe⁷⁵⁵	ta:m³⁵(laŋ³³)
2456	耕（田）	(da³¹xja⁵⁵)thai⁵⁵tʃe⁷⁵⁵	thai³³(na³⁵)
2457	耕（地）	(mji⁵⁵toŋ⁵⁵)li³¹tʃe⁷⁵⁵	thai³³(din³³)
2458	种（田）	(da³¹ja⁵⁵)tʃi⁵⁵tʃe⁷⁵⁵	xet³³(na³⁵)
2459	种（牛痘）	(poŋ⁵⁵kan³¹si³¹)sap⁵⁵tʃe⁷⁵⁵	pu:k³¹(vak³³sɛ:ŋ³⁵)
2460	拱（土）	(mji⁵⁵toŋ⁵⁵)on⁵⁵tʃe⁷⁵⁵	phu:n³⁵(din³³)
2461	（猪）拱（田）	va³¹pu³¹tʃe⁷⁵⁵	(mu³³)dut⁵⁵(na³⁵)
2462	壅（土）	on⁵⁵tʃe⁷⁵⁵	phu:n³⁵(din³³)
2463	雇（人）	tʃiaŋ⁵⁵tʃe⁷⁵⁵	tsa:ŋ⁵³(khon³⁵)
2464	钩	tʃhɯ³¹ja³⁵	khɔ³³kɔ⁷⁵⁵
2465	够了	lo³¹(bja⁵³)	phɔ³⁵
2466	估计	xjaŋ⁵⁵tʃhət⁵⁵mji⁵⁵tʃa³¹mɛ³³lɛ³³tʃa⁷⁵⁵	pa⁷⁵⁵ma:n³⁵ka:n³³
2467	刮（毛）	a⁵⁵m̩ut³¹khut³¹	the³³(khon³³)
2468	刮（风）	xã⁵⁵m̩an⁵⁵do³¹la³¹tʃe⁷⁵⁵	(lom³⁵)phat³³
2469	刮（大风）	xã⁵⁵man⁵⁵to³³	(lom³⁵)phat³³
2470	刮（胡子）	(man³¹m̩ut³¹)khut³¹	the³³(nuat³¹)
2471	刮（痧）	(sa³³)sə³³tʃe⁷⁵⁵	khu:t³¹sa³³
2472	挂（在墙上）	(tʃam⁵⁵pja⁵⁵)pɛ⁷³¹tʃe⁷⁵⁵	pha:t³¹vai⁵³(kha:ŋ⁵³fa³³)
2473	关（门）	(lã³³kɔ³³)kap³¹tʃe⁷⁵⁵	pit⁵⁵(pa⁷⁵⁵tu³³)
2474	关（羊）	(tʃhɯɯ³¹na³³)loŋ⁵⁵tʃe⁷⁵⁵	khaŋ³³(be⁵³)
2475	关心	bɯ⁵⁵soŋ⁵³bɯ⁵⁵sai⁵³khau³¹	au³³tsai³³sai⁵⁵
2476	管（孩子）	(ja³¹kat⁵⁵ja³¹)na⁵⁵kə³³mjin³¹khau⁵³	bɔŋ⁵⁵nɛ:ŋ³⁵(dek⁵⁵nɔ:i⁵³)
2477	灌（水）	(lã⁵⁵)tɯm⁵⁵tʃe⁷⁵⁵	təm⁵⁵nam⁵³
2478	逛	ja⁷⁵⁵jo³³tan³¹tʃe⁷⁵⁵	ɲa:ŋ³³lin⁵³
2479	返回	la⁵⁵lɛ³¹bja⁵³	kap⁵⁵khɯn³⁵ma³⁵
2480	跪	bji³¹tu⁵⁵tho³³tʃe⁷⁵⁵	khu⁷⁵⁵khau⁵⁵

185

续表

序号	汉义	老挝普内语	老挝语
2481	滚（开）	o⁷³¹an³⁵nu³¹	ɔ:k³¹(pai³³)
2482	过（日子）	tʃĩ⁷⁵⁵ŋja⁵⁵pen⁵⁵ŋja⁵⁵	sai⁵³(si³⁵vit³³)
2483	过（桥）	(toŋ³¹tʃam⁵⁵)to³¹tʃe⁷⁵⁵	kha:m⁵³(khua³³)
2484	痒痒	ŋja³¹jo³³tʃha³³tʃe⁷⁵⁵	khan³⁵
2485	过（河）	(lã⁵⁵)to³¹tʃe⁷⁵⁵	kha:m⁵³me³³nam⁵³
2486	过敏	a⁵⁵si³¹ja³¹o⁷³¹tʃe⁷⁵⁵	phum³⁵phe⁵³
2487	过分	a⁵⁵tʃie⁵⁵jɔ³⁵	kə:n³³pai³³
2488	过期	a³¹ŋju⁷⁵⁵khɔ³³bja⁵³	mot⁵⁵a³³ɲu⁷⁵⁵
2489	鼓（肚子）	mɯ⁵⁵	(thɔŋ⁵³)xɔ:ŋ⁵³
2490	怪（他）	(ŋjɔ³³na⁵⁵)ba³³tʃe⁷⁵⁵	tho:t³¹(la:u³⁵)
2491	拐[欺骗]	sɔ̃⁵⁵kat³¹	khi⁵³tua⁷⁵⁵
2492	害羞	sa³¹ɛ⁵⁵	a:i³³
2493	害怕	khat⁵⁵de⁵⁵	ja:n⁵³
2494	含（着一口水）	bum⁵⁵tʃe⁷⁵⁵	ba:n³³tsu⁷⁵⁵
2495	喊（人）	(sɔ̃⁵⁵na³³)xau⁵⁵tʃe⁷⁵⁵	xiak³¹(khon³⁵)
2496	焊	(səm³³)na³³tʃe⁷⁵⁵	sɯam⁵⁵(tsɔ:t³¹)
2497	和（泥）	(mji⁵⁵toŋ⁵⁵)pon³¹tʃe⁷⁵⁵	pon³³(din³³tom³³)
2498	喝（酒）	taŋ⁵⁵tʃe⁷⁵⁵	dɯm⁵⁵
2499	恨	kha³³lo⁵³kha³³ta⁵³	saŋ³⁵
2500	哼	xɯ³³tʃe⁷⁵⁵	um³¹(siaŋ³³)
2501	烘	l̥ap³¹tʃe⁷⁵⁵	ja:ŋ⁵³
2502	烘（衣服）	lap³¹kɯ⁵⁵tʃe⁷⁵⁵	op⁵⁵(sɯa⁵³pha⁵³)
2503	后悔	sa⁷⁵⁵lai³³tʃe⁷⁵⁵ɲu³¹tau³¹khət⁵⁵tʃe⁷⁵⁵	kin³³nɛ:n³³
2504	吼	khɔ̌⁵⁵khat⁵⁵jo³³mɯ⁵⁵tʃe⁷⁵⁵	siaŋ³³kham³⁵la:m³⁵
2505	（煮）糊（了）	kɯn⁵⁵na³³	mai⁵³
2506	（眼）花	(a³³bja³³)vɯŋ⁵⁵tʃe⁷⁵⁵	(ta³³)la:i³⁵
2507	划（船）	(loŋ⁵⁵)phai⁵⁵tʃe⁷⁵⁵	pha:i³⁵(xɯa³⁵)
2508	（雪）化	(tʃa³³phɯ⁵⁵)pɔi³¹tʃe⁷⁵⁵	(xi⁷⁵⁵ma⁷⁵⁵)la⁷⁵⁵la:i³⁵
2509	滑（坡）	(mji⁵⁵toŋ⁵⁵)la⁷³¹tʃe⁷⁵⁵	(khɔ:i⁵³)mɯ:n⁵⁵
2510	画（图）	tem⁵⁵	va:t³¹(pha:p³¹)
2511	怀孕	a⁵⁵ja³¹tʃo³¹tʃe⁷⁵⁵	thɯ³³pha³⁵
2512	还（帐）	(a⁵⁵tʃhi³¹)sai⁵⁵tʃe⁷⁵⁵	sam³³la⁷⁵⁵(ŋən³⁵)
2513	还（工）	a⁵⁵xɛ̃³¹sai⁵⁵tʃe⁷⁵⁵	sai⁵³(xɛ:ŋ³⁵ŋa:m³⁵)
2514	还（钱）	(phju⁵⁵)sa³³lɛ³¹tʃe⁷⁵⁵	khɯ:n³⁵(ŋən³⁵)
2515	还（钢笔）	(pa⁷⁵⁵ka⁷³¹)pji³¹lɛ³¹tʃe⁷⁵⁵	khɯ:n³⁵(pa:k³¹ka³³)

续表

序号	汉义	老挝普内语	老挝语
2516	换	pha⁵⁵na³³tʃe⁷⁵⁵	lɛːk³¹pjan⁵⁵
2517	回去	e⁵⁵tʃe⁷⁵⁵	kap⁵⁵pa³³
2518	回来	la⁵⁵tʃe⁷⁵⁵	kap⁵⁵ma³⁴
2519	回（家）	(tʃɔ⁵⁵)e⁵⁵tʃe⁷⁵⁵	kap⁵⁵ŋɯan³⁵
2520	回（头）	la⁵⁵le³¹tʃe⁷⁵⁵	jɔːn⁵³kap⁵⁵
2521	唤（狗）	(khɯ³¹)khu³³tʃe⁷⁵⁵	ma³³xɔːŋ⁵³
2522	唤（名字）	(a⁵⁵mji⁵⁵)xau⁵⁵tʃe⁷⁵⁵	xiak³¹sɯ⁵⁵
2523	舀（水）	(lã⁵⁵)sən³¹tʃe⁷⁵⁵	xot⁵⁵nam⁵³
2524	慌	tʃi⁵⁵xja⁵⁵ja⁷³¹ɛ³⁵	ka⁷⁵⁵von³⁵ka⁷⁵⁵vaːi³⁵tsai³⁵
2525	会（写）	kan³³jo³³pen⁵⁵na⁵⁵	(khian³³)pen³³
2526	会（织）	ja³³khɯt³¹	(tam⁵⁵)pen³³
2527	会（做）	tʃi³³jo³³pen⁵⁵na⁵⁵	(xet³³)pen³³
2528	会（来）	la⁵⁵khɯt³¹	(ma³⁵)dai⁵³
2529	挤（牙膏）	ŋjit³¹tʃe⁷⁵⁵	bjiːp³¹(nam⁵³ja³³thu³³khɛːu⁵³)
2530	记得	tʃɯ³³bja⁵³	tsam³³dai⁵³
2531	记住	tʃɯ³³ne³³tʃiu⁵³	tsam³³vai⁵³
2532	寄（信）	(da⁵⁵sɯ⁵⁵)sa³³tʃe⁷⁵⁵	soŋ⁵⁵tsot⁵⁵maːi³³
2533	夹（着书）	(da⁵⁵sɯ⁵⁵)soŋ³¹ə³³kan³³tʃe⁷⁵⁵	siaːp³¹(naŋ³³sɯ³³)
2534	加	tɯm⁵⁵tʃe⁷⁵⁵	phəːm⁵³təm³³
2535	煎	khɔ⁵⁵tʃe⁷⁵⁵	thɔːt³¹
2536	夹（菜）	than³¹tʃe⁷⁵⁵	khjiːp³¹(a³³xaːn³³)
2537	捡	tʃhən⁵⁵tʃe⁷⁵⁵	khep⁵⁵
2538	减	ta³³tʃe⁷⁵⁵	lut⁵⁵
2539	剪	than³¹，tə⁷⁵⁵	tat⁵⁵
2540	讲（话）	tʃe³¹	vau⁵³
2541	讲（故事）	(khau³³)lom³¹tʃe⁷³³	lau⁵⁵(ni⁷⁵⁵thaːn³⁵)
2542	浇（水）	(lã⁵⁵)sən³¹tʃe⁷⁵⁵	xot⁵⁵(nam⁵³)
2543	交（钱）	(phju⁵⁵)tʃai³¹tʃe⁷⁵⁵	tsaːi⁵⁵(ŋən³⁵)
2544	交换	pha⁵⁵na⁵⁵tʃe⁷⁵⁵	lɛːk³¹pian⁵⁵
2545	交税	pha³¹si⁵³to³³tʃe⁷⁵⁵	tsaːi⁵⁵pha³⁵si³³
2546	（烧）焦	tʃan³¹tʃe⁷⁵⁵	phau³³(mai⁵³mot⁵⁵)
2547	见	mjɔ̃⁵⁵tʃe⁷⁵⁵	phop³³xen³³
2548	搅	ju³³	khon³⁵(a³³xaːn³³)
2549	挤（过去）	tʃam³¹na⁵⁵	at⁵⁵(khau⁵³nɛːn⁵³nɛːn⁵³)
2550	挤（奶）	ŋjit³¹	biːp³¹

187

序号	汉义	老挝普内语	老挝语
2551	降（落）	da³³bja⁵³	lot⁵⁵loŋ³⁵
2552	嚼	ko³¹tʃe²⁵⁵	ɲam⁵³
2553	教	bɔ²³¹tʃe²⁵⁵	sɔːn³³
2554	（公鸡）叫	(xja³³pha³¹)tan⁵⁵tʃe²⁵⁵	(kai⁵⁵phu⁵³)khan³³
2555	（母鸡）叫	(xja³³ba³³)tan⁵⁵tʃe²⁵⁵	(kai⁵⁵mɛ³³)ŋɔːŋ⁵³
2556	（猫）叫	(mji³³)mɯ⁵⁵tʃe²⁵⁵	(mɛːu³⁵) ŋɔːŋ⁵³
2557	（马）叫	(a³¹mu³¹)mɯ⁵⁵the⁵⁵	(ma⁵³) ŋɔːŋ⁵³
2558	（牛）叫	(a³¹mjaŋ³¹)mɯ⁵⁵the⁵⁵	(ŋuɔ³⁵) ŋɔːŋ⁵³
2559	（狗）叫	(khɯ³¹)xɯ̃⁵⁵tʃe²⁵⁵	(ma³³) ŋɔːŋ⁵³
2560	（猪）叫	(va³¹)mɯ⁵⁵tʃe²⁵⁵	(mu³³) ŋɔːŋ⁵³
2561	（羊）叫	(tʃhut³¹)mɯ⁵⁵ tʃe²⁵⁵	(be⁵³) ŋɔːŋ⁵³
2562	（猴子）叫	(dap³¹ba³¹)mɯ⁵⁵tʃe²⁵⁵	(liːŋ³⁵) ŋɔːŋ⁵³
2563	叫（名字）	(a³³mji⁵⁵)xau⁵⁵tʃe²⁵⁵	ŋɔːŋ⁵³ (sɯ⁵⁵)
2564	叫（人）	(sɔ̃⁵⁵na³³)xau⁵⁵tʃe²⁵⁵	xiak³¹(khon³⁵)
2565	接（人）	(sɔ̃⁵⁵na³³)bu⁵⁵tʃe²⁵⁵	xap³³(khon³⁵)
2566	接（起来）	to³³na³³	xap³³(khɯm⁵³ma³⁵)
2567	揭（盖子）	(bji³³khuã⁵⁵kap³¹)le⁵⁵tʃe²⁵⁵	pəːt³¹(fa³³mɔ⁵³)
2568	结（果子）	(si³¹si³¹loŋ³¹si³¹)o²³¹la³¹	(maːk³¹mai⁵³)suk⁵⁵lɛːu⁵³
2569	结婚	au⁵⁵tʃa³¹tʃe²⁵⁵	tɛːŋ⁵⁵ŋaːn³⁵
2570	解开	phɯ⁵⁵jɔ³³ɔ²³¹tʃe²⁵⁵	kɛ⁵³ɔːk³¹
2571	解（衣扣）	(mat⁵⁵tom⁵⁵si³¹)phɯ⁵⁵tʃe²⁵⁵	kɛ²⁵⁵(ka²⁵⁵dum³³sɯ⁵³)
2572	戒（酒）	(thi³¹kha⁵⁵)m³¹daŋ⁵⁵la⁵³	tat⁵⁵(lau⁵³)
2573	借（钱）	(phju⁵⁵)tʃhi³¹tʃe²⁵⁵	jum³³(ŋən³⁵)
2574	借（工具）	(a⁵⁵kɯŋ³¹)tʃhi³¹tʃe²⁵⁵	jum³³(khəŋ⁵⁵sai⁵³)
2575	浸泡（衣服）	(a⁵⁵kɯŋ³¹)lã⁵⁵ti³³tʃe²⁵⁵	sɛ⁵⁵(sɯa⁵³pha⁵³)
2576	浸（种子）	(a³³tʃə⁵⁵)ti³³tʃe²⁵⁵	sɛ³³(met³³phan³⁵)
2577	进（屋）	(thoŋ³³)oŋ⁵⁵tʃe²⁵⁵	khau⁵³(xɔːŋ⁵³)
2578	进来	oŋ⁵⁵la³¹	khau⁵³ma³⁵
2579	进去	oŋ⁵⁵lɛ³¹tʃe²⁵⁵	khau⁵³pai³³
2580	敬（酒）	thi³¹kha⁵⁵tʃhi³¹jo⁵⁵sum⁵⁵ma³¹kha⁵⁵la⁵⁵tʃe²⁵⁵	(lau⁵³)kha³¹la²⁵⁵va²³³
2581	经过	ni³³tʃaŋ⁵⁵ni³³ə³³nu³¹	phaːm⁵⁵pai³³
2582	禁止	kha⁵⁵tʃu⁵³	xaːm⁵³
2583	揪（出来）	sə²⁵⁵jo²⁵⁵(o²³¹la³¹tʃe²⁵⁵)	dɯŋ³³(ɔːk³¹ma³⁵)
2584	救（命）	(a³³khaŋ⁵⁵)sui³⁵ɲji⁵⁵	suai⁵⁵(si³⁵vit³³)
2585	举（手）	(lă³¹pu³¹)tʃhi³¹tʃe²⁵⁵	ɲok³³(mɯ³⁵)

续表

序号	汉义	老挝普内语	老挝语
2586	居住	tʃi⁵⁵xja⁵⁵	a³³sai³³ju⁵⁵
2587	锯	ləi³³	luɯai⁵⁵
2588	卷（袖子）	(lă³¹phjoŋ³¹)thup³¹tʃe⁷⁵⁵	phap³³(khɛːn³³suɯa⁵³)
2589	捐款	phju⁵⁵pji³¹tʃe⁷⁵⁵	bɔ⁵⁵li⁷⁵⁵tsaːk³¹
2590	掘	tu³¹tʃe⁷⁵⁵	khut⁵⁵
2591	蜷缩	ɲi⁵⁵kui⁵⁵	xot⁵⁵tua³³
2592	觉得	a³³tʃa⁵³khuɯt³¹	ŋu⁵³suɯk⁵⁵
2593	卡住	kha³¹	tit⁵⁵khaːŋ⁵³
2594	开（门）	(lă³³kɔ³³)phoŋ³³tʃe⁷⁵⁵	pəːt³¹(pa⁷⁵⁵tuː³³)
2595	（花）开	(mji³³vat⁵⁵)phon³¹tʃe⁷⁵⁵	(dɔːk⁵¹mai⁵³)baːn³³
2596	开（水沸腾）	lã⁵⁵su⁵⁵tʃe⁷⁵⁵	(nam⁵³)fot³³(pha³¹pha³¹)
2597	开（车）	(o³³to³³)khap⁵⁵tʃe⁷⁵⁵	khap⁵⁵(lot³³)
2598	开始	phan³¹	ləm⁵⁵ton⁵³
2599	开（灯）	(bji³¹)tho³³tʃe⁷⁵⁵	pəːt³¹(fai³⁵)
2600	开会	tʃhən⁵⁵na³³tʃe⁷⁵⁵	pa⁷⁵⁵sum³⁵
2601	砍（柴）	(bji³¹)tə⁷⁵⁵tʃe⁷⁵⁵	tat⁵⁵(fɯːn³⁵)
2602	砍（骨头）	(a⁵⁵jau³¹)tə⁷⁵⁵tʃe⁷⁵⁵	tat⁵⁵(ka⁷⁵⁵duːk³¹)
2603	看	kə³³tʃe⁷⁵⁵	bəŋ⁵⁵
2604	看见	kə³³jo³³mjã⁵⁵tʃe⁷⁵⁵	bəŋ⁵⁵xen³³
2605	看（孩子）	(ja³¹kat⁵⁵ja³¹)na³³kə³³tʃe⁷⁵⁵	bəŋ⁵⁵(dek⁵⁵nɔːi⁵³)
2606	看（书）	(da⁵⁵suɯ⁵⁵)an³¹tʃe⁷⁵⁵	aːn⁵⁵(naŋ³³suɯ³³)
2607	看（病）	pha⁷⁵⁵ɲat⁵⁵kot⁵⁵tʃe⁷⁵⁵	kuat³¹(pha⁷³³ɲaːt³¹)
2608	烤（肉）	(tʃa³¹kuɯŋ³¹)ɭap³¹tʃe⁷⁵⁵	ɲaːŋ⁵³(siːn⁵³)
2609	烤干	ɭap³¹kuɯ⁵⁵	ɲaːŋ⁵³(xɛːŋ⁵³)
2610	烤（酒）	(ta³¹kha³⁵)sa³¹tʃe⁷⁵⁵	tom⁵³(lau⁵³)
2611	烤（火）	(bji³¹)lum⁵⁵tʃe⁷⁵⁵	fiŋ³³(fai³⁵)
2612	考（大学）	(ma⁵⁵xã⁵³vi⁷⁵⁵tha⁷⁵⁵ɲja³¹lai³¹ə³³)seŋ³³e⁵⁵tʃe⁷⁵⁵	sɔːp³¹khau⁵³(ma⁷⁵⁵xa³³vi⁷⁵⁵tha⁷⁵⁵ɲaː³¹lai³¹)
2613	靠（墙）	ta⁷³¹tʃe⁷⁵⁵	tit⁵⁵fa³³
2614	靠拢	a⁵⁵di⁵³ja³¹la⁵⁵tʃe⁷⁵⁵	khau⁵³kai⁵³
2615	扛（木头）	(tʃĩ⁵⁵)tʃhi³¹tʃe⁷⁵⁵	xaːm³³(mai⁵³)
2616	窥视	vat³¹jo³¹kə³³tʃe⁷⁵⁵	tsɔːp³¹nɛːm³⁵
2617	磕（头）	(a⁵⁵tu³¹)tu³³tʃe⁷⁵⁵	ti³³ŋua³³
2618	刻	a⁵⁵vat⁵⁵tʃhɛ⁵⁵tʃe⁷⁵⁵	kɛ⁷⁵⁵sa⁷⁵⁵lak⁵⁵
2619	咳嗽	tʃhau³¹tʃe⁷⁵⁵	pen³³ai³³
2620	肯	m³¹khat⁵⁵	kha⁵³

189

续表

序号	汉义	老挝普内语	老挝语
2621	啃	the³¹tʃe⁷⁵⁵	kat⁵⁵
2622	渴	lɔ⁵⁵bat³¹da⁵⁵bja⁵³	ka⁷⁵⁵xa:i³³nam⁵³
2623	抠	khut³¹tʃe⁷⁵⁵	khut⁵⁵
2624	扣（扣子）	(mat⁵⁵tom⁵⁵si³¹)khuŋ³³	tsot⁵⁵(kha⁷⁵⁵dum³³)
2625	哭	oŋ⁵⁵tʃe⁷⁵⁵	ŋɔ:ŋ⁵³xai⁵³
2626	夸奖	njoŋ⁵⁵tʃe⁷⁵⁵	nɔ:ŋ⁵³nɔ³⁵
2627	跨（一步）	thi³¹ja⁷⁵⁵	ka:u⁵⁵(pai³³ka:u⁵³nuuŋ⁵⁵)
2628	捆（草）	(bɔ³¹)mat⁵⁵tʃe⁷⁵⁵	mat³³(na⁵³)
2629	拉	sə³³tʃe⁷⁵⁵	duuŋ³³
2630	拉（肚子）	(pon³³)da⁵⁵tʃe⁷⁵⁵	tsep⁵⁵thɔ:ŋ⁵³(muu:t³¹)
2631	拉（犁）	(da³¹xja⁵⁵)thai⁵⁵nji⁵⁵	kɛ⁵⁵(thai³³)
2632	拉（屎）	(pon⁵⁵)so⁷⁵⁵tʃe⁷⁵⁵	tsep⁵⁵thɔ:ŋ⁵³(puat³¹tha:i⁵⁵)
2633	来	lau⁵³	ma³⁵
2634	（从下方）来	tha³¹ə³³lau⁵³	(khuuŋ⁵³)ma³⁵
2635	（从上方）来	o³¹sə³³liu⁵³	(lon³⁵)ma³⁵
2636	（水果）烂	(si³¹si³¹lon³¹si³¹)pɔi³¹tʃe⁷⁵⁵	(ma:k³¹mai⁵³)puai⁵⁵
2637	（衣服）烂	(tu⁵⁵)pjəu³³tʃe⁷⁵⁵	(suua⁵³pha⁵³)kha:t³¹
2638	捞（起）	nju³¹tɛ³⁵sa³³tʃe⁷⁵⁵	xa³³pa³³
2639	烙	bji³¹pjap³¹tʃe⁷⁵⁵	lon³⁵fa³⁵
2640	勒	suu⁷³¹tʃe⁷⁵⁵	xat³³
2641	拦	pjəu⁵⁵tʃe⁷⁵⁵	sia³³
2642	离开	tʃhi⁵⁵tʃha³¹jo³³e⁵⁵tʃe⁷⁵⁵	tsak³¹pai³³
2643	犁（地）	(da³¹xja⁵⁵)li³¹tʃe⁷⁵⁵	thai³³na³⁵
2644	练习	xen³¹tʃe⁷⁵⁵	fuk⁵⁵sɔ:m⁵³
2645	连接	njã³¹na³³tʃe⁷⁵⁵	suuam⁵⁵tɔ⁵⁵
2646	累	lun⁵⁵ne⁵⁵	muuai⁵⁵
2647	量（长短）	(a³³muu³³a³³njum⁵⁵ja³¹)the⁷³¹tʃe⁷⁵⁵	vat³³(luaŋ³⁵san⁵³na:u³⁵)
2648	晾（衣）	(a⁵⁵kuuŋ³¹)lap³¹tʃe⁷⁵⁵	ta:k³¹(suua⁵³pha⁵³)
2649	聊天	lum³¹na³³tʃe⁷⁵⁵	o⁵³lom³⁵
2650	裂开	tʃhuuŋ³¹na³³tʃe⁷⁵⁵	nɛ:k³¹tsa:k³¹kan³³
2651	淋	(bo³¹xɔ⁵⁵)thã³¹tʃe⁷⁵⁵	ta:k³¹fon³³
2652	（水）流	(lã⁵⁵)jau⁵⁵tʃe⁷⁵⁵	(nam⁵³)lai³³
2653	领（路）	suu³¹jo³³ɛ⁷⁵⁵tʃe⁷⁵⁵	nam³⁵(tha:ŋ³⁵)
2654	留（种）	a³³tʃə⁵⁵	au³³(nɛ:u³⁵pha³⁵)
2655	搂（着）	am³³tʃe⁷⁵⁵	kɔ:t³¹(vai⁵³)

续表

序号	汉义	老挝普内语	老挝语
2656	录音	a³³the⁵⁵tʃhup³¹jo³³tʃhi⁵⁵tʃe⁷⁵⁵	ban³³tɯk³³sian³³
2657	（太阳）落山	(fa³¹la³¹si³¹)ta³³bja⁵³	(ta³³ven³⁵)tok⁵⁵din³³
2658	漏（水）	(lā⁵⁵)tʃa⁷⁵⁵li³¹tʃe⁷⁵⁵	(nam⁵³)xuɔ⁵⁵
2659	摞（起来）	lap⁵⁵na³³jo³³tʃhi⁵⁵tʃe⁷⁵⁵	sɔ:n⁵³(kan³³vai⁵³)
2660	轮流	tʃon⁵⁵tʃe⁷⁵⁵	mu:n³³vian³⁵
2661	乱说	kha³³kha⁵⁵la³³kha⁵⁵jo³¹lom³¹tʃe⁷⁵⁵	vau⁵³htua⁵⁵thi:p³¹
2662	乱（了）	tau³¹ja⁵⁵ni⁵⁵ja⁵⁵ja³¹e⁵⁵	sap⁵⁵son³³(lɛ:u⁵³)
2663	（脚）麻木	(la³¹khɯ⁵⁵)a³¹ku³¹loŋ³³tʃe⁷⁵⁵	(ti:n³³)pen³³kiau⁵⁵
2664	骂	so⁵⁵tʃe⁷⁵⁵	da⁵⁵
2665	埋葬	thum⁵⁵tʃe⁷⁵⁵	faŋ³³
2666	买	vɯ⁵⁵tʃe⁷⁵⁵	sɯ⁵³
2667	卖	koŋ³¹tʃe⁷⁵⁵	kha:i³³
2668	闷	tʃe³³xja⁵⁵ja³¹ŋji⁵⁵	ɯt⁵⁵at⁵⁵
2669	冒（烟）	(ja⁵⁵khuan³¹)bji³¹khau³¹	khuan³⁵(ja³³)
2670	满（了）	pjiŋ⁵⁵bja⁵³	tem³³(lɛ:u⁵³)
2671	使满	tʃi³³jɔ³³pjiŋ⁵⁵bji³¹me⁷⁵⁵	xet³³xai⁵³tem³³
2672	没有（钱）	(phju⁵⁵)m³¹tʃa⁷⁵⁵	bɔ⁵⁵mi³⁵ŋən³⁵
2673	（火）灭（了）	(bji³¹)sat³¹(tʃe⁷⁵⁵)	dap⁵⁵(phən³⁵)(lɛ:u⁵³)
2674	霉	si³¹bo⁷³¹tʃe⁷⁵⁵	tok⁵⁵mu:k³¹
2675	模糊	da³³khɔ³³bja⁵³	mɯ:t³¹mon³⁵
2676	瞄准	də⁵⁵bju⁷⁵⁵/³³	nɛ⁵⁵thɯ:k³¹tsut⁵⁵
2677	蒙盖	thi³¹vap⁵⁵jo³³tʃhi⁵⁵ tʃe⁷⁵⁵	pok⁵⁵vai⁵³
2678	蒙（眼）	(a³³bja³³)vap⁵⁵tʃe⁷⁵⁵	baŋ³³ta³³
2679	摸	sap⁵⁵tʃe⁷⁵⁵	lu:p³¹kham³⁵
2680	摸（鱼）	(nɔ̃³¹tɛ⁵⁵)sa⁵⁵tʃe⁷⁵⁵	xa³³pa³³
2681	磨（刀）	(mjan³³)si³¹tʃe⁷⁵⁵	lap³³(mji:t³¹)
2682	磨（牙）	sa³¹phɛ³¹kɯt³¹tʃe⁷⁵⁵	fon³³(khɛ:u⁵³)
2683	磨（面）	bɔ³³tʃe⁷⁵⁵	mo³⁵(pɛ:ŋ⁵³)
2684	抹（药）	(tʃhi³¹)tha³¹tʃe⁷⁵⁵	tha³⁵(ja³³)
2685	明白	ma⁵⁵ma⁵⁵	sat⁵⁵tse:n³³
2686	拿	bu⁵⁵tʃe⁷⁵⁵	au³³
2687	拿到	ja³³xap⁵⁵tʃe⁷⁵⁵	dai⁵³xap³³
2688	（小孩）闹	(ja³¹kat⁵⁵)a³³the⁵⁵a³³xē³¹	(dek⁵³nɔi⁵³)nan³⁵
2689	挠（痒）	(xja³¹jo³³)tʃha³³tʃe⁷⁵⁵	kau³³(bɔ:n⁵⁵khan³⁵)
2690	念 （书）	(da³³sɯ⁵⁵)an³¹tʃe⁷⁵⁵	a:n⁵⁵naŋ³³sɯ³³)

序号	汉义	老挝普内语	老挝语
2691	捏（手）	(lă³¹pu³¹)van³³tʃe⁷⁵⁵	bit⁵⁵(mɯ³⁵)
2692	拧	pan⁵⁵tʃe⁷⁵⁵	laŋ³⁵lau⁵³
2693	拧紧	van³³jo³³tʃə³³tʃe⁷⁵⁵	xan³³xai⁵³nɛːn⁵³
2694	碾（米）	thoŋ³¹tʃe⁷⁵⁵	bot⁵⁵
2695	弄（坏）	tu³³pjəu³³tʃe⁷⁵⁵	xet³³sia³³
2696	能（做）	tʃi³³jo³³a⁵⁵mji⁵⁵tʃa³¹	sa³³maːt³¹(xet³³)
2697	挪动	jai³³tʃe⁷⁵⁵	ȵaːi⁵³
2698	趴	tha³¹vap⁵⁵jup³¹tʃe⁷⁵⁵	nɔːn³⁵khuam⁵³loŋ³⁵
2699	（小孩）爬	(ja³¹kat⁵⁵ja³¹)la³¹to³¹kha³³tʃe⁷⁵⁵	(dek⁵⁵nɔːi⁵³)khaːn³⁵
2700	（蚂蚁）爬	(xat³¹tʃha³³)to³¹tʃe⁷⁵⁵	(mot³³)tai⁵⁵
2701	爬（墙）	(tʃam⁵⁵pja⁵⁵)phja³¹tʃe⁷⁵⁵	pin³³(fa³³)
2702	拍（桌子）	(to⁷⁵⁵ə³³)tha²⁵⁵tʃe⁷⁵⁵	top⁵⁵(to⁷⁵⁵)
2703	拍（手）	(lă³¹pu³¹) tha²⁵⁵tʃe⁷⁵⁵	top⁵⁵(mɯ³⁵)
2704	派	tʃhiu⁵³	tsat⁵⁵kaːn³³
2705	排	a⁵⁵theu⁵⁵theu⁵⁵tʃe⁷⁵⁵	taŋ⁵³theːu³³
2706	盘（在头上）	(to⁷⁵⁵tha³¹ə³³)tʃhi⁵⁵tʃe⁷⁵⁵	taŋ⁵³(vai⁵³thəŋ³⁵xuɔ³³)
2707	跑	pjam⁵⁵tʃe⁷⁵⁵	lɛːn⁵⁵
2708	泡（米）	(ku⁵⁵tʃhən⁵⁵)ti⁵⁵tʃe⁷⁵⁵	ma⁵⁵(khau⁵³)
2709	泡（衣服）	(a⁵⁵kɯŋ³¹)lă³⁵ti³³tʃe⁷⁵⁵	sɛ⁵⁵(sɯ⁵³pha⁵³)
2710	泡（茶）	(la⁵⁵)lă⁵⁵nu³³lu³³ti³³tʃe⁷⁵⁵	soŋ³⁵(sa³⁵)
2711	陪（客）	jă⁵⁵nɛ³³e⁵⁵mɛ⁷⁵⁵	pai³³pen³³phuan⁵⁵(khɛːk³¹)
2712	赔偿	sai⁵⁵tʃe⁷⁵⁵	sot³³sɯai³⁵
2713	赔（本）	sai⁵⁵le³¹tʃe⁷⁵⁵	theːn³⁵(thɯn³⁵)
2714	配	ja³³kɔ⁵⁵bɔ⁷⁵⁵	mɔ²⁵⁵som³³
2715	喷	khan³¹phjit³¹tʃe⁷⁵⁵	siːt³¹
2716	捧（起来）	khu³¹la³¹tʃe⁷⁵⁵	tak⁵⁵(khɯn⁵³ma³⁵)
2717	碰（着）	mjă⁵⁵na³³tʃe⁷⁵⁵	phop³³(kan³³)
2718	碰撞	e⁵⁵thə⁷⁵⁵la⁵⁵thə⁷⁵⁵	ka²⁵⁵thop³³
2719	披（衣）	(ȵap⁵⁵)no⁷⁵⁵ə⁷⁵⁵	sɯa⁵³(khum³⁵)
2720	劈（柴）	(bji³¹)pha³¹tʃe⁷⁵⁵	pha⁵⁵(fɯːn³⁵)
2721	泼（水）	(lă³¹)sən³¹tʃe⁷⁵⁵	xot⁵⁵(nam⁵³)
2722	破（篓子）	(xă³¹poŋ³¹)pha³³tʃe⁷⁵⁵	pha⁵⁵(mai⁵³phai⁵⁵)
2723	（衣服）破	(a⁵⁵kɯŋ³¹)la⁷³¹tʃe⁷⁵⁵	(sɯa⁵³pha⁵³)khaːt³¹
2724	（碗）破	(kho³¹)pha³³tʃe⁷⁵⁵	thuai⁵³(tɛːk³¹)
2725	骗	kat³¹na³³tʃe⁷⁵⁵	lɔːk³¹luaŋ⁵⁵

续表

序号	汉义	老挝普内语	老挝语
2726	（红旗）飘	(u³¹khɯ³¹)pju³¹tʃe²⁵⁵	(thuŋ³⁵)piu³³
2727	拼命	a³³khaŋ⁵⁵a³³tʃia³³le³¹	su⁵³si³⁵vit³³
2728	剖	pha³³tʃe²⁵⁵	pha⁵⁵
2729	铺（铺盖）	(phe³¹pu³¹)pu³¹tʃe²⁵⁵	pu³³(pha⁵³pu³³)
2730	铺（被子）	(phen³¹)pu³¹tʃe²⁵⁵	pu³³(pha⁵³xom⁵⁵)
2731	欺负	kha³³dap⁵⁵khǎ³³tʃe²⁵⁵	du³³thuːk³¹
2732	砌（墙）	(tʃham⁵⁵)kɔ⁵⁵tʃe²⁵⁵	kɔ⁵⁵
2733	骑	ta³³tʃe²⁵⁵	khi⁵⁵
2734	起（床）	jup³¹jo³³tha³³la³¹tʃe²⁵⁵	luk³³tsaːk³¹(tiaŋ³³)
2735	起（来）	tha³³lau³³	luk³³(khɯn⁵³)
2736	去世	sɯ⁵⁵bja⁵³	sia³³(si³⁵vit³³)
2737	起（名）	(a³³mji⁵⁵)mji⁵⁵tʃe²⁵⁵	taŋ⁵³(sɯ⁵⁵)
2738	气（人）	(sɔ̃⁵⁵na³³)xai⁵⁵tʃe²⁵⁵	mo³⁵xo³³
2739	祷告	pa⁵⁵tʃe²⁵⁵	a²⁵⁵thi²⁵⁵thaːn³³
2740	牵（牛）	(a³¹mjaŋ⁵⁵)sĩ⁵⁵tʃe²⁵⁵	tsɯːŋ³³(ŋuɔ³⁵)
2741	前进	nu³¹tʃaŋ³⁵ni³³	mɯŋ³⁵pai³³thaːŋ³⁵na⁵³
2742	签名	sen³¹ŋji⁵⁵	sen³⁵sɯ⁵⁵
2743	欠（钱）	(a⁵⁵tʃhi³¹)a³³tʃa³³	pen³³ni⁵³
2744	抢	jat³¹na³³ŋji⁵³	ɲaːt³¹siːŋ³⁵
2745	敲（门）	(lǎ³³kɔ³³)tu³³tʃe²⁵⁵	kɔ²⁵⁵(pa²⁵⁵tu³³)
2746	翘（尾巴）	(toŋ³³mji³³)vat⁵⁵tʃe²⁵⁵	si⁵³(xaːŋ³³)
2747	切（菜）	(kaŋ³¹pha³¹)sɔi³¹tʃe²⁵⁵	sɔːi³⁵(phak⁵⁵)
2748	亲（小孩）	(ja³¹kat⁵⁵ja³¹na³³)bɯ²⁵⁵ka³¹pu²⁵⁵tʃe²⁵⁵	xɔːm³³khɛːm³³(dek⁵⁵nɔi⁵³)
2749	请	xau⁵⁵tʃe²⁵⁵	sɘn³⁵
2750	求（人）	(nu³³na³³)pa⁵⁵la³¹ŋji⁵³	ŋɔːŋ⁵³khɔ³³(khon³⁵)
2751	驱逐	lai³¹jo³³o²³¹an⁵⁵tʃe²⁵⁵	ne³⁵la²⁵⁵theːt³¹
2752	取	xan⁵⁵nɛ²eu⁵³	au³³pai³³
2753	取（钱）	(phju⁵⁵)thon³³tʃe²⁵⁵	thɔːn³³(ŋɘn³⁵)
2754	娶（妻）	(bu⁵⁵na⁵⁵)tʃhã³¹lau³³	khɔ³³(tɛ³⁵ŋaːn³⁵)
2755	（向下）去	(loŋ³¹)an³⁵bja⁵³	(loŋ³⁵)pai³³
2756	（向上）去	le⁵⁵tʃe²⁵⁵	(khɯn⁵³)pai³³
2757	劝	pa⁵⁵la³¹ŋji⁵⁵	xaːn⁵³tɯan³³
2758	缺（钱）	(phju⁵⁵)m³¹tʃa³³	khaːt³¹ŋɘn³⁵
2759	痊愈	mjin³¹na⁵⁵bja⁵³	xaːi³³di³³
2760	燃烧	loŋ⁵⁵tʃe²⁵⁵	mai⁵³mot⁵⁵

193

序号	汉义	老挝普内语	老挝语
2761	煳	lɔŋ⁵⁵khɔ³³bja⁵³	mai⁵³mot⁵⁵
2762	嚷	khǎ³³khat⁵⁵jɔ³³mɯ⁵⁵tʃe²⁵⁵	siaŋ³³xɔːŋ⁵³
2763	让（开）	(ŋjat⁵⁵)nan⁵⁵nu³¹	nap⁵⁵ɔːk³¹pai³³
2764	让（路）	(tʃa³³ba³³)ven⁵⁵tʃe²⁵⁵	liːk³¹(thaːŋ³⁵)
2765	认（字）	(da⁵⁵sɯ⁵⁵)an³¹jɔ³³oʔ³¹tʃe²⁵⁵	an⁵⁵naŋ³³sɯ³³ɔːk³¹
2766	认得	tʃa²⁵⁵khɯt³¹tʃe²⁵⁵	xɯ̃⁵³tsak⁵⁵
2767	忍耐	ot⁵⁵du³¹	ot⁵⁵thon³⁵
2768	热（一下）	lum³⁵jɔ³³lu⁵⁵bji³¹tʃe²⁵⁵	un⁵⁵(xai⁵³xɔːn⁵³)
2769	绕（路）	(tʃa³³ba³³)lat³¹tʃe²⁵⁵	lat³³(tha²⁵⁵non³³)
2770	掷（石头）	(la³¹phu³¹)tʃan³³tʃe²⁵⁵	khuaŋ⁵³(kɔːn⁵³xiːn³³)
2771	扔（掉）	xjaŋ⁵⁵an⁵⁵tʃe²⁵⁵	joːn³⁵thim⁵³
2772	溶化	pɔi³¹tʃe²⁵⁵	la²⁵⁵laːi³⁵
2773	揉（面）	va³¹tʃe²⁵⁵	nuat³¹
2774	碎（了）	tau³¹(a³³bja⁵³)	xak⁵⁵
2775	撒（尿）	(ĩ³¹)tʃhum⁵⁵tʃe²⁵⁵	thaːi⁵⁵(bau³³)
2776	撒（种）	(kaŋ³¹pha³¹)pho³¹tʃe²⁵⁵	waːn⁵⁵(nɛːu³⁵phan³⁵)
2777	散	pja⁵⁵tʃe²⁵⁵	ka²⁵⁵tsaːi³³
2778	（鞋带）散开	(bǎ³¹khap³¹nɛ³¹)phɯ⁵⁵tʃe²⁵⁵	ke²⁵⁵(saːi³³kɔːp³¹)
2779	（人）散	(sɔ̃⁵⁵)jai³¹jɔ³³e⁵⁵tʃe²⁵⁵	(khon³⁵)ka²⁵⁵tsai³³pai³³thuɔ⁵⁵
2780	散步	ja²⁵⁵jɔ³³tan³¹tʃe²⁵⁵	ɲaːŋ⁵⁵lin⁵³
2781	扫	kuat³¹tʃe²⁵⁵	kuaːt³¹
2782	杀	sat³¹tʃe²⁵⁵	kha⁵³
2783	筛（米）	(ko³³)xuŋ³¹tʃe²⁵⁵	xɔːn³⁵(khau⁵³)
2784	商量	lom³¹na³³tʃe²⁵⁵	pɯk⁵⁵sa³³xa³³lɯ³⁵
2785	晒（衣服）	(a⁵⁵kɯŋ³¹)lap³¹nji⁵⁵	taːk³¹(sɯ³³pha⁵³)
2786	晒（太阳）	(mu³¹ni⁵⁵)lap³¹nji⁵⁵	taːk³¹(dɛːt³¹)
2787	扇（风）	(xã⁵⁵man⁵⁵)to³³tʃe²⁵⁵	lom³⁵(pha³³)
2788	骗	tham³¹man³³kha³³tʃe²⁵⁵	man³³
2789	伤（了手）	(a³³ma⁵⁵)toŋ⁵⁵tʃe²⁵⁵	baːt³¹(mɯ³⁵)
2790	上（楼）	(tʃaŋ⁵⁵)phja³³	khɯn⁵³(tɯk⁵⁵)
2791	上课	da³³sɯ⁵⁵xen³¹tʃe²⁵⁵	khɯn⁵³xɔːŋ⁵³
2792	上（山）	(kɯn³¹the⁵⁵)phja³¹tʃe²⁵⁵	khɯn⁵³(phu³⁵)
2793	上来	phja³¹lau³³	lɔŋ³⁵ma³⁵
2794	上去	phja³¹tʃe²⁵⁵	khɯn⁵³pai³³
2795	上网	in³³tə⁵⁵net⁵⁵tan³¹tʃe²⁵⁵	lin⁵³net³³

续表

序号	汉义	老挝普内语	老挝语
2796	烧	l̥oŋ⁵⁵tʃe²⁵⁵	mai⁵³
2797	烧（山）	(kɯn³¹the⁵⁵)bji³¹l̥oŋ⁵⁵tʃe²⁵⁵	mai⁵³(phu³⁵khau³³)
2798	烧（水）	(lã⁵⁵)thoŋ⁵⁵tʃe²⁵⁵	tom⁵³(nam⁵³)
2799	烧（茶）	(la⁵⁵)kho⁵⁵tʃe²⁵⁵	piːŋ⁵³sa³⁵
2800	（火）燃	(bji³¹)phjəu³³tʃe²⁵⁵	(fai³⁵)luk³³laːn³⁵
2801	舍不得	m³¹tau³¹mɯ³¹	bɔ⁵⁵tem³¹tsai³³
2802	舍得	a⁵⁵tau³¹mɯ³¹	tem³³tsai³³
2803	射（箭）	(bja³¹)pɔ³³tʃe²⁵⁵	ɲiŋ³⁵(luːk³¹sɔːn³³)
2804	伸（手）	lă³¹pu³¹ma³¹ŋji⁵⁵	jun⁵⁵mɯ³⁵
2805	生（锈）	(joŋ⁵⁵ŋjiŋ⁵⁵)tʃo³³tʃe²⁵⁵	khau⁵³(khi⁵³miaŋ⁵³)
2806	生（小孩子）	(a⁵⁵ja³¹)kət³¹tʃe²⁵⁵	kəːt³¹(luːk⁵³)
2807	生气	la³¹ba³³tʃhi³¹tʃe²⁵⁵	khjaːt³¹
2808	生（疮）	(a⁵⁵si³¹)o⁷³¹tʃe²⁵⁵	ɔːk³¹(tum⁵⁵)
2809	省（钱）	(phju⁵⁵)a³³lam³¹m³¹tʃai³¹	pa²⁵⁵jat⁵⁵(ŋən³⁵)
2810	失（魂）	(tă³¹khoŋ³³)la³¹phaŋ⁵⁵tʃe²⁵⁵	(khuən³³)xaːi³³
2811	失业	mjã³¹m³¹ja³³va³¹	tok⁵⁵ŋaːn³⁵
2812	试	tʃi³³jo³³kə³³ŋji⁵³	thot³³lɔːŋ³⁵
2813	拾（起来）	(thaŋ³¹pɯt⁵⁵)thi³¹tʃa²⁵⁵tʃiu⁵³	thaŋ³⁵mot⁵⁵(vai⁵³nam³⁵kan³³)
2814	收割	kɔ³³kju³¹	kep⁵⁵kjau⁵⁵
2815	收到	ja³³xap³¹bja⁵³	dai⁵³xap³³
2816	收（伞）	(tʃõ⁵⁵)khup³¹tʃe²⁵⁵	dan⁵⁵(khan³⁵xom⁵⁵)
2817	收拾	tʃhən⁵⁵tʃe²⁵⁵	kep⁵⁵
2818	收（稻子）	(ko³³)kju³¹tʃe²⁵⁵	kiau⁵⁵(khau⁵³)
2819	收（信）	(tʃot³¹mai⁵³)xap⁵⁵tʃe²⁵⁵	xap³³(tsot⁵⁵maːi³³)
2820	守[看守]	(lom³¹na³³jo³³)də⁵⁵bji³¹ tʃe²⁵⁵	xak³³sa³³(kham³⁵san³³n̥a³⁵)
2821	梳（头发）	(sam³³khuɯŋ⁵⁵)tʃha²³³	wi³³phom³³
2822	输（了）	to³³bja⁵³	phaːi³³phe⁵³
2823	（水果）熟	(si³¹)a³³ŋji³³	(maːk³¹mai⁵³)suk⁵⁵
2824	（饭）熟	(xaŋ³¹)ŋji³³	(a³³xaːn³³)suk⁵⁵
2825	（人）熟	(sõ⁵⁵)a³³luɯŋ⁵⁵na²⁵⁵	(khon³⁵)khun⁵³khəːi³⁵
2826	漱（口）	(mam³¹poŋ³¹)tʃɔ³³	laːŋ⁵³(paːk³¹)
2827	竖（起）	tʃho²⁵⁵tʃe²⁵⁵	taŋ⁵³(va⁵³)
2828	摔（下去）	ta³³(li³¹tʃe²⁵⁵)	tok⁵⁵(loŋ³⁵ma³⁵)
2829	甩（手榴弹）	(lu²⁵⁵te⁵⁵si³¹)ŋjã³³tʃe²⁵⁵	joːŋ³⁵(la⁷⁵⁵bəːt³¹)
2830	数（数目）	xjau³³tʃe²⁵⁵	nap³³(tsam⁵⁵nuan³⁵)

195

序号	汉义	老挝普内语	老挝语
2831	刷（墙）	(tʃam⁵⁵pja⁵⁵lat³¹)tʃe⁷⁵⁵	set³³(fa³³xɯan³⁵)
2832	摔（下来）	(xɯŋ³¹jo³³)ta³³li³¹tʃe⁷⁵⁵	lom⁵³(thok⁵⁵loŋ³⁵ma³⁵)
2833	闩（门）	(lǎ³³kɔ³³)lai³¹lat⁵⁵kan³³tʃe⁷⁵⁵	sai⁵⁵(lɔk³³pa⁷⁵⁵tu³³)
2834	拴（牛）	(jo³¹ɱjaŋ⁵⁵na³³)mat⁵⁵sə³¹	phuːk³¹(ŋuɔ³⁵)
2835	睡	jup³¹	nɔːn³⁵
2836	吮	tʃɯ⁵⁵tʃe⁷⁵⁵	duːt³¹,suːp³¹
2837	说	lom³¹tʃe⁷⁵⁵	vau⁵³
2838	送（东西）	(a⁵⁵kɯɯ³¹)sa³³tʃe⁷⁵⁵	soŋ⁵⁵(khɯaŋ⁵⁵khɔːŋ³³)
2839	撕	tʃhuɯt⁵⁵(jo³³tʃhat⁵⁵tʃe⁷⁵⁵)	tsiːk³¹khaːt³¹
2840	斯打	jat³¹na⁷⁵⁵tʃe⁷⁵⁵	ɲɛːŋ⁵⁵siːŋ³⁵
2841	撕破[使动]	tʃuɯt⁵⁵tʃe⁷⁵⁵	tsiːk³¹
2842	死	sɯ⁵⁵(bja⁵³)	taːi³³
2843	搜	sa³³tʃe⁷⁵⁵	khon⁵³xa³³
2844	算	ļe⁷⁵⁵jau³³tʃe⁷⁵⁵	nap³³leːk³¹
2845	锁	lai³¹kan³³tʃe⁷⁵⁵	lɔk³³
2846	锁（箱子）	(ka⁷⁵⁵pau³¹)phji³¹tʃe⁷⁵⁵	lɔk³³(ka⁷⁵⁵pau³³)
2847	锁（门）	(lǎ³³kɔ³³)lai³¹lat⁵⁵kan³³tʃe⁷⁵⁵	lɔk³³(pa⁷⁵⁵tu³³)
2848	损坏	pjəu³³bja⁵³	sia³³
2849	塌	jup⁵⁵jo³³ta³³li³¹tʃe⁷⁵⁵	ɲup³³
2850	踏	na³¹tʃe⁷⁵⁵	ɲiap³¹
2851	抬；扛	pa³¹ŋji⁵⁵	bɛːk³¹
2852	抬（手）	(lǎ³¹pu³¹)tʃhi³¹tʃe⁷⁵⁵	jok³³(mɯ³⁵)
2853	抬（石头）	(la³¹phu⁵⁵)tʃhi³¹tʃe⁷⁵⁵	ɲok³³(kɔːn⁵³xiːn³³)
2854	弹（棉花）	oŋ⁵⁵kaŋ⁵⁵tʃe⁷⁵⁵	diːt³¹(faːi⁵³)
2855	弹（琴）	(khji⁵⁵bot⁵⁵)tan³¹tʃe⁷⁵⁵	lin⁵³(pia³³a³³no³¹)
2856	弹（人）	(sɔ̃⁵⁵na³³)phe³¹tʃe⁷⁵⁵	diːt³¹(khon³⁵)
2857	谈	ņa⁵⁵na³³tʃe⁷⁵⁵	pɯk⁵⁵sa³³xa³³lɯ³⁵
2858	淌（泪）	(bji⁵⁵lã⁵⁵)o⁷³¹bja⁵³	(nam⁵³ta³³)lai³³
2859	躺（在床上）	(a⁵⁵ti⁵⁵tha³¹ə³³)jup³¹tʃe⁷⁵⁵	nɔːn³⁵(thəŋ³⁵tiaŋ³³)
2860	烫（手）	(la⁵⁵ļum³³)ļot⁵⁵tʃe⁷⁵⁵	luak³³(mɯ³⁵)
2861	掏（出）	(si³¹nɛ⁷⁵⁵)o⁷³¹bju⁵³	laːŋ⁵³(ɔːk³¹pai³³)
2862	淘（米）	(xaŋ³¹)lã³⁵si³¹	laŋ⁵³(nam⁵³khau⁵³)
2863	逃跑	phɔ̃⁵⁵tʃe⁷⁵⁵	ni³³pai³³
2864	讨（饭）	pa⁵⁵tʃi³¹tʃe⁷⁵⁵	khɔ³³than³⁵(kin³³)
2865	讨厌	m³¹ma⁷⁵⁵，khlo⁵³	bɔ³³mak³³

续表

序号	汉义	老挝普内语	老挝语
2866	套（衣服）	(a⁵⁵kuŋ³¹)thai³¹tʃe²⁵⁵thi³¹sut³¹	sai⁵⁵(sut³³)
2867	痛	a³¹da³³	tsep⁵⁵
2868	（路）通	(tʃa³³ba⁵³)e⁵⁵tʃa⁵⁵	phaːn⁵⁵(tha²⁵⁵non³³)
2869	提	ŋjam³¹ŋji²⁵⁵	thɯ³³
2870	踢	buɯt³¹thɯ²⁵⁵	te²⁵⁵
2871	啼	ɯŋ⁵⁵ŋji²⁵⁵	ŋɔːŋ⁵³xai⁵³
2872	剃（头）	(sam⁵⁵khɯ⁵⁵)khut³¹tʃe²⁵⁵	the³³(phom³³)
2873	填（坑）	thum⁵⁵tʃe²⁵⁵	tɯm⁵⁵(sɔːŋ⁵⁵vaːŋ⁵⁵)
2874	舔	bɛ³¹ŋji²⁵⁵	liːa³⁵
2875	添加	tɯm⁵⁵ŋji²⁵⁵	phəm⁵⁵
2876	挑选	lɯ²³¹tʃe²⁵⁵	khat³³lɯak³¹
2877	（用扁担）挑	pa³¹tʃe²⁵⁵	xaːp³¹
2878	挑（水）	(lã⁵⁵)pa³¹tʃe²⁵⁵	xaːp³¹(nam⁴³)
2879	跳舞	jən⁵⁵tʃe²⁵⁵	ten⁵³lam³⁵
2880	跳	pə²⁵⁵tʃe²⁵⁵	kaː²⁵⁵doːt³¹
2881	跳（远）	(pə²⁵⁵jo³³)taː³³lɛ³³tʃe²⁵⁵	kaː²⁵⁵doːt³¹(kai³³)
2882	粘（住）	tit³¹nɛ³³tʃhiu⁵³	tit⁵⁵(vai⁵³)
2883	（心）跳	(la³¹ba³³si³¹)it⁵⁵tʃe²⁵⁵	(ŋua³³tsai³³)ten⁵³
2884	（脉）跳	(a⁵⁵kuˈtʃa⁵⁵)a⁵⁵xɛ̃³¹kɯt³¹tʃe²⁵⁵	(iːp³¹pha²⁵⁵)ɔːn³³ten⁵³xɛːŋ³⁵
2885	贴（邮票）	(sa⁵⁵tɛm⁵⁵)tit³¹tʃe²⁵⁵	tit⁵⁵(sa²⁵⁵tɛːm³³)
2886	听	n̩a⁵⁵ŋji⁵⁵	faŋ³⁵
2887	听见	tʃa²⁵⁵khɯt³¹bja⁵³	dai⁵³n̩in³⁵
2888	听说	ga³³khau³³tʃia²³¹bja⁵³	dai⁵³khaːu⁵⁵va⁵⁵
2889	停止	kɯt³¹tʃu⁵³	jut⁵⁵
2890	偷（人）	(sɔ̃⁵⁵)khau³¹	lak³³,khaː²⁵⁵moːi³¹
2891	投（球）	(e³¹pu³¹siˈ)ŋjɔ̃³³tʃe²⁵⁵	jon³⁵(baːn³³)
2892	涂（油）	(a³³tʃhi⁵⁵)lat³¹ŋji⁵⁵	tha³⁵(am⁵³man³⁵)
2893	投掷	ŋjɔ̃³³an⁵⁵tʃe²⁵⁵	jon³⁵thim⁵³
2894	吐（痰）	(khan³¹)phjit³¹tʃe²⁵⁵	thom⁵⁵(am⁵³laːi³⁵)
2895	呕吐	phat³¹tʃe²⁵⁵	xaːk⁵³
2896	推	xə³³ŋji⁵⁵	n̩u⁵³
2897	（后）退	nu³¹sə³³eu⁵³	thoːi³³(laŋ³³)
2898	吞	n̩a³³ŋji²⁵⁵	kɯːn³³
2899	褪（色）	si³³ta³³(bja⁵³)	tok⁵⁵(si³³)
2900	（蛇）蜕（皮）	(ɯ⁵⁵)(a³³khap³¹)l̩o²³¹bja⁵³	(ŋu³⁵)lɔːk³¹(khaːp³¹)

197

序号	汉义	老挝普内语	老挝语
2901	拖（木头）	(tʃĩ⁵⁵)sə³³tʃe⁷⁵⁵	laːk³¹(mai⁵³)
2902	脱身	ven⁵⁵nɛ³³eu⁵³	liːk³¹tuo³³
2903	脱（衣）	(a⁵⁵kɯŋ³¹)lat⁵⁵du³¹	kɛ⁵³(sɯa⁵³pha⁵³)
2904	脱（臼）	(pu³¹xum⁵⁵)lut³¹tʃe⁷⁵⁵	lut⁵⁵(boːk³¹)
2905	驮（货）	(a⁵⁵kɯŋ³¹)pa³¹	bɛːk³¹(khɔːŋ³³)
2906	挖	tu³¹(ŋji⁵⁵)	khut⁵⁵
2907	挖（地）	(mi⁵⁵toŋ⁵⁵)tu³¹ŋji⁵⁵	khut⁵⁵(di³³)
2908	挖（耳朵）	(a⁵⁵na³¹ĩ³¹)khə³¹ŋji⁵⁵	kuat³³(khi⁵³xu³³)
2909	（用刀）剜	(m̥jaŋ³³)khut³¹ŋji⁵⁵	sai⁵³pha⁵³(khut³¹)
2910	完	pən⁵⁵na³³bja⁵³	sam⁵⁵let³³
2911	弯（腰）	(la⁵⁵khɔ³³)gɔi³¹tʃe⁷⁵⁵	khoŋ⁵³(ɛːu³³)
2912	玩耍	tan³¹tʃe⁷⁵⁵(ŋji⁵⁵)	lin⁵³
2913	忘记（了）	m̥ji³³la³³(bja⁵³)	lɯm³⁵
2914	（草）茂盛	(bɔ³¹)ma³³ɛ⁵⁵	(n̥a⁵³)u⁷⁵⁵dom³³som³³boun³³di³³
2915	煨（红薯）	(mɯ³¹)oŋ³¹tʃe⁷⁵⁵	op⁵⁵(man³⁵daŋ⁵³)
2916	喂（奶）	(nu³³)ŋju⁵⁵tʃe⁷⁵⁵	liaŋ⁵³(nam⁵³nom³⁵)
2917	喂（药）	(tʃhi³¹pe³⁵)tʃa³¹tʃe⁷⁵⁵	au³³(ja³³)xai⁵³kin³³
2918	喂（猪）	(va³¹)a⁵⁵tʃa³¹pe⁵⁵tʃa³¹tʃe⁷⁵⁵	xai⁵³a³³xaːn³³(sat⁵⁵)
2919	闻（嗅）	n̥am³¹ŋji⁵⁵	dom³³(kin⁵⁵)
2920	问	n̥a⁵⁵tʃe⁷⁵⁵	thaːm³³
2921	握（笔）	(sɔ⁵⁵dam⁵⁵)ŋjam³¹ŋji⁵⁵	tsap⁵⁵(sɔ³³)
2922	握（手）	(lă³¹pu³¹)tʃhup⁵⁵	tsap⁵⁵mɯ³⁵
2923	捂（嘴）	(mam³¹pon³¹)vap⁵⁵tʃe⁷⁵⁵	pit⁵⁵(paːk³¹)
2924	吸（气）	(a⁵⁵sa³¹)kã³⁵ŋji⁵⁵	suːp³¹(lom³⁵xaːi³³tsai³³)
2925	吸（毒）	(tʃhi³¹)tʃi³¹tʃe⁷⁵⁵	seːp³¹(ja³³)
2926	吸（烟）	(mɯ³¹li³¹)tʃɯ³³ŋji⁵⁵	suːp³¹(ja³³)
2927	熄（灯）	(tən³³)sat³¹tʃe⁷⁵⁵	dap⁵⁵(ta⁷⁵⁵kjaŋ³³)
2928	洗（头发）	(sam⁵⁵khɯ⁵⁵)tʃau⁵⁵ŋji⁵⁵	sa⁷⁵⁵(phom³³)
2929	洗（衣服）	(a⁵⁵kɯŋ³¹)tʃap⁵⁵ŋji⁵⁵	sak³³(sɯa⁵³pha⁵³)
2930	洗（碗）	(kho³¹)tʃo³³ŋji⁵⁵	laːŋ⁵³(thuai⁵³)
2931	洗澡	lã⁵⁵thau³¹	aːp³¹nam⁵³
2932	喜欢，要	ma⁷⁵⁵tʃe⁷⁵⁵	mak³³
2933	系（鞋带）	(bŏ³¹khap³¹nɛ³¹)mat⁵⁵tʃe⁷⁵⁵	mat³³(saːi³³kəːp³¹)
2934	系（腰带）	(khem³¹khat³¹)xat⁵⁵tʃe⁷⁵⁵	xat³³(khem³³khat⁵⁵)
2935	（火）熄灭	(bji³¹)sat³¹tʃe⁷⁵⁵	dap⁵⁵(phən³⁵)

序号	汉义	老挝普内语	老挝语
2936	瞎（眼）	(a³³bja³³)pɔ³³tʃe²⁵⁵	(ta³³)bɔːt³¹
2937	下（楼）	(tha²³¹ə³³tʃe³³jo³³loŋ³¹)li³¹ tʃe²⁵⁵	loŋ³⁵(tuɯk⁵⁵)
2938	下（猪崽）	(va³¹a⁵⁵ja³¹)ta³³tʃe²⁵⁵	(mu³³)ɔːk³¹(luːk³¹)
2939	下（蛋）	(xja³³u⁵⁵)u⁵⁵tʃe²⁵⁵	ɔːk³¹(khai⁵⁵)
2940	下（雨）	(bo³¹xɔ⁵⁵)li³³bja⁵³	(fon³³)tok⁵⁵
2941	下（山）	(thau³¹thiŋ⁵⁵)loŋ³¹tʃe²⁵⁵	loŋ³⁵(phu³⁵)
2942	下来	ja³¹li³¹jau³³	loŋ³⁵ma³⁵
2943	下去	ja³¹an⁵⁵nau³³	loŋ³⁵pai³³
2944	（太阳）下山	(mu³¹ni⁵⁵)ta³³bja⁵³	(ta³³ven³⁵)tok⁵⁵din³³
2945	吓唬	ku³³la³¹bja⁵³	xet³³xai⁵³tok⁵⁵tsai³³
2946	陷（进去）	kham³¹tu³¹ta³³	tok⁵⁵(lum⁵⁵)
2947	歇着	na³¹ŋi⁵⁵	phak³³phɔːn⁵⁵
2948	献（神）	(the³¹va³³da³¹na³³)nup⁵⁵tʃe²⁵⁵	sen⁵⁵waːi⁵³(the³⁵va²⁵⁵da³³)
2949	嫌弃	phuɯt³¹dɛ³⁵	laŋ³⁵kiaːt³¹
2950	挂（灯）	(tən³³)tʃhuɯ³¹tʃe²⁵⁵	xɔi⁵³(tă²⁵⁵kiaŋ³³)
2951	赎（魂）	(thi³¹khoŋ⁵⁵la⁵⁵)khu⁵⁵tʃe²⁵⁵	ən⁵³(khuan³³)
2952	羡慕	la³¹ba³³buɯn⁵⁵tʃe²⁵⁵	it⁵⁵sa³³
2953	相信	a³³n̪a⁵⁵	suɯa⁵⁵
2954	想	tau³¹tʃe²⁵⁵	khit³³
2955	想念	tau³¹la³¹ŋi⁵⁵	khit³³thəŋ³³
2956	想起	tau³¹jo³³o²³¹la³¹tʃe²⁵⁵	nɯk³³ɔːk³¹
2957	想（去）	(e⁵⁵)ŋjau⁵⁵ŋi⁵⁵	tɔːŋ⁵³kaːn³³(pai³³)
2958	像	ŋjaŋ⁵⁵len⁵⁵	mɯan³³
2959	（肿）消	(jam³¹tʃe³³)pjəu³³(bja⁵³)	xaːi³³(buam³³)
2960	削　（皮）	(a³³khɔ³³)lo²³¹tʃe²⁵⁵	pɔːk³¹(puɯak³¹)
2961	削（铅笔）	(sɔ³³dam³³)tʃhen³³tʃe²⁵⁵	lɛːm³³(sɔ³³)
2962	小心	kə⁵³be³¹	la²³³vaŋ³⁵
2963	笑	ɯ⁵⁵tʃe²⁵⁵	n̪im⁵³
2964	写	kan³³tʃe²⁵⁵	khian³³
2965	泻（肚子）	(pɔ³¹poŋ³³)da⁵⁵tʃe²⁵⁵	tsep⁵⁵(thɔːŋ⁵³)
2966	（酒）醒	bu³³(bja⁵³)	suaŋ⁵⁵(mau³⁵)
2967	（睡）醒	jup³¹tha⁵⁵tʃe²⁵⁵	tɯm⁵⁵(nɔːn³⁵)
2968	谢	a³³tau³¹buɯ³¹	khɔːp³¹tsai³³
2969	休息	na³¹tʃe²⁵⁵	phak³³phɔːn⁵⁵
2970	修（机器）	tʃa²³¹pjiŋ³¹tʃe²⁵⁵	sɔːm⁵³(khuɯaŋ⁵⁵tsak⁵⁵)

序号	汉义	老挝普内语	老挝语
2971	修（路）	(tʃa³³ba⁵³)pjiŋ³¹tʃe⁷⁵⁵	sɔːm⁵³(tha⁷⁵⁵non³³)
2972	绣花	ŋam⁵⁵seu³³tʃe⁷⁵⁵	sɛːu⁵⁵pha⁵³
2973	选（种子）	(a⁵⁵si³¹)lɔ⁷³¹ŋji⁵⁵	luak³¹(met³³phan³⁵)
2974	选举	a⁵⁵dai³¹lɔ⁷³¹ŋji⁵⁵	luak³¹taŋ⁵³
2975	旋转	tʃɔn³³tʃe⁷⁵⁵	muːn³³
2976	需要	bu³³ŋjau³³ŋji⁷⁵⁵	tɔːŋ⁵³kaːn³³
2977	学	xen³¹ŋji⁵⁵	ŋian³⁵
2978	熏	bji³¹khau³¹	lom³⁵khuan³⁵
2979	寻找	sa³³tʃe⁷⁵⁵	taːm³³xaː³³
2980	折磨	da³¹xot⁵⁵taː³³tʃi⁵⁵be⁷⁵⁵/³³	thɔ³⁵laː⁷⁵⁵maːn³⁵
2981	压（了）	xe⁵⁵nɛ³³kha³³bja⁵³	kot⁵⁵dan³³
2982	压碎	thoŋ³¹tʃe⁷⁵⁵	bot⁵⁵
2983	哑	ŋji³¹tʃã³¹	pen³³bai⁵³
2984	养（鱼）	(ŋju³¹te³⁵)ŋju⁵⁵ŋji⁵⁵	liaŋ⁵³(pa³³)
2985	养（孩子）	(ja³¹kat⁵⁵ja³¹)xju⁵⁵ŋji⁵⁵	liaŋ⁵³dek⁵⁵
2986	养（鸡）	(xja³³)xju⁵⁵ŋji⁵⁵	liaŋ⁵³(kai⁵⁵)
2987	痒	xja³¹tʃe⁷⁵⁵	kan³⁵
2988	摇晃	uuɯ⁵⁵tʃe⁷⁵⁵	kha⁷⁵⁵jau⁵⁵
2989	摇（头）	(a³³tu³¹)uɯ⁵⁵tʃe⁷⁵⁵	kɛːŋ⁵⁵(ŋua³³)
2990	（狗）咬	(khuɯ³¹)the³¹tʃe⁷⁵⁵	(ma³³)kat⁵⁵
2991	（蛇）咬	(uɯ⁵⁵)dɔ⁷⁵⁵tʃe⁷⁵⁵	(ŋu³⁵)tɔːt³¹
2992	舀（水）	(lã⁵⁵)kham³³tʃe⁷⁵⁵	tak⁵⁵(nam⁵³)
2993	要	tʃi³³me⁷⁵⁵	tɔːŋ⁵³kaːn³³
2994	要（钱）	(phju⁵⁵)bu³³xjau⁵⁵ɛ⁵³	tɔːŋ⁵³kaːn³³(ŋən³⁵)
2995	要（喝一点）	(laŋ⁵⁵tʃi⁵⁵ja³¹taŋ⁵⁵)xjau³³ɛ⁵⁵	jaːk³¹(duɯm⁵⁵nam⁵³nɔːi⁵³nuɯŋ⁵⁵)
2996	要（下雨）	(bo³¹xɔ⁵⁵)li³³me⁷⁵⁵kha³³tʃai⁵³ŋji⁵⁵	(on³³)i⁵³tsa⁷⁵⁵tok⁵⁵
2997	引（路）	(tʃa³³ba⁵³)suɯ³¹jo³³ɛ⁵⁵ŋji⁵⁵	nam³⁵(thaːŋ³⁵)
2998	溢（出来）	(pjəu³³jo³³)o⁷³¹li³¹tʃe⁷⁵⁵	lon⁵³(ɔːk³¹ma³⁵)
2999	赢	ka³¹tʃa³¹tʃe⁷⁵⁵	sa⁷⁵⁵na²³³
3000	迎接	xap³¹na⁵⁵tʃe⁷⁵⁵	tɔːn⁵³xap³³
3001	应该（讲）	xai³³nɛ⁵⁵(lom³¹me⁵³)	som³³khuan³⁵(au⁵³)
3002	游玩	tan³¹na⁵⁵tʃe⁷⁵⁵	thiau⁵⁵lin⁵³
3003	拥抱	an⁵⁵na⁵⁵tʃe⁷⁵⁵	kɔːt³¹
3004	游泳	lã⁵⁵oŋ⁵⁵tʃe⁷⁵⁵	lɔːi³⁵nam⁵³
3005	有（钱）	(phju⁵⁵)a³³tʃa³³	mi³⁵(ŋən³⁵)

续表

序号	汉义	老挝普内语	老挝语
3006	有（人）	(sɔ̃⁵⁵)a³³tʃa³³	mi³⁵(khon³⁵)
3007	有（水）	(lã⁵⁵)a³³tʃa³³	mi³⁵(nam⁵³)
3008	有口福	man³¹poŋ³¹a³³bun⁵⁵a³³tʃa³³	mi³⁵bun³³pa:k³¹
3009	遇见	mjã⁵⁵na⁵⁵tʃe⁵⁵	phop³³kan³³
3010	约定	xjo⁵⁵mjã⁵⁵na⁵⁵me⁵⁵	nat³³phop³³
3011	约（好）	lom³¹na⁵⁵bja⁵³	nat³³(lɛ:u⁵³)
3012	约	tʃhət⁵⁵də³¹	nat³³
3013	愿意	a³³m̩jin³¹ja⁵³	ɲin³⁵di³³
3014	（头）晕	(a³³bja³³)vɯŋ⁵⁵	vin³⁵(ŋua³³)
3015	着急	tʃa³³ja⁵⁵ni⁵⁵ja⁵⁵ja³¹ɲji⁵⁵, khjəu⁵⁵	fa:u⁵³faŋ³³
3016	砸（破）	tu⁵⁵jo³³pha⁵⁵tʃe⁵⁵	ti³³(tɛ:k³¹)
3017	砸（石头）	(la³¹phu³³si³¹ə³³)tu⁵⁵tʃe⁵⁵	ti³³(kɔ:n⁵³xin³³)
3018	栽（水果）	(si³¹si³¹loŋ³¹si³¹)khat⁵⁵tʃe⁵⁵	pu:k³¹(ma:k³¹mai⁵³)
3019	攒（钱）	phju⁵⁵a³³lam³¹m̩³¹tʃai³¹	pa⁵⁵jat⁵⁵(ŋən³⁵)
3020	凿	khuat⁵⁵tʃe⁵⁵	tsɔ⁵⁵
3021	扎（下去）	(van³³jo³³)oŋ³³lɛ³¹tʃe⁵⁵	tsɔ⁵⁵(khau⁵³pai³³)
3022	扎（针）	ka³¹tʃap³¹thiŋ³³tʃe⁵⁵	(sai⁵³khem³³)thɛ:ŋ³⁵
3023	（刀）扎	m̩jaŋ³³thiŋ³³tʃe⁵⁵	(mi:t³¹)pak⁵⁵
3024	炸（油饼）	(xã³¹phɛ³¹)tʃɯŋ³³tʃe⁵⁵	tsɯn³³(khau⁵³nom³³paŋ³³)
3025	炸（开）	(loŋ⁵⁵jo³³)ɛ⁵⁵bja⁵³	mai⁵³(la:m³⁵ɔ:k³¹)
3026	榨（油）	(a³³tʃhi⁵⁵)khɔ³³tʃe⁵⁵	thɔ:t³¹(nam³⁵man³⁵)
3027	在（屋里）	(thoŋ⁵⁵ə⁵⁵)tʃa³³tʃe⁵⁵	ju⁵⁵(nai³⁵xɔ:ŋ⁵³)
3028	在[自动]	tʃa³³tʃe⁵⁵	ju⁵⁵
3029	（不）在	m̩³¹tʃa³³	(bɔ⁵⁵)ju⁵⁵
3030	增加	tɯm³³tʃe⁵⁵	phəm⁵⁵təm⁵⁵
3031	摘（花）	(mji³³vat⁵⁵)tʃhup⁵⁵	det⁵⁵(dɔ:k³¹mai⁵³)
3032	站	tʃoŋ³³tʃe⁵⁵	jun⁵⁵
3033	蘸（辣椒）	(li³¹phji⁵⁵)u⁵⁵tʃe⁵⁵	tsam⁵³(nam⁵³tsɛ:u⁵⁵)
3034	招（魂）	(thi³¹khoŋ³³)la³³khu³³	ən⁵³khuon³³
3035	招（亲）	(phji³³noŋ⁵⁵)sa⁵⁵tʃe⁵⁵	ta:m³³xa⁵⁵(phi⁵⁵nɔ:ŋ⁵³)
3036	找	sa⁵⁵na⁵⁵tʃe⁵⁵	sɔ:k³¹xa³³
3037	照（相）	(a³³xup⁵⁵)thot⁵⁵tʃe⁵⁵	tha:i⁵⁵(xu:p³¹)
3038	（用灯）照	(bji³¹)thɔ³¹tʃe⁵⁵	sɔ:ŋ⁵⁵(fai³⁵sa:i⁵³)
3039	照（镜子）	(ven³³)kə³³tʃe⁵⁵	nɛ:ŋ³⁵(ven⁵⁵)
3040	着（火）	(bji³¹)to⁵⁵tʃe⁵⁵	tit⁵⁵(fai³⁵)

201

序号	汉义	老挝普内语	老挝语
3041	长（大）	(bə³¹)la³¹tʃe²⁵⁵	ŋai⁵⁵(lɛːu⁵³)
3042	长（出来）	(bə³¹)li³¹tʃe²⁵⁵	ŋai⁵⁵(ɔːk³¹ma³⁵)
3043	涨（水）	(lã⁵⁵)bə³¹tʃe²⁵⁵	(nam⁵³)khɯn⁵³
3044	张（嘴）	(man³¹poŋ³¹)a³¹tʃe²⁵⁵	a⁵³(paːk³¹)
3045	（肚子）胀	(pu³¹poŋ³³)tʃhi³¹tʃe²⁵⁵	(thɔːŋ⁵³)ɯːt³¹
3046	（马蜂）蛰	(pja³¹)tan³¹tʃe²⁵⁵	(phəŋ⁵³)dan⁵³
3047	蛰（人）	(sɔ̃⁵⁵na⁵⁵pja³¹)tan³¹tʃe²⁵⁵	dan⁵³(khon³⁵)
3048	（弄）折[使动]	(gue⁵⁵jo³³)o⁷³¹an³⁵tʃe²⁵⁵	(xet³³)ŋɔ³⁵(ɔːk³¹pai³³)
3049	折[自动]	thup⁵⁵na⁵⁵tʃe²⁵⁵	phap³³(khau⁵³eːŋ³³)
3050	遮	tʃã³¹tham³¹pɔ²⁵⁵tʃe²⁵⁵	ban³³(pok⁵⁵khum³⁵)
3051	摺（衣服）	(a⁵⁵kɯŋ³¹)thup⁵⁵tʃe²⁵⁵	phap³³(sɯa⁵³pha⁵³)
3052	（地）震	(mji⁵⁵si⁵⁵)kut³¹tʃe²⁵⁵	(phɛːn⁵⁵din³³)wai³³
3053	震动	ɯn²⁵⁵tʃe²⁵⁵	san⁵⁵sa²⁵⁵thən³⁵
3054	蒸（饭）	(xaŋ³¹)sa³¹tʃe²⁵⁵	nɯŋ⁵³(khau⁵³)
3055	挣（脱）	lut⁵⁵na³³tʃe²⁵⁵	lut⁵⁵(ɔːk³¹pai³³)
3056	睁（眼）	(a³³bja³³)phoŋ³³	mɯn³⁵(ta³³)
3057	知道（了）	tʃa²⁵⁵khɯt³¹(bja⁵³)	ŋu⁵³
3058	治病	(pha³³ŋjat⁵⁵)ja⁵⁵tʃe²⁵⁵	pin⁵⁵pua³³pha²⁵⁵naːt³¹
3059	织布	(nam⁵⁵)ja³¹tʃe²⁵⁵	tam⁵⁵phɛːn⁵⁵
3060	值得	khum³³mɛ³³jɔ³³	kum⁵³kha⁵⁵
3061	（用手）指（人）	(la³¹nu⁵⁵)thau³¹tʃe²⁵⁵	(ɕai⁵³niu⁵³)si⁵³(khon³⁵ɯn⁵⁵)
3062	种（谷子）	(ko³³si³¹)dɔ²⁵⁵sə³¹	p̆uːk³¹(phan⁵⁵khau⁵³)
3063	肿	jam³¹tʃe²⁵⁵	buam³³
3064	拄（拐杖）	(tʃoŋ³¹koŋ³⁵)tho³³tʃe²⁵⁵	thɯ³³(mai⁵³thau⁵³)
3065	煮（菜）	(xã³¹)tʃiŋ³¹tʃe²⁵⁵	tɛːŋ⁵⁵(kin³³)
3066	煮（玉米）	(nam⁵⁵pjum³¹)tom⁵⁵tʃe²⁵⁵	tom⁵³(sa³³li³⁵)
3067	煮（饭）	(xaŋ³¹)tʃiŋ³¹tʃe²⁵⁵	ŋuŋ⁵⁵(khau⁵³)
3068	住（在）	(tʃia³³)la⁵⁵tʃe²⁵⁵	a³³sai³³(ju⁵⁵)
3069	抓（住）	(a⁵⁵tʃɔ²⁵⁵)tʃhup⁵⁵	tsap⁵⁵(nɛːn⁵³)
3070	转（身）	(a³³ma⁵⁵)pjin³¹tʃe²⁵⁵	muːn³³(tua³³)
3071	转动	e⁵⁵kut³¹la⁵⁵kut³¹	bit⁵⁵tua³³
3072	赚（钱）	(phju⁵⁵)sa⁵⁵tʃe²⁵⁵	xa³³(ŋən³⁵)
3073	装（进）	(oŋ⁵⁵lɛ³¹)tʃi⁵⁵be²⁵⁵	sai⁵⁵(khau⁵³pai³³)
3074	装（粮食）	(tʃa³¹sə³¹)kan³³tʃe²⁵⁵	sai⁵⁵(a³³xaːn³³)
3075	撞（墙）	(a⁵⁵khoŋ⁵⁵)thoŋ³¹tʃe²⁵⁵	tam³³(kam⁵⁵phɛːŋ³⁵)

续表

序号	汉义	老挝普内语	老挝语
3076	追	sa⁵⁵tʃe²⁵⁵	taːm³³la⁵⁵
3077	准备	kjam³¹na⁵⁵tʃe²⁵⁵	kiam³³phɔːm⁵³
3078	捉（鱼）	(ŋju³¹tɛ⁵⁵)tʃhup⁵⁵	tsap⁵⁵(pa³³)
3079	啄（米）	(nam³⁵pjum³¹)dɔ²⁵⁵tʃe²⁵⁵	tɔːt³¹(khau⁵³phoːt³¹)
3080	走	ja²⁵⁵jo³³ e⁵⁵tʃe²⁵⁵	ɳaːn⁵⁵,pai³³
3081	（钻子）钻	(leu³¹lan³³)thiŋ⁵⁵tʃe²⁵⁵	sai⁵³sa²⁵⁵waːn⁵⁵(tsɔ²⁵⁵)
3082	醉	xet³¹tʃe²⁵⁵	mau³⁵
3083	坐	ni⁵⁵tʃe²⁵⁵	naŋ⁵⁵
3084	做（事）	(mjã³¹)tʃi³³tʃe²⁵⁵	xet³³(viak³¹)
3085	做（田）	(da³¹ja⁵⁵)tʃi³³tʃe²⁵⁵	xet³³(na³⁵)
3086	做（错）	tʃi³³jo³³phjit⁵⁵bja⁵³	xet³³(phit⁵⁵)
3087	做（菜）	(kɔ³¹)tʃa³¹tʃe²⁵⁵	tɛːŋ⁵⁵(kin³³)
3088	做（生意）	koŋ³³ɳji²⁵⁵	xet³³(kha⁵³khaːi³³)
3089	做（梦）	(jup³¹ba³³)ba³³tʃe²⁵⁵	fan³³
3090	做（礼拜）	bot⁵⁵tʃe²⁵⁵	khau⁵³boːt³¹
3091	（鸟）做（巢）	(xja⁵³)(a³³pam³¹)tʃi³³tʃe²⁵⁵	(nok³³)xet³³(xan³⁵)
3092	坐月子	ji³¹loŋ³³loŋ³³tʃe²⁵⁵	kam³³dɯan³³
3093	作为	tʃi³³jo³³a³³pen⁵⁵	xet³³pen³³
3094	罚	tha³¹tʃe²⁵⁵	pap⁵⁵mai³³
3095	咒	lom³¹bu⁵⁵lom³¹na⁵⁵tʃe²⁵⁵	saːp³¹sɛŋ⁵³
3096	争论	m³¹dɔ³⁵na²⁵⁵	khat⁵⁵nɛːŋ⁵⁵
3097	很	a³³lam³¹(ja⁵³)	laːi³³kua⁵⁵
3098	更（好）	jaŋ⁵⁵tha³¹a³³tʃe⁵⁵(mjen³¹ɳji⁵⁵)	ɳin⁵⁵ kua⁵⁵
3099	更加	a³³lam³¹tɯm⁵⁵tʃe²⁵⁵	phəm⁵⁵laːi³³khɯn⁵³
3100	很（好）	mjen³¹ɳji⁵⁵a⁵⁵lam³¹	(di³³)laːi³³
3101	非常（好）	a³³mjen³¹a³³sat⁵⁵	(di³³)thɛ⁵³thɛ⁵³
3102	最，极	lam³¹e⁵⁵sat⁵⁵dɛ⁵⁵	laːi³³thi⁵⁵sut⁵⁵
3103	很多	a³³lam³¹ja⁵³	laːi³³ kua⁵⁵
3104	多	jaŋ⁵⁵tha³¹tʃie⁵⁵	kua⁵⁵
3105	一模一样	thi³¹lɛn³⁵thi³¹lɛn³³	mɯan³³kan³³
3106	只	tʃhət⁵⁵dɔ³³mji³³tʃa³¹tʃe²⁵⁵	phiaŋ³⁵the⁵⁵
3107	白（来一趟）	dǎ³³ta⁵³la³³bja⁵³	(ma³⁵)mɯ³⁵pau⁵⁵(iːk³¹khaŋ⁵³)
3108	越……越……	sum⁵⁵mə³³sum⁵⁵mə⁵⁵	nap³³mɯ⁵³nap³³……
3109	是	a³³pjen⁵⁵	mɛːn³³
3110	太（大）	a³³bə³¹a³³sat⁵⁵	(ɳai⁵⁵)kəːn³³pai³³

203

序号	汉义	老挝普内语	老挝语
3111	都	thuɯŋ³¹puɯt⁵⁵	thaŋ³⁵mot⁵⁵
3112	一共	thuɯŋ³¹puɯt⁵⁵	thaŋ³⁵mot⁵⁵
3113	全部	thuɯŋ³¹puɯt⁵⁵	thaŋ³⁵mot⁵⁵
3114	单单	jaŋ⁵⁵ja³¹	dot³³diau³³
3115	才	kheu³⁵di³¹	tsiŋ⁵⁵
3116	刚才	ŋjam⁵⁵mə³³nu³¹	xa³³kɔ³¹
3117	刚刚	siŋ⁵⁵tʃa³¹la³¹ə⁷⁵⁵	ki⁵³ni³¹
3118	早晚	da³¹sə³³ni³³koŋ³³	sau⁵³suai³³
3119	立刻	a⁵⁵kuɯŋ⁵⁵tʃa³¹	thaŋ³⁵thi³⁵thaŋ³⁵dai³³
3120	马上	a⁵⁵kuɯŋ⁵⁵tʃa³¹	thaŋ³⁵thi³⁵
3121	经常	thlo³¹ja⁵³	sa⁷⁵⁵mə³³
3122	常常	ka³³suɯ⁵⁵ŋjam³¹(m)ə⁷⁵⁵	ta⁷⁵⁵lɔ³¹
3123	趁（机会）	nu³¹tʃaŋ³⁵ni³³ə⁷⁵⁵	thɯ³³(o³³ka:t³¹)
3124	顺便	tʃhuɯt⁵⁵di³¹ja⁵³	lɛːu⁵³tɛ⁵⁵
3125	赶紧	teu³¹teu³¹	leŋ⁵⁵xi:p³¹
3126	先	ŋjaŋ⁵⁵fu³¹ə⁷⁵⁵	kɔːm⁵⁵
3127	后	ŋja⁵⁵nu³¹ə⁷⁵⁵	laŋ³³
3128	最后	nu³¹lin³³	sut⁵⁵tha:i⁵³
3129	多半	a⁵⁵bɔ³¹ja⁵³	suan⁵⁵la:i³³
3130	差一点儿	tʃi⁵⁵ja³¹tʃian⁵⁵li³¹tʃe⁷⁵⁵	ɲaŋ³⁵nɔi⁵³nuɯŋ⁵⁵
3131	差不多	a⁵⁵di³¹nɔ³³	kai⁵³khian³⁵
3132	差得多	dɔ⁵⁵nɔ³³ɛ⁵⁵jɔ̃³³	taŋ⁵⁵kan³³la:i³³
3133	大概	tʃhət⁵⁵bɔ⁷⁵⁵	pa⁷⁵⁵maːn³⁵
3134	然后	jo³³	laŋ³³tsa:k³¹nan⁵³
3135	再	a³³tʃa³³le³¹	iːk³¹tɯm⁵⁵
3136	又……又……	ne⁵⁵khan⁵⁵tʃe⁷⁵⁵	thaŋ³⁵thaŋ³⁵……
3137	也	jaŋ⁵⁵len⁵⁵	sen⁵⁵ka³³
3138	还（有）	a³³tʃa³³le³¹	ɲaŋ³⁵mi³⁵
3139	还没（有）	m³¹tʃia³³a³³tʃia³³le³¹la⁵³	ɲaŋ³⁵bɔ⁵⁵mi³⁵
3140	或者	pa³¹a³⁵	lɯ⁵⁵
3141	还是	ə⁵³	lɯ⁵⁵
3142	但是	ŋjam⁵⁵ə³³nu³¹	te⁵⁵va⁵⁵
3143	可是	ŋjam⁵⁵ə³³nu³¹	te⁵⁵va⁵⁵
3144	正在	ŋjam⁵⁵ə³³nu³¹ŋji⁵⁵	kam⁵⁵laŋ³⁵
3145	不是……而是……	xjaŋ⁵⁵dɔ⁵⁵m³¹ɛ³⁵	bɔ⁵⁵phiaŋ³⁵tɛ⁵⁵

续表

序号	汉义	老挝普内语	老挝语
3146	就	khɔ⁵⁵nu³¹	kɔ³¹
3147	就是	khɔ⁵⁵nu³¹ka³⁵	kɔ³¹khɯ³⁵
3148	的确（冷）	tʃho³¹ɛ⁵⁵jã⁵³	(naːu³³)theˤ⁵³theˤ⁵³
3149	一起	thi³¹tʃa³³	nam³⁵kan³³
3150	难怪	a³³taŋ⁵⁵na²⁵⁵	pɛːk³¹tsai³³
3151	本来	ma³³maŋ⁵⁵ja⁵³	thi⁵⁵tsiŋ³³lɛːu⁵³
3152	原来（是你）	ma³³maŋ⁵⁵na³³len⁵⁵ja⁵³	thi⁵⁵tsiŋ³³lɛːu⁵³(mɛːn³³tsau⁵³ni⁵³eːŋ³³)
3153	肯定	ja⁵³	nɛ⁵⁵nɔːn³⁵
3154	特别	ŋja³³lɯp³¹na³³a³³taŋ⁵⁵	phi²⁵⁵seːt³¹
3155	当成	a³³pjen⁵⁵	pen³³
3156	不	m³¹pjen³⁵	bɔ⁵⁵
3157	没（去）	m³¹e⁵⁵la⁵³	bɔ⁵⁵pai³³
3158	不必	m³¹bu³⁵la⁵³	bɔ⁵⁵tsam³³pen³³
3159	不愿意	m³¹bu³⁵la⁵³ŋji³³	bɔ⁵⁵tem³³tsai³³
3160	不过	thɔ³³	tɛ⁵⁵va⁵⁵
3161	不能	m³¹tʃi⁵⁵khɯt³¹	bɔ⁵⁵sa³³maːt³¹
3162	不一定	m³¹kju³⁵jã⁵⁵	bɔ⁵⁵nɛ⁵⁵tsai³³
3163	不管	m³¹tʃa³³khɯt³¹ŋji⁵⁵	bɔ⁵⁵son³³tsai³³
3164	不应该	nɛ⁵⁵khju³³m³¹pjen³⁵	bɔ⁵⁵khuan³⁵
3165	不然	then⁵⁵nu³¹	bɔ⁵⁵daŋ⁵⁵nan⁵³
3166	不要	m³¹bu³⁵la⁵³	bɔ⁵⁵au³³
3167	别（嚷）	a³¹so³⁵tʃu⁵³	ja⁵⁵(mi³⁵siaŋ³³)
3168	别（做）	tʃi⁵⁵tʃu⁵³	ja⁵⁵(xet³³)
3169	别；勿	ba³¹a³⁵	ja⁵⁵
3170	不对	ba³¹a³⁵ŋji³³	bɔ⁵⁵mɛːn³³
3171	不但……而且	jaŋ⁵⁵len⁵⁵ba³¹a³⁵	bɔ⁵⁵phiɑŋ³⁵tɛˤ⁵⁵
3172	不如	thi³¹lo³³ba³¹a³⁵	bɔ⁵⁵thau⁵⁵kap⁵⁵
3173	还如	thi³¹lo³³ba³¹a³⁵ŋji³³	ɲaŋ³⁵bɔ⁵⁵thau⁵⁵kap⁵
3174	倒不如	thi³¹len⁵⁵ba³¹a³⁵ŋji³³	tɛ⁵⁵bɔ⁵⁵thau⁵⁵kap⁵
3175	到底	tha⁵⁵len⁵⁵na³³bja⁵³	nai⁵⁵thi³³sut⁵⁵
3176	可能	xjaŋ⁵⁵len⁵⁵	aːt³¹tsa²⁵⁵
3177	一直	ka³³sɯ⁵⁵ŋjam³¹(m)ə²³¹	ta²⁵⁵lɔːt³¹
3178	一定	də³³bja⁵³	nɛ⁵⁵nɔːn³⁵
3179	忽然；突然	la³³bja⁵³	than³⁵dai³³
3180	果然	mji⁵⁵tʃa³¹bja⁵³	phon³³lap³³

序号	汉义	老挝普内语	老挝语
3181	只好	ŋjam⁵⁵ə³³mjin³¹tʃiŋ⁵⁵ja⁵³	kam⁵⁵laŋ³⁵di³³
3182	按照	jaŋ³³də³³ja⁵³	ta:m³³thi⁵⁵
3183	从……到……	jaŋ³³də³³jaŋ³³də⁷⁵⁵	tsa:k³¹……thəŋ³³
3184	从	jaŋ³³də⁷⁵⁵	tsa:k³¹……
3185	比	jaŋ³³len³³	pia:p³¹
3186	比较	na³³len⁵⁵jaŋ³³len⁵⁵	pia:p³¹thiap³¹
3187	同样	a³³tu⁵⁵na³³len⁵⁵	mɯan³³kap⁵⁵
3188	被	tʃi³³tʃe⁷⁵⁵ja⁵³	thɯk³¹ka⁷⁵⁵tham³⁵
3189	把	tʃi³³jo³³e⁵⁵tʃe⁷⁵⁵ja⁵³	nam³⁵pai³³
3190	沿着	u⁵⁵la³¹me⁷⁵⁵	khɯn⁵³kap⁵⁵
3191	所以	nɛ⁵⁵kha³³jo³³	daŋ⁵⁵nan⁵³
3192	给	pji³¹me⁷⁵⁵	au³³xai⁵³
3193	将来	xjaŋ⁵⁵e⁵⁵me⁷⁵⁵nu³¹	tɔ⁵⁵pai³³
3194	向	xjaŋ⁵⁵e⁵⁵me⁷⁵⁵xu³¹ə⁷⁵⁵	muŋ⁵³pai³³
3195	和	khjəu³³	lɛ⁷⁵⁵
3196	跟	khjəu³³	kap⁵⁵
3197	同	thi³¹len³⁵	thau⁵⁵kap⁵⁵
3198	连	than³¹pɯt⁵⁵ma⁵⁵	than³⁵mot⁵⁵
3199	那么	xjaŋ⁵⁵tʃɯ⁵⁵na⁷⁵⁵	khan³⁵san⁵³
3200	只有	tʃʰət⁵⁵di³¹ja⁵³tʃi³¹tʃe⁷⁵⁵	mi³⁵phian³⁵thau³³nan⁵³
3201	只要	tʃʰət⁵⁵di³¹ja⁵³bu³³jau⁵⁵ŋji⁵⁵	phiaŋ⁵³thau⁵⁵nan⁵³
3202	只能	khɯt³¹tʃe⁷⁵⁵tʃʰət⁵⁵di³¹ja⁵³	phiaŋ⁵³sa³³ma:t³¹
3203	可以	mji⁵⁵tʃa³¹tʃe⁷⁵⁵	dai⁵³
3204	只是	tʃʰət⁵⁵di³¹ja⁵³	phiaŋ⁵³thau⁵⁵nan⁵³
3205	一边……一边……	nɛ⁵⁵khan³³tʃe⁷⁵⁵	than³⁵……than³⁵
3206	只……而已	xja⁵⁵də⁵⁵khə³¹khɔ⁷⁵⁵	phiaŋ⁵³thau⁵⁵……an⁵³
3207	因为；为了	nɛ⁵⁵kha³³khɔ⁷⁵⁵nu³¹	phɔ⁷⁵⁵sa⁷⁵⁵nan⁵³
3208	的；地	jaŋ⁵⁵ja⁵³	khɔŋ³³
3209	得；得到	mi⁵⁵tʃa³¹bja⁵³	dai⁵³
3210	着	ŋjam⁵⁵mə³³tʃa³³ŋji⁵⁵	kam³³……laŋ³⁵
3211	了	pən⁵⁵bja⁵³	lɛːu⁵³
3212	像……一样	jã³³len³³ja⁵³	mɯan³³kan³³
3213	好像	nɛ⁵⁵tau³¹tʃe⁷⁵⁵	mɯan³³kap⁵⁵va⁵⁵
3214	能	a³³tʃi³³khɯt³¹	sa⁷⁵⁵ma:t³¹
3215	的话	jaŋ³³tʃə³³	ja:ŋ⁵⁵

续表

序号	汉义	老挝普内语	老挝语
3216	什么	a³¹tʃə³⁵ə³¹	mɛːn³³n̠aːŋ³³
3217	呢（疑问语气）	na⁵⁵tʃe²⁵⁵	kham³¹thaːm³³
3218	啦（质疑语气）	a³¹tʃə³⁵ə³¹ka³⁵	la²⁵⁵(kham³⁵soŋ³⁵sai³³)
3219	吗（疑问语气）	xai³³nɛ⁵⁵pjen⁵⁵tʃe⁵⁵ə³¹	bɔ⁵⁵(kham³⁵soŋ³⁵sai³³)
3220	啦（感叹语气）	ui⁵³	o³¹
3221	嘛（质疑语气）	ba²³¹a³⁵	bɔ⁵⁵
3222	吧（质疑语气）	la⁵³	na³¹
3223	呀（语气）	nɛ⁵³	bɔ⁵⁵
3224	了（语气）	pən⁵⁵na³³bja⁵³	lɛːu⁵³
3225	吧（语气）	la⁵³	bɔ⁵⁵
3226	啦（语气）	la⁵³	na³¹
3227	罢（语气）	a³³kha⁵⁵tʃia²⁵⁵lau⁵³	ja³⁵sa³⁵
3228	嗯（回答语气）	ə³¹na⁵⁵lom³¹tʃe³³len⁵⁵ja⁵³	bɔ⁵⁵
3229	嗯（肯定语气）	ə³¹	ɯm³⁵
3230	哎（感叹语气）	a³³tʃia³³a³³ni⁵⁵bɯ³¹la³¹	a³³(siaŋ³³təm³¹nam⁵³)
3231	啊（感叹语气）	ə³¹	ɯm³⁵
3232	啦（请求语气）	ə³¹pa⁵⁵la³¹ŋji⁵⁵ja⁵³	na³⁵(siaŋ³³khɔ³³)
3233	唉（喊人语气）	xau³³tʃe²⁵⁵	siaŋ³³xiak³³ən⁵³
3234	哇（可惜语气）	xau³³tʃe²⁵⁵	siaŋ³³ ŋɔːŋ⁵³
3235	嗡嗡（蜜蜂叫声）	pja³¹mɯ⁵⁵tʃe²⁵⁵	siaŋ³³phəŋ⁵³ŋɔːŋ⁵³
3236	嘤嘤（蚊子叫声）	xa³³pjin³³mɯ³³tʃe²⁵⁵	siaŋ³³n̠uŋ³⁵ ŋɔːŋ⁵³
3237	（雨声）噼啪	bo³¹xɔ⁵⁵ta³³tʃe²⁵⁵	siaŋ³³fon³³tok⁵⁵
3238	（风声）呼呼	xā⁵⁵m̠an⁵⁵to³³tʃe²⁵⁵	siaŋ³³lom³⁵phat³³
3239	（雷声）隆隆	mu³¹tʃe³¹mɯ⁵⁵tʃe²⁵⁵	siaŋ³³fa⁵³ŋɔːŋ⁵³
3240	（笑声）哈哈	ɯ⁵⁵sɯ⁵⁵sɯ⁵⁵tʃe²⁵⁵	siaŋ³³ŋua³³lɔ²⁵⁵
3241	（哭声）呜呜	ɯ⁵⁵tʃe²⁵⁵(ɯm⁵⁵tʃe²⁵³)	ɕiaŋ³³ŋɤ̃ŋ⁵³xai⁵³
3242	政府	a³³da³¹a³³mɯ³¹sɔ⁵⁵ba²³¹	lat³³tha²⁵⁵baːn³³
3243	法律	a³³mjin³¹tʃi³³an⁵⁵sɔ³¹	kot⁵⁵maːi³³
3244	教授	sɔ̄⁵⁵kham³¹xɯ̄⁵⁵a³³tʃa³³(sat³³sa²⁵⁵da³³tʃan³³)	saːt³¹sa²⁵⁵da³³tsaːn³³
3245	军官	tha³¹xan³³ə³³a³³dai³¹	naːi³⁵tha²⁵⁵xaːn³³
3246	司令	a³³dai³¹nam³¹pha³¹kha³³ba²³¹	phu⁵³ban³³sa³⁵kaːn³³
3247	演员	sɔ̄⁵⁵dɛn³¹kha³³ba²³¹	nak³³săⁿ⁵³dɛːŋ³³
3248	皇上	tʃau³⁵si³¹vit⁵⁵dai³¹	pha²⁵⁵ma²⁵⁵xa³³ka²⁵⁵sat⁵⁵
3249	皇后	tʃau³⁵si³¹vit⁵⁵dɔ²⁵⁵a³³kha³¹ba²⁵⁵	pha²⁵⁵la²⁵⁵t̠sa²⁵⁵ni³⁵
3250	公务员	mjā³¹va³¹ba³¹	kha⁵³la:t³¹sa²⁵⁵kaːn³³

序号	汉义	老挝普内语	老挝语
3251	农民	da³¹ja⁵⁵tʃi³³ba⁷³¹	saːu³⁵na³⁵
3252	基督教	sat⁵⁵sa⁷⁵⁵na³¹khlit⁵⁵	saːt³¹saː⁷⁵⁵na³³khit⁵⁵
3253	佛教	sat⁵⁵sa⁷⁵⁵na³¹phut⁵⁵	saːt³¹saː⁷⁵⁵na³³phut³³
3254	袈裟	pha⁷⁵⁵a³³kɯŋ³¹	pha⁵³si³³vɔːn³⁵
3255	教堂	bot⁵⁵	boːt³¹
3256	圣经	bo⁷⁵⁵sə³¹	kham³⁵phi³⁵
3257	苏打水	nam⁵⁵so³¹da³¹	so³⁵da³³
3258	可口可乐	nam⁵⁵kho⁷⁵⁵	nam⁵³khoːk³¹
3259	冰淇淋	kă⁵⁵lɛm⁵³	ka⁷⁵⁵lɛm³⁵
3260	冰棍	kă⁵⁵lɛm⁵³a³³phu³³	ka⁷⁵⁵lɛm³⁵kɔːn⁵³
3261	饼干	xã³¹phɛ³¹	khau⁵³nom³³paŋ³³
3262	收音机	koŋ³¹khap⁵⁵	vi⁷⁵⁵tha⁷⁵⁵nu⁷⁵⁵
3263	洗衣机	a³³kɯŋ³¹tʃiap⁵⁵sə³¹	khɯaŋ⁵⁵sak³³pha⁵³
3264	电冰箱	tu⁵⁵jen³¹	tu⁵³jen³³
3265	空调	ɛ³³	khɯaŋ⁵⁵pap⁵⁵a³³kaːt³¹
3266	电饭煲	xaŋ³¹tʃiŋ³¹ja³⁵	mɔ⁵³ŋuŋ³³khau⁵³
3267	电话	tho³¹la⁷⁵⁵sap³¹	tho³⁵la⁷⁵⁵sap⁵⁵
3268	手机	tho³¹la⁷⁵⁵sap³¹mɯ³¹thɯ⁵³	tho³⁵la⁷⁵⁵sap⁵⁵mɯ³⁵thɯ³³
3269	电风扇	a³³tʃi³³pjaŋ⁵⁵sə³¹	lom³⁵phat³³
3270	煤气	kjeːt⁵⁵	kɛːt³⁵sə³¹
3271	照相机	a³³xup⁵⁵thot⁵⁵sə³¹	kɔːŋ⁵³thaːi⁵⁵xuːp³¹
3272	汽车	o³³to³³ta³³sə³¹	lot³³ɲai⁵⁵
3273	自行车	lot⁵⁵thip⁵⁵	lot³³thiːp³¹
3274	飞机	ju³¹xũ⁵⁵	ɲon³⁵
3275	汽油；柴油	nam³⁵man³¹sə⁵⁵phuŋ³¹	nam⁵³man³⁵sɯa⁵³phəŋ⁵⁵
3276	电灯	bji³¹tho³¹sə³¹	lɔːt³¹fai³⁵
3277	电线	fai³¹fa⁵⁵ne³¹	saːi³³fai³⁵
3278	电筒	ten³⁵thoŋ³¹	fai³⁵saːi³³
3279	电吹风机	a³³kɯŋ³¹sam⁵⁵khɯŋ⁵⁵m̩ut⁵⁵sə³¹	khɯaŋ⁵⁵pau⁵⁵phom³³
3280	闹钟	la⁵⁵ka⁵⁵si³¹tu³¹khat⁵⁵sə³¹	moːŋ³⁵puk⁵⁵
3281	电影	lɯŋ⁵⁵khɔ³³bja⁵³	naŋ³³tsop⁵⁵lɯaŋ⁵⁵
3282	短信	si⁵⁵taŋ³¹	khɔ⁵³khuam³⁵
3283	电视	a³³xup⁵⁵kə³³ja⁵⁵	tho³⁵la⁷⁵⁵phaːp³¹
3284	旗子	vɯ³¹khɯ³¹	thuŋ³⁵
3285	电视台	sa⁷⁵⁵tha³³ni³¹tho³¹la⁷⁵⁵phap⁵⁵	sa⁷⁵⁵tha³³ni³⁵tho³⁵la⁷⁵⁵phaːp³¹

续表

序号	汉义	老挝普内语	老挝语
3286	播音员	dai³¹ŋən³¹	phu⁵³pa⁷⁵⁵ka:t³¹kha:u³³
3287	电	bji³¹tho³¹sə³¹	fai³⁵fa⁵³
3288	水电费	bji³¹xu³¹lã⁵⁵xu³¹	kha⁵⁵nam⁵³kha⁵⁵fai³⁵
3289	体育场	ε³¹bu³¹si³¹tan³¹ja⁵⁵	sa⁷⁵⁵na:m³³ki⁷⁵⁵la³⁵
3290	日历	xu³¹la³³mu³¹ni⁵⁵kə³³ja⁵⁵	pa⁷⁵⁵ti⁷⁵⁵thin³⁵
3291	自来水	lã⁵⁵to⁵⁵ja⁵⁵	nam⁵³pa⁷⁵⁵pa³³
3292	沙发	toŋ³¹khu³³ba⁷⁵⁵	so³³fa³⁵
3293	录音机	a³³kɯŋ³¹a³³thɛ⁵⁵at³¹jo³³tʃhi⁵⁵ja⁵⁵	khɯaŋ⁵⁵ban³³thɯk³³siaŋ³³
3294	电脑	kɔm³³phji³³tə⁵³	khɔm³³piu³³tə³¹
3295	轮船	loŋ⁵⁵a³³kɯŋ³¹sa³³sə³¹	ɲɯa³⁵khon³³soŋ⁵⁵
3296	车票	bat³¹o³³to³³	pi⁵³lot³³
3297	电梯	lip⁵⁵	lip⁵⁵
3298	铁路	lot⁵⁵fai³¹tʃa³³ba⁵³	tha:ŋ³⁵lot³³fai³⁵
3299	火车	lot⁵⁵fai³¹	lot³³fai³⁵
3300	飞机场	ju³¹xɯ̃⁵⁵ta³³ja⁵⁵	sa⁷⁵⁵na:m³³bin³³
3301	卡车	o³³to³³a³³kɯŋ³¹sa³³sə³¹	lot³³ban³³thuk³³
3302	摩托车	lot⁵⁵tʃa⁷³¹	lot³³tsak⁵⁵
3303	公共汽车	o³³to³³sɔ̃⁵⁵ta³³sə⁷³¹	lot³³do:i³³sa:n³³
3304	高速公路	tʃa³³ba³³a³³lat⁵⁵tʃa³³	tha:ŋ³⁵duan⁵⁵
3305	汽车站	sa⁷⁵⁵tha³³ni³¹khon⁵³soŋ⁵³	sa⁷⁵⁵tha³³ni³⁵khon³³soŋ⁵⁵
3306	银行	phju⁵⁵pha⁵⁵ja⁵⁵	tha⁷⁵⁵na³⁵kha:n³³
3307	路牌	pai³³tʃa³³ba⁵³bo⁷³¹ja⁵⁵	pa:i⁵³bɔ:k³¹tha:ŋ³⁵
3308	经济	tʃia³¹sə³¹taŋ³⁵sə³¹	se:t³¹tha⁷⁵⁵kit⁵⁵
3309	债	a³³tʃhi³¹a³³tʃo³³	ni⁵³sin³³
3310	亏本	lup³¹thɯm³¹kha³³tʃe⁷⁵⁵	kha:t³¹thɯm³⁵
3311	频道	soŋ⁵⁵a³³xup⁵⁵kə³³ja⁵⁵	sɔ:ŋ⁵⁵tho³⁵la⁷⁵⁵pha:p³¹
3312	报纸	da³³sɯ⁵⁵phjim³¹	naŋ³³sɯ³³phim³⁵
3313	相片	a³³xup⁵⁵thot⁵⁵tʃe⁷⁵⁵	xu:p³¹tha:i⁵⁵
3314	学费	da⁵⁵sɯ⁵⁵xen⁵⁵xu³¹	kha⁵⁵xian³⁵
3315	网吧	xan⁵⁵in³³tə³³net⁵⁵	xa:n⁵³in³³tə³³net³³
3316	方便面	mi⁵⁵sam⁵³let⁵⁵xup⁵⁵	mi⁵⁵sam³³let³³xu:p³¹
3317	乒乓球	pjiŋ⁵⁵poŋ⁵⁵si³¹	piŋ³³pɔŋ³³
3318	篮球	ε³¹pu³¹si³¹thε⁷⁵⁵sə³¹	ba:n³³buaŋ⁵³
3319	排球	ε³¹pu³¹si³¹tan³¹sə³¹	ba:n³³ti³³

209

序号	汉义	老挝普内语	老挝语
3320	土地税	mi⁵⁵toŋ⁵⁵xu³¹kjep³¹ba³¹	pha³⁵si³³thi⁵⁵din³³
3321	聘礼	kha³¹ba³³xu³¹	sin³³sɔ:t³¹
3322	音乐	don³³ti³¹	don³³ti³³
3323	数学	l̥e²⁵⁵	kha²⁵⁵nit⁵⁵sa:t³¹
3324	语文	lom³¹sə³¹tʃɛ³¹sə³¹	pha³⁵sa³³
3325	体育	tan³¹sə³¹	khi²⁵⁵la³⁵
3326	美术	khap⁵⁵sə³¹jen⁵⁵sə³¹	sin³³la²⁵⁵pa²⁵⁵
3327	地理	mu³¹tha³¹mji⁵⁵toŋ⁵⁵	phum³⁵sa:t³¹
3328	历史	ni³³ɛ³³khau³³lom³¹sə³¹	pa²⁵⁵wat³³sa:t³¹
3329	物理	vat⁵⁵thu²⁵⁵	fi³⁵sik³³
3330	化学	khe³¹mji³¹	khe³⁵mi³⁵
3331	劳动课	ka³³tʃə⁵⁵li³³tʃə⁵⁵vi²⁵⁵sa³¹xen³¹sə³¹	vi²⁵⁵sa³⁵si:p³¹
3332	社会主义	sɔ̃⁵⁵khom³¹a³³mjin³¹	saŋ³³khom³⁵ni²⁵⁵n̥om³⁵
3333	共产党	sɔ̃⁵⁵khom³¹a³³mjin³¹jã³⁵	phak³³kɔm³³mu²⁵⁵nit⁵⁵
3334	诊所	khle³³ni²⁵⁵	khi³⁵nik³³
3335	邮电局	da⁵⁵sɯ⁵⁵sa³³ba³¹	ŋɔŋ⁵³ka:n³³pai³³sa²⁵⁵ni³⁵
3336	电站	xoŋ³¹ŋan³¹bji³¹tho³¹ja⁵⁵	xo:ŋ³⁵ŋa:n³⁵fai³⁵fa⁵³
3337	加油站	a⁵⁵tʃhi⁵⁵koŋ³¹ja⁵³	pam⁵³nam⁵³man³⁵
3338	拖拉机	lut⁵⁵tho³¹la⁵⁵tʃit³¹	lot³³i³³tɛ:n³³
3339	车灯	a⁵⁵bja⁵³o³³to³³	fai³⁵ta³³ lot³³
3340	方向盘	o³³to³³khap⁵⁵ja⁵⁵	phuaŋ³⁵ma³⁵lai³⁵ lot³³
3341	轮胎	jaŋ³¹lot⁵⁵	ja:ŋ³³ lot³³
3342	排挡	kja³¹o³³to³³	kia³³ lot³³
3343	刹车	le²⁵⁵kan³³ja⁵⁵	be:k³¹lot³³

附录2 照片

普内族村寨

（一）琅南塔省南塔县普内族村寨

（二）琅南塔省南塔县普内族村寨

（三）琅南塔省南塔县龙村普内族住房

（四）琅南塔省南塔县普内族住房

普内族人物照

（一）丰沙里省普内族

（二）丰沙里省普内族

（三）琅南塔省普内族壮年

（四）琅南塔省普内族妇女

（五）琅南塔省普内族青年

（六）琅南塔省普内族妇女

（七）琅南塔省普内族少女

普内族生活

（一）古树采茶

（二）普内族日常饭菜

（三）表演

（四）普内族的芦笙

工作照

（一）课题组在龙村分头了解普内族语言使用情况

（二）课题组在龙村与村干部座谈

（三）核对普内语音系

220

（四）课题组合作者宋迪调查普内族村寨语言使用情况

（五）课题组成员与普内族村民合影

后 记

这本书的缘起和形成有一段过程。

2007 年，中央民族大学在"985 工程"中启动了跨境语言项目。一批青年教师和博士生组成了跨境语言课题组赴跨境国家做语言调查。2009 年，我带了由中央民族大学、玉溪师范学院、泰国清莱师范大学三所高校组成的"泰国阿卡族语言使用及其演变"课题组到泰国开始了跨境语言的调查，经过实地调查后先后出版了《泰国万伟乡阿卡族及其语言使用现状》（中国社会科学出版社，2009）和《泰国阿卡语研究》（中国社会科学出版社，2009）两部著作。

我们去泰国调查时，选择了经由老挝到泰国的路线。老挝与中国接壤的北部多民族地区，那里丰富多彩的民族风情和语言文化特点给我们留下了深刻的印象，使我们萌生了调查研究老挝语言的念头。

2011 年，我们有了国家语委"跨境语言重大项目"，立即就组织了课题组到老挝调查了克木语，完成了《老挝琅南塔省克木族及其语言》（中国社会科学出版社，2012.2）一书。

2016 年 1 月，我们又获得了北京语言大学"周边语言研究系列丛书：老挝语言状况"项目，我又带了一个课题组到老挝调查老挝全国的民族及其语言状况，完成了《老挝的民族及其语言》一书（待出版）。

在实地调查中，我们发现老挝有个自称 pu³¹noi⁵³（普内）的民族。他们有自己的民族语言——普内语，但究竟是什么语言至今还不清楚。当地人有的从名称上认为与普米语有关系，有的则说是跟阿卡语接近。这究竟是一种什么语言，引起了我们强烈的兴趣。

2012 年开始，我应聘到云南师范大学汉藏语研究院工作，该研究院于 2014 年获得了云南省哲学社会科学重大招标项目"云南跨境语言研究"。我们当机立断把普内语调查研究作为该项目的子项目，计划写一部反映老挝普内语特点的专著。就这样，跨境语言普内语的研究正式开始了。

2016 年 9 月，课题组请了老挝两位普内族人专程来昆明记录普内语。经过半个月的持续记音，完成了 3000 多词的记录，并初步整理了音系。2017 年 2—3 月，我们课题组进一步到琅南塔实地调查普内语。经过半个月的努力，基本上完成了普内语的语法记录。自此，我们对普内语的特点有了系统的认识。这次田野调查与以往的语言国情调查或跨境语言调查不同，主要是做语言本体结构的调查。

我们都知道，语言研究有语言本体结构研究和语言使用研究两大方面，二者构成语言研究的全貌，缺一不可。过去的这些年我们所做的语言国情和跨境语言调查，虽然两方面都做，但语言使用的调查做得多些。这是因为长期以来语言学家偏重做语言本体结构研究，而对语言使用的功能重视得不够，但现实又需要我们为国家解决民族语文问题、制定语言政策提供语言使用方面的信息，所以在过去这些年的调查研究中，语言功能的调查做得多些是很自然的。而我们这次调查普内语，由于2016年已做过《老挝语言状况》调查，对老挝的语言使用状况有了一定的了解，所以这次调查主要是做语言本体结构的调查。在整个调查过程中，每天都多与语音、词汇、语法打交道。

普内语是个比较难记的语言。我过去做过几十种语言（方言）的调查研究，虽然也碰到过"硬骨头"，但感到这次碰到了一块比较难啃的"硬骨头"。为什么？因为普内语使用人口少，在长期的语言接触过程中，受到周围老挝语、傣泐语较多的影响，其语言结构在各方面都发生了一些变化，而且在不同地区、不同人群、不同年龄上，都出现了一些不甚稳定的变体，所以如何确定其现阶段的特点，会遇到模棱两可难以确定的难点。由于普内语是研究语言接触的"富矿"，各种奇特的现象紧紧吸引着我们不断地去探索。

老挝各民族是非常友好善良的。我们在老挝的每一天，都是在温馨、美好的时光中度过的。我们遇到的每个人，他们都是以单纯、谦和的眼光和举止对待我们。和我们合作的几位老挝人，视我们为亲人，把心都掏给了课题组，使得我们的工作有了难得的效率。

我们的课题组除了中方人员外，还有老挝南塔师范学院的教师桐柏、苏哲，是一个跨国的小家庭。我们已多次合作，似乎没有国别的区分，没有民族的区分。他们两位以东道国主人的身份细心照顾我们，为课题组的工作尽量提供好的条件。我们的课题组团结合作，始终在愉快的气氛中完成我们的既定任务。

我们把这本经过努力完成的新著，献给我们崇敬的老挝普内人，愿他们的现代化进程更为顺利，父老兄弟安康幸福！

戴庆厦

2017年6月3日于云南师范大学汉藏语研究院